세계 식생활 문화

WORLD FOOD CULTURE

개정판

세계 식생활 문화

허채옥·권순형·안 빈·최영진·김은미·오은주
원선임·박용순·김상연·이은경·김은영

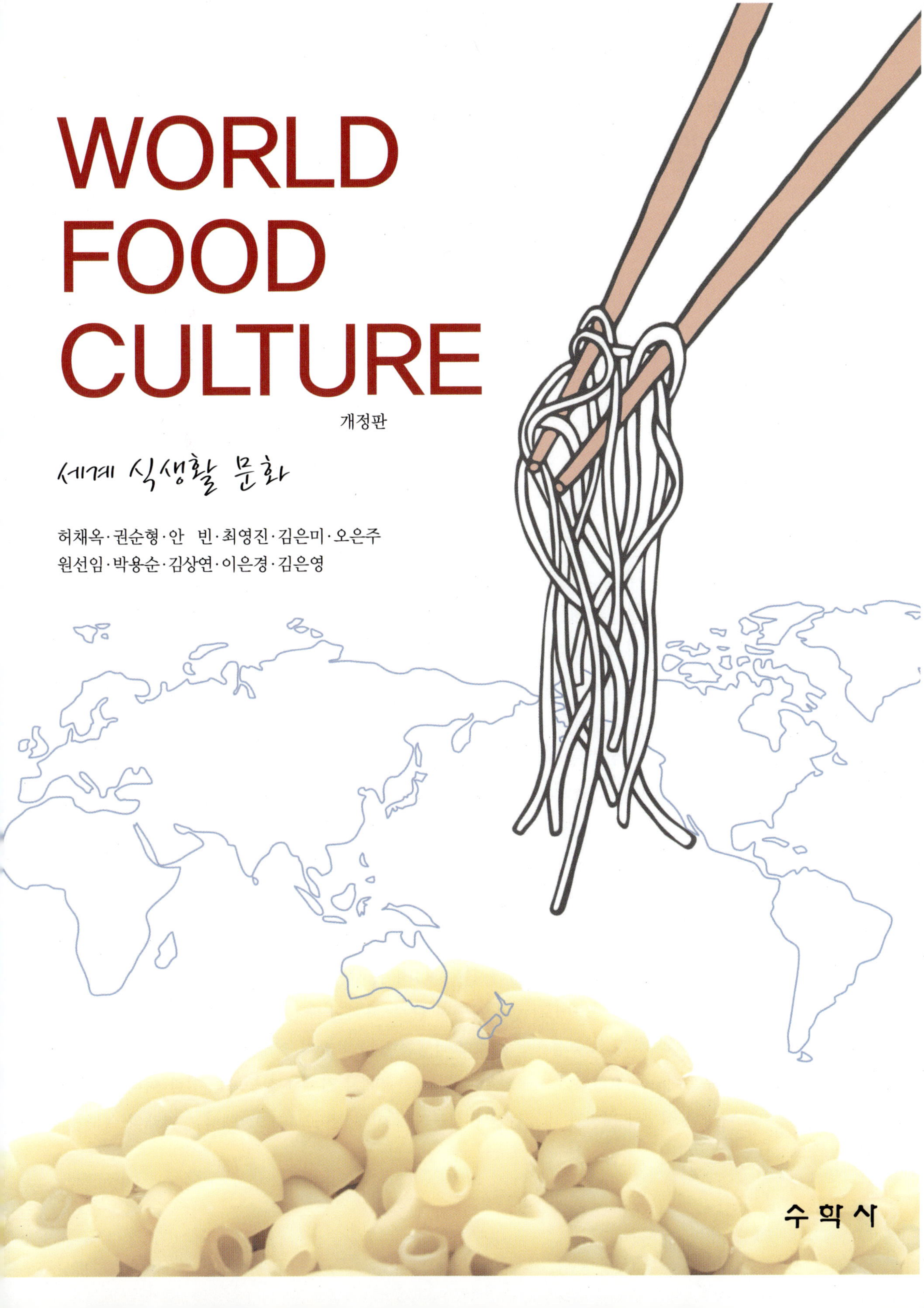

수학사

머리말

음식문화는 세계 각국의 문화 중 일상생활에서 누구나 관심을 가지고 접근하기 쉬운 분야이다. 그 나라의 자연조건의 영향을 받으면서 오랜 역사 속에서 독특한 전통과 다양함을 지니며 형성된 한 국가의 음식문화에는 전통과 자긍심이 배어 있으므로 각각의 국가와 민족은 자신의 전통을 지키는 한편, 다른 국가와 민족의 전통도 인정하면서 더불어 지낼 수 있어야 한다. 이 때문에 우선 우리나라 음식문화를 바로 알면서도 세계 각국의 음식문화에 대해서 배워야 하며, 우리의 전통음식문화를 관광 상품으로 개발하여 외국인이 즐길 수 있도록 하는 노력이 필요하다.

앞으로 대학생들은 세계를 무대로 활동하게 될 것이므로 세계인으로서의 교양을 갖추기 위해 세계음식문화를 알아야 한다. 이에 대학에서 세계음식과 관련된 전공 또는 교양 강의를 해본 경험이 있는 교수들이 강의에 적합한 교재의 필요성을 인식하여 그동안 체험한 식생활과 개인적으로 수집한 자료 등을 토대로 본 교재를 출간하게 되었다.

이 책의 구성은 1장 식문화의 정의 및 세계 식문화권 서술을 시작으로, 2장은 식생활 문화사를 이해하고, 3장부터 7장까지는 동아시아, 서남아시아, 유럽, 아메리카, 오세아니아와 아프리카로 나누어 각국의 자연적 환경, 사회적 배경과 음식문화의 특징, 대표 음식과 식사예절 등을 중심으로 세계의 식생활 문화를 알기 쉽게 설명하였다. 8장 건강한 식문화에서는 고령화와 서구화된 식생활 환경에서 건강한 식문화를 위한 여러 나라의 다양한 식생활 지침과 대표적인 음식문화에 대해 알아보고, 9장에서는 미래의 식문화에 대한 내용으로 미래 사회의 음식문화 트렌드와 식량위기 현황 및 대책을 짚어 보았다.

한 권의 책에 지구촌 모든 국가의 음식문화를 다루려고 노력하였으나 미비함이 있을 줄 안다. 앞으로 새로운 자료수집과 정보로 더 좋은 보완판이 나올 수 있도록 노력할 것이며 많은 분들의 충고와 의견을 부탁드린다.

아울러 본 교재를 통해서 얻은 지식을 바탕으로 그 나라만의 고유한 전통음식, 특수한 식품재료들을 기억하고 우리의 전통음식을 더욱 더 발전시키고 세계화할 수 있는 기회가 될 수 있기를 바란다.

끝으로 자료수집에 애써주시고 바쁜 일정 속에서도 훌륭한 책으로 완성시켜 주신 수학사 이영호 사장님과 편집부 관계자 여러분께 감사드린다.

저자 일동

차 례

CHAPTER 6 유럽의 식문화

CHAPTER 9 건강한 식문화

CHAPTER 10 미래의 식문화

01 식문화의 정의 및 세계 식문화권

1. 식문화란?

2. 세계 식문화권의 분류

CHAPTER 01

식문화의 정의 및 세계 식문화권

1. 식문화란?

'식食'은 사람이 살아가는 데에 필수적인 요소 중 하나로 오래전부터 중요하게 생각되어 왔다. '식'은'우리가 섭취하는 물질'과 '그 물질을 섭취하는 행위'의 두 가지 뜻을 모두 갖고 있으며, 이것을 과학적으로 파악할 때는 '영양소를 공급한다'는 뜻도 포함되어 있다. 그러나 최근의 '식'은 과학적으로 이해하기보다는 식문화에 가까운 말로 쓰이게 되었다. 즉 식문화, 식생활, 식습관 등의 '식'은 문화적 영역이 중심이 된 말이고, 문화인류학이나 민족학에도 '식'의 연구가 활발히 이루어지게 되었다.

음식을 섭취하는 행위와 관련된 모든 활동을 의미한다고 할 수 있는 '식생활'을 통해 우리는 신체적, 생리적, 심리적, 사회적, 문화적 충족을 얻게 된다. 일반적으로 '문화'를 예술이나 학문 등을 지칭하는 말로 여겨, 일상적으로 지나치게 되는 사소한 '식'에 관한 것은 문화와 관계가 없는 것으로 생각하는 사람이 많다. 그러나 문화를 어떤 지역에서 공통적으로 볼 수 있는 행동양식으로 그 지역의 사람들에게 습득되어 다음 세대에 전달되는 것을 지칭한다고 하면 식생활에 나타나는 여러 가지 행동이나 물건을 거의 문화라고 생각할 수 있다. 즉 우리가 먹는 식사를 비교해 보면 매우 비슷하면서도 차이점이 있다는 것을 알 수 있다. 예를 들어 아침식사로 밥, 국, 김치를 먹는 사람과 빵과 우유를 먹는 사람은 다른 날에도 같은 형태의 아침식사를 한다. 또 전날 저녁식사로 밥, 생선이나 소고기 요리, 채소 요리, 김치, 찌개를 먹은 사람은 그 이전의 저녁식사 또한 비슷한 식단일 것이다. 이와 같이 사람의 식사는 매일 되풀이되며, 이러한 식사법은 다음 세대에 전달된다. 아침식사로 밥, 국, 김치를 먹는 것은 오래전부터 우리나라 가정에 널리 퍼져 있는 식사 방식이고, 최근 들어 변화가 있기는 하나 향후 세대에게도 계속 이어질 것이다. 따라서 이러한 아침 식사법은 문화의 정의에 따르면 명백히 문화로 설명할 수 있을 것이다. 그러므로 어떤 지역에서 먹는 것에 관련하여 공통적으로 나타나는 행동양식을 식문화라 할 수 있다. 이 행동 양식 가운데는 '식'에 관한 행동의 방법뿐만 아니라 행동의 대상이 되는 식품, 도구, 사고방식 등도 포함된다. 또 먹는 장소뿐 아니라 조리와 식품의 생산까지도 식문화에 포함시켜서 생각할 수 있을 것이다.

2. 세계 식문화권의 분류

이 지구상에는 수많은 민족이 살고 있으며, 이들은 각기 다른 독특한 식문화를 형성하고 있다. 이러한 식문화의 형성에는 지리적 환경이나, 종교, 사회 문화적 환경들이 함께 영향을 미치게 되며, 이에 따라 다양한 관점 및 기준으로 분류가 가능하다. 일반적으로 세계의 식문화권을 분류하는 방법으로는 지리적 위치에 따라 동양 문화권과 서양 문화권, 그 외 문화권으로 분류하는 방법이 사용된다. 이밖에 주로 사용하는 식품재료에 따른 분류법, 먹는 방법에 따른 분류법 등이 있다.

1) 지리적 위치에 따른 분류

(1) 동양 문화권

동양 문화권으로는 우리나라와 일본, 몽골, 중국을 포함한 동북아시아 문화권과 동남아시아 문화권 및 인도 문화권을 포함하는 것이 일반적이다. 이 중 동북아시아 문화권은 유교를 일상생활의 기본으로 하면서 불교를 숭배하는 특징을 보이며, 이에 따라 식문화가 발달해 왔다. 동남아시아 문화권은 종교적으로 이슬람교와 불교가 혼합된 문화지역으로 인도네시아, 말레이시아, 필리핀, 싱가포르, 태국, 베트남, 라오스, 캄보디아, 미얀마 등이 포함된다. 인도 문화권은 힌두교와 불교가 혼합된 문화로 인도, 파키스탄, 스리랑카, 방글라데시 등을 포함하고 있다.

(2) 서양 문화권

서양 문화권은 유럽 전 지역과 시베리아를 포함하는 유럽 문화권과 초기에 아시아에서 이주해간 인디언들이 거주하다가 유럽인들의 이주로 유럽의 문화가 발달된 아메리카 문화권으로 나눌 수 있다. 유럽 문화권은 지리적 위치에 따라 다시 북서부 유럽, 지중해 및 동부 유럽으로 분류할 수 있으며, 이들의 종교는 각각 개신교, 가톨릭 및 그리스 정교 등이다. 유럽은 르네상스 이후 전체적으로 발전하여 근대에는 전 세계적으로 문화를 전파, 특히 아메리카에 유사한 문화를 보급시켰다. 아메리카 문화권 중 북아메리카는 북서부 유럽의 문화를 기본으로 미국, 캐나다 등이 포함되며, 남아메리카는 남부 유럽인 스페인과 포르투갈 문화가 전파된 멕시코, 브라질, 아르헨티나, 칠레 등을 들 수 있다.

(3) 그 외 문화권

세계에서 두 번째로 큰 대륙이며 수많은 나라와 언어를 가지고 있는 아프리카 문화권은 고대문명의 발상지이며 유럽, 아랍지역과 밀접한 연관을 가진 북부 아프리카와 암흑의 대륙으로 불리며 개발되지 않아 원시적 농경과 수렵을 통해 생활하다가 유럽인들에 의해 식민지화되었던 중·남부 아프리카로 구분할 수 있다. 이 중 북부 아프리카는 지중해와 접해 있어 식품의 생산이 비교적 풍부하고 음식문화는 아랍이나 유럽과 유사한 점을 보이고 있다.

그밖에 유럽, 이란과 인접한 터키를 포함한 이란, 이스라엘, 이라크, 레바논, 시리아, 요르단 등은 중동 지역으로, 민족구성과 생활양식 등이 다양하여 여러 종교를 가지고 있다. 터키는 주로 이슬람교를, 이스라엘과 유태인은 유대교를, 중동 지역은 대부분 이슬람교를 숭배하여 그 교리에 따라 식품의 선택에 차이를 나타낸다.

마지막으로 세계에서 가장 작은 대륙인 오스트레일리아와 뉴질랜드를 포함한 오세아니아, 남태평양 문화권이 있다. 오스트레일리아가 알려진 것은 18세기 후반으로, 서방세계에 알려진 후 뉴질랜드와 함께 영국의 식민지로 있다가 독립을 하였다. 서방세계에 알려지기 전부터 거주하던 원주민이 있어 이들의 문화보호를 위해 노력하기는 하나, 전반적으로 영국문화를 보이고 있다. 더불어 남태평양 지역 또한 유럽이나 미국 등의 식민지로 지냈던 것으로 인해 서구문화가 많이 유입되어 있다.

2) 주로 사용하는 식품재료에 따른 분류

(1) 식물성 식품을 주재료로 사용하는 문화권

① 밀을 주식으로 하는 문화권

맥류는 기원전부터 재배가 시작되어 인류가 농경생활을 한 시초가 된 곡류로 고대 문명 형성의 기초가 된 작물이다. 그 중 가장 생산량이 많은 밀이 주로 사용되었는데, 밀은 겉껍질이 단단하고, 배유부분이 부서지기 쉬워 주로 가루 형태로 만들어 사용하였다. 인도 북부, 파키스탄, 중동, 중국 북부, 북아프리카, 유럽, 북아메리카 등이 밀가루를 물로 반죽하여 구운 빵이나 국수류를 주식으로 하는데, 중국 북부에서는 발효한 반죽으로 만든 찐만두나 국수를 주식으로 하기도 한다.

② 쌀을 주식으로 하는 문화권

인도에서부터 동아시아 지역은 쌀 생산이 많다. 쌀은 밀과는 달리 겉껍질을 벗겨도 알맹이 상태를 유지하므로 입식粒食이 가능한 작물이다. 쌀은 또한 멥쌀과 찹쌀로 분류가 가능하여 쌀을 주식으로 하는 나라들 중에는 우리나라처럼 멥쌀을 일상식으로 먹는 경우도 있고, 라오스, 태국 북부, 중국 윈난의 일부처럼 찹쌀을 쪄서 일상식으로 먹는 지역도 있다.

③ 옥수수를 주식으로 하는 문화권

옥수수는 멕시코가 원산지로 미국 남부, 페루, 칠레 및 아프리카 지역에서 주식으로 섭취하고 있다. 페루나 칠레에서는 주로 옥수수 낟알을 그대로 죽으로 쑤어 먹으며, 멕시코에서는 옥수수 가루를 반죽하여 구워서 섭취한다. 아프리카에서는 근대 이후 옥수수가 새로운 작물이었음에도 대량으로 소비되고 있으며 주로 가루를 삶아서 뻑뻑한 풀 모양으로 만든 가루죽이나 단자를 섭취한다.

④ 서류를 주식으로 하는 문화권

동남아시아와 태평양 남부의 여러 섬으로 마, 토란, 고구마 등을 재배하여 주식으로 사용하고 있다. 서류는 영양생식으로 재배되기 때문에 높은 수준의 재배 기술이 없어도 생산이 가능하다. 또한 서류는 곡류에 비해 수분이 많고 보존이 어려워 농업적 부의 축적이 어려우므로 서류를 주식으로 하는 지역에서는 고도의 기술을 가진 중앙집권국가의 발생이 거의 없다.

(2) 동물성 식품을 주식으로 하는 유목 문화권

가축을 무리로 방목 관리하여 가축의 젖, 고기, 피를 이용하여 주식으로 사용하며, 이 중 특히 젖이 가장 중요한 생산물로써 이용된다. 유목은 주로 농경이 어려운 추운 지역이나 건조지역에서 행해졌다. 즉 농경이 어려운 지역에서 목초지를 찾아 이동하면서 가축을 기르고 거기에서 얻은 축산물을 음식의 주재료로 사용하였다.

3) 먹는 방법에 따른 분류

(1) 수식문화권(手食文化圈)

이슬람교권, 힌두교권, 동남아시아의 일부지역에는 손으로 음식을 먹는 식생활문화가 지켜지고 있다. 수식문화권 지역은 동남아시아, 서아시아, 아프리카, 오세아니아(원주민) 등이며 전 세계 인구의 약 40%를 차지한다. 그러나 손을 이용하여 식사를 하는 경우에도 식사를 하는 방식은 식문화권마다 달라 이슬람이나 힌두교를 믿는 지역에서는 왼손으로 식사를 해서는 안 된다. 손으로 먹는 것은 위생상의 문제가 제기될 수 있으나, 음식 섭취 시 손의 감촉과 입속의 감각으로 두 번에 걸쳐 식사를 즐길 수 있다는 장점도 가지고 있다.

(2) 저식문화권(著食文化圈)

중국 문명 중 화식에서 발생하였으며 중국과 한국, 일본, 베트남, 대만 등 유교 문화권이 저식문화권에 속하고 전 세계 인구의 약 30%가 이러한 문화를 이용하여 식사를 한다. 우리나라와 중국, 일본은 원래 숟가락과 젓가락을 함께 쓰는 수저 문화권을 형성하고 있었으나 중국과 일본은 도중에 숟가락이 탈락한 젓가락 문화권을 형성하였고, 우리나라는 여전히 수저 문화권을 유지하고 있다. 그러나 젓가락의 형태는 각 나라의 음식문화에 따라 조금씩 달라져서 우리나라의 젓가락은 다양한 반찬을 잡기에 적당한 납작한 금속 재질로 만들어져 있다. 중국의 젓가락(콰이즈筷子)은 기름지고 뜨거운 음식을 잡기에 적합하도록 길이가 길고 끝이 뭉뚝하며 플라스틱이나 대나무 등을 소재로 하며, 일본의 젓가락(하시はし)은 생선을 발라먹기 적합하도록 끝이 뾰족한 나무 소재로 되어 있다.

(3) 나이프, 포크, 스푼식 문화권

나이프, 포크, 스푼 등은 16세기 이탈리아, 스페인 상류사회에서 음식을 먹을 때 사용하기 시작하였고, 17세기 독일, 영국, 북유럽을 거쳐 18세기에 대중화되었다. 유럽, 러시아, 북아메리카, 남아메리카 등이 해당되며 전 세계 인구의 약 30%가 이 문화권에 속한다.

이상과 같이 먹는 방법을 달리할 경우 사용하는 도구에 따라 조리 방법이나 재료의 선택도 차이를 나타낼 수 있다. 즉 나이프와 포크를 쓰면 큰 재료라도 식탁 위에서 잘라 먹을 수 있지만 젓가락으로 식사를 하는 경우는 재료들을 한입에 넣을 수 있는 크기로 잘라 주어야 한다. 따라서 가열하면 쉽게 부서지기 쉬운 생선류는 젓가락으로 먹기에 알맞으나 가열해도 부서지지 않는 고기의 경우는 젓가락으로 식사를 할 경우 조리 전에 잘라 주는 등의 조리법을 사용해야 한다.

02 식생활문화사

1. 원시인류의 식문화
2. 고대의 식생활
3. 중세의 식생활
4. 근대의 식생활
5. 현대의 식생활

CHAPTER 02

식생활문화사

1. 원시인류의 식문화

1) 원시인류의 생존

지구상에 사람의 특징을 가진 인류가 나타난 것은 약 100~300만 년 전의 오스트랄로피테쿠스Australopithecus부터이다. 오스트랄로피테쿠스는 중동 지방에 살면서 직립 보행을 하였으나 송곳니가 작고 뇌 용량이 740~940 mL로 고릴라와 거의 같아 도구의 사용이 의문시되므로 완전한 인류는 아니라는 설도 있다. 약 40~60만 년 전에 나타난 피테칸트로푸스Pithecanthropus는 직립 보행을 하고, 뇌 용량이 900~1,100 mL로 증가하였으며, 지혜를 가지고 있어 석기를 만들어 사냥, 고기잡이, 채취에 사용하고 집단행동을 하면서 불의 사용과 언어가 생겼을 것으로 여겨지고 있다. 약 4~10만 년 전에 생존한 네안데르탈인Neanderthal man은 뇌 용량이 1,100~1,500 mL로 더욱 증가하였고, 날카로운 칼 모양의 석기를 사용하여 대형 동물을 사냥할 수 있었던 것으로 보이며, 추위에 대한 적응력을 가져 생활 범위를 북방까지 확대하였다. 현재 지구상에 존재하는 인류는 약 4만 년 전부터 등장한 크로마뇽인Cro-Magnon man으로, 이들의 뇌 용량은 약 1,400~1,500 mL이며, 추위에 대해 직·간접적으로 적응력을 갖고 있었고 도구의 제작이 훨씬 발달하였다.

2) 원시인의 식생활

원시인은 생활의 대부분을 음식을 얻는 데 소비하였다. 즉 날마다 음식을 얻기 위한 대결을 하고, 그 성패는 스스로의 생존과 연결되었다. 원시인 식생활의 특징은 잡식성과 화식성으로, 인류는 이들의 이러한 식생활에 의하여 현재까지 생존할 수 있게 되었다.

(1) 잡식성

초기 수상생활을 하던 인류는 나무의 열매나 어린싹 등 식물성 식품을 섭취하다가 빙하기가 닥치면서 최초의 인류 오스트랄로피테쿠스가 나무 위에서 건조초원savanna에 내려와 식생활을 바꾸면서 잡식성이 된 것으로 알려져 있다. 오스트랄로피테쿠스는 곤충이나 소형 동물을 잡아먹는 동시에 식물의 열매를 따서 먹었다. 그 후 피테칸트로푸스, 네안데르탈인으로 시대의 흐름에 따라 사냥이나 고기잡이용 도구로 석기가 주로 발달하였고, 점차 대형 동물을 잡을 수 있게 되었다. 크로마뇽인에 이르러서는 창, 작살, 낚시, 올가미 등 새로운 도구를 사용하여 사냥이나 어로, 식물채집을 통해 식생활을 영위하였다. 이 중 사냥과 어로는 주로 남성의 일이었으나 식물성 식품의 채취는 피테칸트로푸스 이래 여성의 일이 되었고, 초기에는 밤이나 도토리 등 식물의 열매를 주워 모았으나 점차 흙을 뒤져서 먹을 수 있는 식물의 뿌리나 줄기를 채취하였다.

(2) 화식성

인류가 최초로 불을 사용한 것은 피테칸트로푸스부터이다. 불은 암흑의 밤을 밝혀주고 추위를 막아줄 뿐만 아니라 밤에는 사나운 짐승의 습격에 대한 방호용이 되어 주기도 하며 사냥에도 이용할 수 있었다. 그러나 인류의 식생활에서 불의 최대 이용법은 식품을 가열 조리하는 화식성의 발견이다. 불의 사용으로 인류는 요리법을 알게 되었고, 그로 인하여 이전에는 소화시킬 수 없었던 여러 가지 식품의 식용이 가능해지고, 맛이 좋아지며, 저장성이 증대되었다. 원시인의 가열 조리는 처음에는 단순히 굽는 요리였으나 약 1만 년 전 토기의 발견 이래 점차 찌고 삶고, 튀기는 등의 다양한 조리법들이 생겨났다.

3) 원시인류 식생활의 안정

(1) 농경의 시작

원시인은 자연을 따라 이동하면서 주위의 동식물을 섭취하며 살았으나, 신석기혁명이 일어나면서 일정한 장소에 정착하게 되어 정착농과 목축업자로 변화되기 시작하였다. 초기에는 경작된 곡식이 자라는 들판이 아니라 새로 돋아난 야생 곡식이 풍부한 들판에 정착을 하여 생활을 하다가, 그 가운데 식물의 일부가 종자나 뿌리, 줄기에 많은 전분starch을 포함하고 있음을 알게 되고, 그 식물체의 일부를 흙에 심으면 다시 전분이 많은 종자, 뿌리, 줄기가 얻어진다는 것을 발견하게 되었다. 이것이 농경 발생의 시초이고 곡류나 서류를 재배한 발단이 되었다.

농경이 시작된 지역은 온화한 기후이면서 물을 공급할 수 있는 하천유역이었다. 처음에는 종자를 뿌리는 재배법이 아니고, 꺾꽂이나 뿌리의 일부를 흙에 묻는 방법을 이용하였으며, 작물도 서류나 바나나, 사탕수수 등이 주를 이루다가 후에 야생 밀 등의 종자에 의한 재배법이 많아졌다. 이때의 농경 방법은 지금도 남아 있는 화전 농경이었을 것으로 여겨진다. 화전 농경은 원시림을 벌채하여 건조한 후 태우고 그 재를 비료로 삼아 우기에 파종하는 방법으로, 2~3년 후에는 토지가 황폐해지므로 다른 곳으로 이동해야 하는 단점이 있다.

중요한 작물의 농경 개시 시기를 살펴보면 보리는 BC 7000년경 카스피해 연안과 양쯔강 유역에서 최초로 재배된 것으로 보인다. 밀은 보리보다 1000년쯤 늦게 티그리스강 유역 등지에서 재배가 시작되었고, 벼는 BC 5000년경으로 근래에는 윈난성 일대와 아샘의 고원지대를 원산지로 보고 있다(표 2-1). 또 다른 중요한 곡류인 옥수수는 멕시코가 원산지로 신대륙에서 재배가 시작되었다. 감자는 한랭한 산지가 재배에 알맞아서 남아메리카의 안데스산맥의 고원지대가 그 기원지이다.

표 2-1 중요 작물의 재배 개시 연대 및 지역

작물명	재배 개시 연대	재배 개시 지역
보리	BC 7000	카스피해 연안, 양쯔강 유역
밀	BC 6000	중근동, 카스피해 연안
벼	BC 5000	윈난성의 고원지대 및 아샘지방
옥수수	BC 4800	멕시코
고구마	BC 2000	멕시코
감자	AD 500	안데스산맥

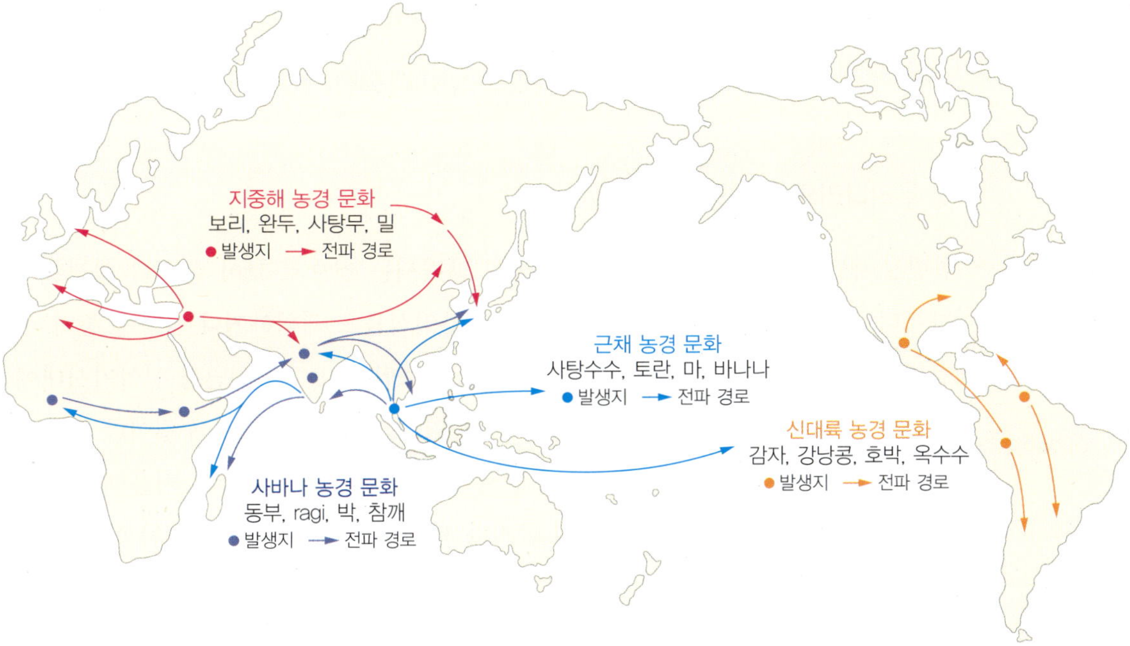

그림 2-1 농경의 발생과 전파 경로

(2) 목축의 발생

목축이란 동물이 식물을 먹고, 그 동물의 고기를 사람이 먹는다는 먹이사슬을 인위적으로 만든 것으로써 사람이 동물을 사육 관리하여 식용하는 것이다. 목축의 대상이 되는 동물은 모두 초식 동물로 고기뿐 아니라 우유로 이용되며, 인간이 관리하기 쉽도록 무리를 이루는 동물이 주로 선택되었다.

최초의 목축은 BC 9000년경, 카스피해 연안 한랭한 지방의 사냥을 주로 하던 사람들에서 시작되었으며 비교적 얌전하고 무리를 이루는 양과 염소가 최초로 목축화되었다. 다음은 BC 8000년경 남아시아에서 멧돼지가 사육되었고, 소의 목축은 야생종인 들소의 사육으로부터 BC 6000년경 서아시아에서 시작되었다. 이후 말, 순록, 낙타, 알파카 등이 차례로 가축화되었다. 인류는 많은 야생 동물의 사육에 성공하였고 동시에 동물의 고기, 젖, 털을 채취하는 데 알맞도록 품종을 개량해왔다. 소나 말은 농경 작업에 이용하고 낙타, 당나귀, 말 등은 운송에 이용하였으며, 닭도 가축화하여 그 알과 고기를 인간의 먹이로 이용하였다. 목축에 의하여 짐승이나 새의 고기, 유즙, 알 등 영양가가 우수한 단백질을 인류가 확보하게 되었고, 이로써 곡류나 서류의 약점을 보충하여 식생활의 개선을 이루었을 것이다.

4) 우리나라의 원시인의 식생활

한반도에서 구석기시대의 유적과 유물이 발견되는 것으로 보아 한국의 식생활사도 이때부터 시작된 것으로 볼 수 있다. 이들은 자연식물을 채취하거나 사냥을 통하여 음식을 얻고 불을 사용하여 요리해 먹었던 것으로 보인다. BC 6000년경 신석기시대에는 마제석기와 빗살무늬토기 같은 토기를 사용하였고, 초기에는 주로 수렵이나 어업으로 음식을 얻다가 후기에 내륙으로 들어오면서 원시농경이 시작되었다. 처음에는 날것으로 먹는 방식이었으나 불을 이용하여 굽거나 찌는 방식, 끓이는 방식(죽) 등이 사용된 것으로 보인다. 야생 과일류의 채취로부터 자연적으로 발효가 되는 것을 발견하여 술의 역사가 시작되었다. 또한 식품의 장기 보존을 위하여 말려서 보관하거나 움집 속에 저장혈을 두어 땅속에 묻기도 하였고, 오늘날 훈제법으로 발전된 불에 그을려 저장하는 방법도 개발되었던 것으로 생각된다.

2. 고대의 식생활(BC 3000 ~ AD 500년경)

농경의 발달로 식생활이 안정되면서 많은 사람들이 곡류를 경작하는 토지에 정착하게 되었고, 그 결과 많은 식량 생산이 가능했던 사람과 나라들을 중심으로 문명이 탄생하였다. 최초의 서양 문명은 티그리스와 유프라테스강 사이의 메소포타미아 지역에서 발생하였고 나일강 유역에서도 비슷한 시기에 문명이 발달하였다. 뿐만 아니라 동양에서도 인더스, 황허, 양쯔강 유역 등에서 문명이 탄생하였다.

1) 메소포타미아와 이집트의 식생활

메소포타미아 지역의 수메르인들의 주된 식재료는 보리, 밀, 수수, 이집트콩 및 렌즈콩 등의 콩류, 순무, 양파, 마늘, 부추, 오이, 신선한 녹색 상추, 양갓냉이, 겨자 등이었다. 그들은 보리죽이나 보리빵에 양파나 콩을 곁들이고 맥주를 마신 것으로 보이며, 메소포타미아 유역의 강에서 얻을 수 있는 물고기로 식단을 다양하게 하였던 것으로 추정된다. 육류는 양고기를 가장 보편적으로 사용하였고 그 외에 염소고기와 돼지고기 및 소고기도 식용을 하였으나, 이 시기의 소는 노동가치가 없어진 후 도살되었으므로 몹시 질겼을 것으로 생각된다.

이집트는 나일 계곡으로 인하여 비옥한 토양이 많고, 그로 인해 상당한 농업적 부를 쌓았던 것으로 보인다. 밀, 보리, 수수, 채소, 과일, 아마, 면화 들이 풍부하였고, 파슬리, 무, 양파, 파, 마늘 등의 채소도 재배되어 이용되었다. 빵, 맥주와 양파가 고대 이집트인들의 일상식이였으며, 특히 최초로 발효 빵을 제조한 곳이 이집트였다. 또한 나일강의 습지와 운하의 다양한 어류(뱀장어, 숭어, 잉어, 농어, 타이거피시, 메기 등)와, 그 외의 다른 수생동물들의 건어물과 염장한 생선을 시리아와 팔레스타인 등지에 수출하는 무역이 성행하였다.

맥주의 기원

맥주는 고대 이집트와 메소포타미아의 수메르인이 처음 만들어 마시기 시작한 것으로 알려져 있다. 이 맥주는 정확히는 에일(ale)이며, 요즘 맥주에 사용되는 홉은 이때까지는 알려지지 않았던 것으로 보인다. 수메르인은 보리나 밀, 또는 혼합곡식으로 다양한 맥주를 제조하였으며, 이러한 맥주 제조법은 빵의 제조법에서 개발된 것으로 보인다. 즉 고대인들이 날곡식의 싹을 틔워 소화성을 좋게 만드는 방법을 알게 되면서, 이것이 발전하여 발아된 곡식을 말려서 빻은 가루로 만든 빵이 보존성이 높다는 것을 깨달았을 것이다. 이렇게 발아시켜 말린 반죽의 일부를 구운 후 덩어리를 부수어 물과 혼합하여 하루 정도 두어서 발효시켜 걸러낸 것을 먹어 본 가정주부가 이 경험을 바탕으로 맥주를 제조하였다고 하며, 실제 고대의 양조업자들은 대부분 여성이었다고 한다.

이집트인들이 일반적으로 마셨던 '하크(haq)'라는 맥주는 나일 계곡의 붉은 보리로 만든 맥주로 에일에 비해 순한 맥주였던 것으로 짐작된다. 그러나 나일강 유역 사람들이 맥주를 계속 마실 수 있었던 것에 반해, 메소포타미아는 보리의 생산이 충분하지 않아 후에 맥주 대신 대추야자 술을 빚어 마셨다고 한다.

2) 그리스와 로마의 식생활

그리스는 매우 오랫동안 목축에 의해 식량을 확보해 왔으나, 지형적 특성으로 목축이 어려워지자 식품의 생산을 증대시키기 위하여 올리브와 포도, 무화과를 심었다. 그로 인해 목축보다 농업에 의존하게 되었고, 부족한 식량은 교역을 통해 확보하고자 하였다. 고대 그리스인들은 일상식으로 보리 반죽과 보리죽, 보리빵을 먹었고, 여기에 약간의 올리브나 무화과를 곁들이고 염소젖으로 만든 치즈와 소금에 절인 생선을 가끔 먹었다. 식사와 함께 보통 물, 염소젖 또는 포도주를 마셨다. 고기는 자주 먹지는 않았으나 염소, 양고기 또는 돼지고기를 먹었다. 올리브는 약 6000년 전부터 재배되었으며, 식사 재료뿐만 아니라 기름을 만들어 식용, 약용, 조명용 등으로 널리 사용하였다. 시골 지역이나 저소득층 사람들의 소박한 식사에 반하여 그리스 상류층 사람들은 남자들끼리 모여 와인을 마시는 파티를 즐겼다. 이러한 파티는 여성들의 참석은 불가능하였고, 와인과 함께 맛을 돋우기 위한 음식들이 제공되었다.

그리스의 와인

그리스에서 포도는 올리브 다음가는 작물이었다. 포도나무의 재배는 코카서스 지방에서 시작된 것으로 보이며 BC 3000년경에는 메소포타미아와 이집트까지 퍼져 나갔고, 와인은 모든 그리스 식단의 일부분이었다. 고대 그리스의 와인으로 가장 유명한 것은 호메로스가 자주 언급한 프람니안(Pramnian)으로 매우 진하여 물로 희석해 마셨다. 와인은 나뭇진을 안팎으로 바른 통 속에 넣고 발효시켜 특유의 쏘는 맛이 나게 하였고, 그 다음에 여과하여 그릇에 담아 사용하였다. 그리스의 와인들은 BC 121년 최초의 이탈리아산 고급 와인인 오피미안(Opimian)이 출현하자 명성을 잃기 시작하였고, 그 후 이탈리아 와인들이 널리 퍼져가면서 점차 경쟁력을 잃었다.

로마는 그리스에 비하여 매우 비옥한 토지를 가지고 있어, 역사의 전 시기에 걸쳐 농업적인 특성을 뚜렷하게 유지하였다. 밀이 가장 주요한 농작물이었고, 그 다음으로 포도, 올리브를 재배하였다. 그러나 로마는 식량을 거의 전적으로 속국에서 수입하였으며, 특히 밀은 이집트와 아프리카에서 매입하였다. 고대 로마인들은 다양한 형태의 밀가루와 빵의 영양가에 대해 명확한 견해를 갖고 있었으며, 특히 밀로 만든 빵이 영양가가 높고 소화하기 쉬운 우수한 빵으로 생각하였다. 로마시대에는 현대적 의미의 다양한 빵들이 개발되었으며, 주로 사용한 유지는 올리브기름이었다. 일반적으로 보통 빵들은 고기와 함께 먹거나 간단한 식사를 위해 와인이나 염소젖에 적셔 먹은 것으로 보이나, 맛을 낸 빵들은 그 자체를 주식으로 보고 정찬이나 간단한 식사에 물이나 우유, 와인 등과 함께 먹었다. 초기 로마인들이 검소한 식사를 한 데 반하여 시간이 지날수록 전쟁을 통해 확장한 영토로부터 얻는 부와 노예들을 이용하여 부유층은 그리스인들과 마찬가지로 점차 호사스러운 생활로 바뀌었다. 가난한 사람들은 초기와 다를 바 없는 식사를 하였으나 부유층들은 그리스인의 영향으로 점차 미식가가 되어 갔고, 현대에도 많이 알려진 연회를 수시로 베풀며 과시를 위한 허세로 음식을 낭비하였다. 연회는 주로 로마인들이 하루 식사 중 가장 중요하게 여기는 저녁식사에서 이루어졌고, 대부분 전채요리, 본요리 및 후식요리의 3개의 코스로 구성되었다. 전채요리로는 삶은 달걀, 달팽이, 굴, 절인 생선 및 상추나 부추 같은 채소가 제공되었고, 본요리는 고기, 생선, 해산물 등이 정교하고 기름진 소스와 함께 제공되었다. 마지막 후식요리는 견과류나 사과, 배, 포도 등의 과일이 나왔고 좀 더 복잡한 연회에서는 꿀 케이크나 설탕절임 과자가 제공되기도 하였다.

로마인들의 식습관에서 대표적인 것 중 하나는 단순한 맛을 매우 싫어하여 보통 고기, 생선, 채소 등을 적어도 12가지 정도의 강한 향신료로 이루어진 소스들과 함께 완전히 새로운 형태로 만들어서 먹었던 것으로 보이며, 그 중에서 가장 일반적으로 사용된 향신료는 리쿠아멘(가룸garum)이었다. 이것은 일종의 생선소스로 우리나라의 생선젓갈과 유사하며, 보통 맑은 황금빛 액체로 병이나 항아리에 보존하였고, 어떤 음식에 넣어도 짭짤한 맛과 약간의 비린내, 치즈와 비슷한 독특한 풍미를 제공하였다. 리쿠아멘 외에 또 다른 향료식물인 실피움silphium도 로마의 주된 조미료의 하나였다. 실피움은 북아프리카의 키레나이카에서 도입된 향료식물이었으나 이를 너무 많이 경작하여 토질이 나빠지자 대용으로 페르시아의 아위asafoetida를 사용하였다. 그 외에도 다양한 향신료를 사용하여 중국이나 말레이반도, 인도네시아로부터는 육계

그림 2-2 아위(*Ferula assa-foetida*)

를, 인도에서는 후추를 수입하여 사용하였다. 또한 로마인들은 소금을 매우 중요하게 여겨, 소금을 사기 위하여 병사에게 주는 돈을 살라리움salarium(소금이라는 뜻의 라틴어로 후에 봉급salary을 의미함)이라 할 만큼 중요시하였다.

3) 중앙아시아 유목민의 식생활

유럽의 동쪽 스텝step 지역의 사람들은 식량 획득의 방법을 농경으로 전환하지 않고 목축을 주요 생계 수단으로 하였다. 이들은 다양한 기질의 부족들이 서로 다른 자연환경에서 생활하였으나 목축에 대한 필요성이나 식습관은 유사하였던 것으로 보인다. 이들 유목민은 대부분 양과 소를 이용하여 '의'와 '식'을 해결하였으나 낙타나 말고기 등도 이용하였던 것으로 보인다. 육류 외에 목초가 풍부한 여름과 가을에는 동물의 유즙이나 유즙을 가공한 유제품을 이용하였는데, 이는 주로 말과 야크를 통하여 얻었다. 육류를 주로 섭취한 그들의 생활 특성상 비타민 C의 결핍이 우려되나, 유목민들에게서 그러한 증상의 기록이 드문 것으로 보아 비타민 C의 함량이 모유의 2배, 우유의 4배나 높은 말젖을 많이 사용하였을 것으로 추측된다. 유목민들 식품의 가장 특징적인 것 중 하나는 살아있는 동물의 혈액이었다. 혈액을 마시는 방법은 연료를 구하기 어려운 초원지대에서는 굳이 불을 피우지 않아도 쉽게 식량을 얻을 수 있는 방법이었을 것으로 생각되며, 오늘날에도 탄자니아의 마사이족은 소나 양의 경정맥에 화살을 쏘아서 피를 받아 마신다고 한다.

4) 중국의 식생활

동양문명의 중심지인 중국의 독특한 요리법의 기원은 분명하게 규명되어 있지는 않다. 고대 은제국의 갑골문자에 의하면 이 시대의 가장 보편적인 식용동물은 양이었으며, 개와 돼지 역시 식용으로 이용되었던 것으로 보인다. 보리 등의 낟알이 큰 곡식은 거칠게 부숴 먹었고, 주로 이용하는 곡식은 조와 기장이었으며 잘 차릴 경우에만 보리나 쌀을 이용하였다. 만주 지역이 원산지인 콩의 도입으로 다양한 종류의 장류가 제조, 이용되었고 채소를 소금에 절인 저菹를 만들어 먹었다. 현존하는 중국 최고最古의 문헌인 『시경詩經』에 의해 BC 1100년~BC 600년경까지의 생활상을 비교적 잘 알 수 있는

데, 겨울에 남자들이 모피와 고기를 얻기 위하여 사냥을 하고 여름에 이용할 수 있도록 얼음을 채워 저장하였다고 한다. 봄에 땅을 갈아 일군 후 하늘에 제사를 올렸으며, 여름에는 자두와 버찌가 있었고, 저녁식사로는 콩과 아욱을 삶아 먹었다.

요리법으로는 시루와 격鬲(고대 중국에서 사용하였던 발이 바깥쪽으로 굽어서 벌어진 세 발 달린 솥)을 이용해 찌거나, 굽는 방법을 주로 이용하였으며, 곡물을 이용하여 술을 만들어 먹었고 이로부터 초醋의 이용도 추측할 수 있다. 중국의 부유층은 매우 다양한 음식을 먹었고, 오미(쓴맛, 짠맛, 신맛, 매운맛, 단맛)의 개념은 BC 4세기 이전부터 확립되어 고급 요리는 오미의 배합을 중요하게 여긴 것으로 보인다. 그러나 대다수의 중국인들은 부유층과는 달리 양파나 죽순, 콩 등을 최대한 이용하여 간장으로 조리한 음식을 먹었고, 생선이 가장 중요한 식품이었으며 항상 궁핍하게 살았던 것으로 보인다.

5) 인도의 식생활

동양에서 중국과 더불어 가장 오랜 문명을 가진 나라인 인도는 BC 1200년경 아리아인이 인도로 침입해 오면서 자신들의 소를 몰고 들어왔고, 그 소들이 점차 기후에 더 적합한 인도 본토의 품종으로 대치되었다. 아리아인들은 인도에 들어와 살면서 종교적 율법의 보호 아래 소를 지키고자 한 듯하며, 이는 브라만교의 초기 경전인 『리그베다 Rigveda』에 염소, 양, 말, 물소 등이 음식으로 언급되고 있으나 소만은 제외된 것으로 추측할 수 있다. 시간이 지나면서 가축도살 금지법이 완화되어 BC 700년경에는 종교적 의례를 위해 필요한 가축의 도살이 허용되었으나 브라만 사제들이 희생제의sacrifice를 위해 더 많은 가축을 요구하자 이에 대한 반란까지 일어나게 되었고, 새로운 두 종교인 불교와 자이나교가 등장하여 짐승도살을 반대하였다. 이 두 종교는 채식에 종교적 신성을 부여하면서 동시에 소 도살에 대한 이전의 금지를 다시 일깨웠으며, 이러한 육식 금지운동이 정통 베다 신앙에도 영향을 끼쳐 BC 1세기경에 브라만 사제들이 동물 희생을 포함하지 않은 제의를 규정하게 되었고, 결국 인도의 종교들이 모두 소를 신성시하게 되었다. 소 외에도 일부 공동체에서는 염소를 식용으로 기르기도 하였고 양이나 돼지 또한 타산이 맞지 않는 등의 이유로 배제되면서 농가의 식탁에서 이따금씩 볼 수 있는 유일한 단백질 식품은 닭이 되었고, 해안 지역에서는 물고기와 해산물이 사용되었다.

6) 우리나라의 식생활

한반도에 북방 유목민들이 청동기를 가지고 들어와서 원주민과 서로 어울려 우리 민족의 원형인 맥족이 형성되었고, 이들이 BC 2333년에 세운 나라가 고조선이다. 이 고조선에 중국의 철기문화, 기마민족인 흉노의 문화가 들어와서 부족국가시대로 접어들면서 벼, 피, 기장, 수수, 조, 보리, 콩, 팥 등을 재배하고 가축을 기르는 것에도 힘을 기울였다. 특히 부여에 마가, 우가, 저가, 구가 등의 관직명이 있는 것으로 미루어 가축의 사육이 활발했음을 짐작할 수 있다.

갈돌과 돌확을 이용한 가루음식과 찌는 요리 방법의 발달로 만들어진 떡은 각종 제천의식에 주로 사용되었다. 육류의 찜鬵과 구이 맥적貊炙의 조리 방법이 사용되었고 발효법으로 술이나 장이 만들어졌다. 밤이나 대추가 특산물로 생산되었고, 조, 밀, 보리 등의 곡류를 주식으로 하고 종래의 주식이었던 어패류나 수렵에 의해 충당되는 육류 등이 부식이 되는 주·부식 분리의 식생활이 형성되었다. 그릇의 밑받침이 높은 것으로 미루어 대개는 밥상 없이 땅바닥에 놓고 식사를 하였던 것으로 여겨진다.

맥적(貊炙)

우리의 조상 맥족의 음식으로 고기를 특유의 갖은 양념에 미리 조미하여 재워 두었다가 굽는 것으로 오늘날 불고기의 원조라 볼 수 있다.

삼국시대 이후부터는 농경이 확립되고 쌀을 주식으로 하는 주·부식 분리가 정착되었다. 그러나 쌀의 생산이 제한되어 있었기 때문에 주식으로 쌀을 먹는 상류층과 잡곡을 주식으로 하는 서민층 사이에 식생활 방식은 다르게 확립되었다.

식품의 종류로 무, 상추가 등장하였고, 무는 장아찌 등의 조리법으로 일본에까지 전해졌으며 상추는 고구려의 특산물로 수나라 사람들이 비싸게 종자를 구입하였으므로 천금채天金菜라고도 하였다. 제주도의 밀감도 이때부터 특산물이 되었다. 육류는 목축과 사냥으로 얻었으나 차차 줄어들고 가축을 통하여 주로 섭취하게 되었다. 술을 비롯하여 차가 기호품으로 더해졌다. 계급의 제한 없이 술을 즐겼던 것과는 달리 차는 승려나 상류층에 국한되었고 제물이나 공양물의 하나로 사용되었다. 조미료로서 장이나 젓갈, 꿀과 기름이 사용되었다. 왕의 결혼예물 중에 장과 젓갈이 있는 것으로 보아 장이나 젓갈은 귀한 식품이었을 것이다. 또한 김치가 중요한 부식으로 사용되었으나 지금과 같이 고춧가루를 넣는 방식이 아니라 간장이나 된장 또는 젓갈 등에 절여 만든 짠지의 일종이었다. 주식으로서의 쌀은 가루로 하여 죽을 쑤거나 쪄서 먹었던 부족국가시대와 달리 솥에 쌀을 끓여 익히는 방법, 곧 밥을 짓는 단계로 발달하였다. 밥을 짓는 데 필요한 도구인 정鼎과 가마솥이 등장하였고 장작과 숯을 사용하였다. 메주를 띄워 간장이나 된장을 만든 것은 부식 발달의 계기를 마련하였다. 곡장은 쌀이나 콩, 보리 등을 발효시킨 것, 육장은 고기나 어패류를 소금에 절인 것, 장아찌는 과실, 식물, 해초, 근채류 등을 소금에 절인 것이다. 얼음을 떠서 곳간에 저장하는 장빙藏冰을 이용하여 음식물의 부패를 막았다.

3. 중세의 식생활(500~1500년경)

1) 초기 유럽의 식생활

5세기경 로마의 멸망과 함께 중세가 시작되었으며, 유럽의 역사는 중세 초기, 전성기, 말기의 세 시기로 나눈다. 500~1050년경까지 중세 초기는 유럽의 역사에서 침묵의 시기로 불리며 물질적, 지적 성취수준이 극히 낮았던 것으로 알려져 있다. 이 시기의 유럽 농부들의 식사는 주로 전원에서 얻을 수 있는 것으로 이루어져 있어 빵, 죽, 초본식물, 구근식물이 일상적인 식품목록으로 나타났다. 그 외에 도토리와 너도밤나무 열매를 이용하여 돼지와 닭을 사육하였고, 사냥을 통하여 토끼를 잡거나 강과 호수 인근에서는 생선을 얻어 이용하였다. 1000년까지 유럽의 일반적인 초본식물로는 양배추, 시금치, 양갓냉이, 순무의 녹색 순 등이 포함되고, 구근식물로는 순무, 무, 양파, 부추, 당근 등이 포함되었다.

로마의 멸망 후 지중해 연안의 나라들은 로마에서 사용하던 리쿠아멘이나 아위 등의 양념 사용이 어려워졌으며, 그리스·로마시대 동안 산림자원의 소비로 인하여 연료의 부족을 겪으면서 숯 풍로가 개발되어 프라이팬을 사용할 수 있게 되었다. 반면 북쪽에서는 목재가 넉넉하여 저택의 넓은 홀 중앙에 불을 피워 난방을 하면서 그 불 위에 커다란 가마솥을 거의 영구적으로 걸어두고, 이용 가능한 것은 무엇이든지 넣어서 다양한 재료로 묽은 수프나 고깃국을 만들었다. 따라서 이들은 보통 빵과 물 또는 에일, 그리고 가마솥에서 얻는 콤파나티쿰companaticum으로 식사를 했던 것으로 보인다. 이 가마솥을 사용하여 중세 사람들이 즐겨 먹었던 푸딩 중 하나인 프루멘티frumenty도 제조하였다. 이는 우유가 든 젤리 형태의 음식으로 껍질을 벗긴 밀에 우유와 설탕, 향료를 넣어 쑨 묵 상태의 죽인데 여기에 수프 냄비에서 건져낸 고기나 채소 조각을 넣어 주요리로 사용하였다.

성직자와 군주들은 대규모 영지를 가지고 식량을 자급자족하기 위하여 영지 내에서 채소와 허브를 재배하고, 묘지의 무덤 사이에는 유실수를 심고 가축의 축사를 지었다. 또한 10세기경 수도원 설계도에 의하면 양어장을 가지고 있는 곳도 있었다 한다. 그러나 9세기 중반부터 유럽 전역에서 스칸디나비아인들의 침략과 맥각중독, 녹병균의 감염 등으로 인하여 최악의 기근 시대를 겪었고, 그로 인해 일부에서는 식인풍습이 나타나기도 하였다.

2) 중·후반기 유럽의 식생활

중세 중기는 중세의 전성기라고도 할 수 있는 기간으로 서유럽의 세력이 부상하던 때이다. 이 시기에는 알프스산맥 북쪽의 농업 발전으로 인하여 식량 공급이 크게 증가하였고, 그로 인해 인구의 폭발적 증가와 더불어 마을과 도시의 부활이 이루어졌다. 농업 발전 초기에 콩과식물과 다른 작물의 2부 윤작이 이루어지다가 북부 지역에서 흙을 깊이 파낼 수 있는 보습쟁기를 개발하면서 생산성이 훨씬 높은 3부 윤작이 이루어졌다. 이러한 경작 방법은 동시에 말의 사용도 증가시켜 소 대신 말이 밭 가는 일을 맡게 되었다. 이렇게 땅을 경작하는 농부들을 중심으로 도시가 발달하였으며 초기에 이들은 경작과 함께 암소, 돼지, 닭 같은 동물들을 함께 사육하였으나, 도시의 팽창과 더불어 인구가 급격히 증가하면서 도시에서 돼지사육 금지 등의 칙령이 내려지기도 하였다. 도시의 팽창은 시장의 발달을 가져왔고 소규모 시장은 중요한 교역장소로 발전해 나갔다.

시장의 발달로 인해 더욱 발전하게 된 상인조합(길드guild)은 도시에서 외부인의 상업 활동 금지, 획일적 가격책정, 독점 및 경쟁제한에 노력을 기울였고 더불어 품질관리에서도 자체의 기준을 정하여 엄격히 지키도록 하였다. 도시가 성장하는 동안 일반가정의 주방 설비는 로마시대와 마찬가지로 그다지 편리하지 않아 '구운 고기 판매업자들'

의 증가를 가져와 대중음식점의 시초를 이루었다. 그러나 이러한 시장은 위생기준의 면에서 볼 때는 매우 열악하여 도살장의 폐기물, 노점과 가정에서 버린 쓰레기들이 페스트의 번식지이자 검은 잡식성 쥐의 서식처가 되었다. 이것들은 페스트를 비롯한 전염병의 원인이 되어 시장에서 쥐를 매개로 하여 번진 페스트와 발진티푸스, 강물의 물고기를 매개로 한 이질과 파라티푸스, 조리한 고기와 행상인들의 손에 의한 식중독이 도시인의 생명을 위협하였다.

도시의 발달은 초기에 소비의 중심지에서 떨어진 토지에서 수확되는 곡물 생산의 증가와 평행을 이루고 있었으나, 흉작이 되는 경우는 토지를 소유한 영주들과 경작하는 농민들이 수확물을 내놓지 않아 도시민들이 물자부족과 물가상승으로 곤란을 겪게 되는 경우가 많았다. 따라서 식량의 생산이 불가능한 도시 사람들에게는 당국에서 곡물을 나누어 주어야 할 필요가 있었다. 이에 따라 여러 도시의 단체들이 그들의 도시에 대한 곡물 공급을 보장하고, 물가를 적정수준으로 유지하기 위하여 노력하였으며 때때로 당국과 상인 길드에 의해 세워진 창고에 다량의 곡물을 비축하기도 하였다.

중세 후기 유럽에서 주로 사육되었던 가축은 양이었다. 양은 젖, 고기, 양털, 양피 등을 제공해줄 수 있었고 소보다 온순하여 거친 초원에서도 잘 지냈으며, 새끼를 많이 낳았다. 중앙아시아의 유목민들과 유럽의 야만인들도 오래전부터 양에 관심을 가지고 있었으며, 문헌에 의하면 중세 유럽에는 수백만 마리의 양떼를 목축하였다고 한다. 이러한 목양은 교역 면에서는 값진 물건인 양모를 얻게 하였으며 많은 지역의 가난한 사람들에게 양고기, 양젖, 치즈 등을 통하여 영양 상태를 개선시켜 주었다. 그러나 목양의 상당한 증가 추세에도 불구하고 중세 후기의 영국인들은 '하얀 고기'로 불리는 소고기를 먹게 되면서 양젖제품보다는 유제품을 더 즐겨 먹게 되었다.

중세의 요리법은 외견상으로는 로마의 요리법과 유사하였으나 당시의 상황에 맞추어진 것으로 변화하였다. 특히 소도시인들은 연중 상당한 기간 동안 신선한 고기나 생선을 먹을 수 없어 대부분 염장이나 건조 방식으로 저장된 식품에 의존하여 생활을 하였다. 염장법은 전통적으로 고기나 생선에 굵은 소금을 뿌려 재워두는 '건염법dry-curing'과 고기를 진한 농도의 소금물에 담그는 '소금물에 절이는 방법brine-curing'이 이용되었다. 그러나 소금이 매우 값비싼 것이었기 때문에 소고기나 돼지고기, 생선의 염장에만 이용되었을 뿐 양고기는 염장시키지 않았다. 중세의 두 번째 중요한 저장법은 건조법이다. 유럽에서는 염장법을 사용하는 세계의 다른 지역들과는 달리 생선 저

그림 2-3 노르웨이의 Stockfish 보관창고

장에 건조법을 더 많이 사용하였다. 청어는 기름기가 많아 충분히 말릴 수 없어 주로 염장을 하였고, 기름기가 적은 대구 종류의 생선을 저장하는 데는 건조법이 유용하게 사용되었다. 이 방법은 기후조건이 대단히 중요하여 주로 북유럽에서 깨끗하고 상쾌한 공기와 서늘한 바람을 이용하여 내장을 제거한 대구를 건조시킨 '스토크피스크stokkfisk, stockfish'가 값싸고 변질되지 않는 저장식품으로 사용되었다.

중세 요리법은 주로 수도원이나 귀족 집안의 주방장부와 궁정의 음식조달 문서에 근거하고 있으나 이 경우 신선한 육류가 늘 있다는 것을 기본적으로 하고 있다. 그러나 일반 서민들은 특별한 경우를 제외하고는 신선한 재료를 공급받을 수 없었으므로 주로 소금에 절인 육류와 생선이나 훈제품, 건조된 것들을 사용하였다. 따라서 중세의 조리사들은 소금기를 빼기 위해 여러 가지 수단을 동원한 것으로 보이며, 그 중 가장 단순하고 보편적인 방법은 고기를 요리할 때 짜지 않으면서 염분을 흡수할 수 있는 부재료를 이용하는 것으로 마른 완두, 마른 콩, 빵가루 또는 전곡들을 이용했던 것으로 보인다. 이와 함께 '소량의 혼합양념'으로 명시되는 여러 가지 향신료들을 짠맛을 경감시켜 주는 전분질 재료 및 소스와 함께 다양하게 사용하였다. 중세의 식탁에서는 신선한 고기뿐 아니라 소금에 절인 고기, 파이, 튀김 등을 찍어 먹을 수 있는 소스들이 애용되었으며 전문적인 소스 제조업자들이 제조한 노란 소스(생강과 사프란이 주성분), 녹색 소스(생강, 정향, 카르다몬 및 녹색 허브들이 주성분), 카멜린 소스(육계가 주성분) 등이 있었다. 건어물 또한 중세 메뉴의 근간을 이루는 식품으로 평범한 가정에서는 겨자나 식초를 뿌려 풍미를 더했고, 부자들은 건어물에 향신료가 들어간 소스를 입히거나 여러 가지 과일의 혼합물을 곁들여 먹었다.

14세기에도 가난한 사람들의 식사는 여전히 호밀, 보리나 잡곡으로 만들어진 검은 빵과 수프 냄비에서 떠낸 콤파나티쿰, 약간의 치즈, 응유 한 사발로 이루어졌다. 이에 반하여 시골 대지주들은 잡곡빵, 완두콩 푸딩, 소금에 절인 청어, 말린 대구, 치즈, 재배지에서 만든 에일 및 소고기나 거위고기도 먹었다. 그러나 중세 요리법의 독특한 특징은 소도시의 부유한 상인이나 중류사회의 정찬모임에서 분명하게 나타난다. 이때는 '정식'과 '메뉴에서 골라먹기' 같은 것이었는데 각 코스는 모든 것이 식탁 위에 동시에 차려지는 각양각색의 요리들로 이루어져 있으며, 식사하는 사람들이 제공된 음식들 가운데서 골라 먹었다. 코스가 끝나면 단 음식과 과자들이 식탁에 놓였고 더불어 향신료가 든 와인과 웨이퍼들이 제공되었다. 귀족의 식탁은 중류사회와 비교하여 질적인 면보다는 양적인 면에서 차이를 나타내었다. 즉 귀족의 식탁에는 코스가 더 많고, 각 코스의 요리 가짓수가 더 많았으며 각 코스마다 달콤한 과자나 젤리를 포함하고 있었다. 중세 음식 코스는 첫 번째로 보통 간단하게 조리한 고기 요리, 두 번째로 작은 파이나 고기만두, 프리터fritter(과일과 고기에 반죽을 입혀 기름에 튀긴 음식) 등의 음식, 세 번째는 모트루스mortrews(흰 살코기나 생선을 삶아 곤죽 상태로 만든 후 빵가루, 삶아낸 국물, 달걀을 넣어 잘 섞고 뻑뻑해질 때까지 끓인 것)나 프루멘티frumenty(우유가 든 젤리 형태의 음식) 같은 걸쭉한 혼합물, 네 번째는 고기나 생선에 향료가 든 부드러운 소스를 끼얹은 브레웨트, 마지막으로 빵 조각이나 고기 조각이 든 간단한 수프의 다섯 가지 질감의 요리로 구성되어 있다. 이렇게 질감에 따라 요리를 구성하는 것은 식사 때 사용하는 도구의 수가 제한되어 있었기 때문으로 보인다. 즉 대부분의 사람들은 다용도로 쓸 수 있는 단도 모양의 구식 나이프를 휴대하고 다녔으며, 스푼도 비교적 흔하였으나 포크는 18세기까지만 하여도 대부분의 유럽에서는 기묘한 것으로 여겼고, 주방용으로만 주로 사용되었다. 아주 고위층 사람만이 자신의 요리와 접시, 음료수 잔을 따로 사용하였고, 보통은 '1인분의 식기'는 두 사람을 위한 차림을 의미하였으나 각각 개인 접시는 갖고 있었다. 각자의 나이프를 사용하여 식사를 하는 사람도 있었지만 '손'이 가장 일반적이고 효율적인 식사도구였기 때문에 함께 식사하는 옆 사람의 손의 청결도가 관심의 대상이 되었다. 냅킨은 사용되지 않았으나 13세기 동안 식탁보의 사용이 보편화되어 손가락에 묻은 음식을 식탁 모서리에 닦았으며 따라서 식탁보는 식사 중 여러 차례 바꾸어 주었다.

3) 중국의 식생활

수나라와 당나라로 넘어가면서 중국은 중세를 맞이하였다. 수나라(581~618) 시대에는 양쯔강과 황허를 잇는 운하의 건설로 남방의 주식이던 쌀이 북방으로 전해져 북경일대를 풍족하게 하였으며, 당 현종(685~762) 때 차 마시는 풍습도 남방에서 북방으로 전해져 일반화되었다. 당나라는 또한 주변 세계와의 교역에 적극적으로 참여하여 북쪽 지역에서는 북방민족과의 교류를 통하여 다양한 종류의 유제품을 받아들여 요구르트나 치즈, 버터 등을 이용하게 되었다. 또한 인도에서 도입한 증기로 쪄내는 빵, 타림분지에서 수입된 포도주, 비단길을 경유하여 유럽에서 건너온 양배추와 페르시아에서 온 피스타치오 열매도 있었던 것으로 보인다. 또한 수입 사치품으로는 인도에서 수입한 후추와 '석밀'이라 불린 하얀 설탕 덩어리 등이 있었다. 송(960~1279)대에 들어오면서 점차 날것의 섭취를 피하게 되었고, 남송(1127~1279)시대에는『청리록』,『산가청공』,『거가필용』,『동경몽화록』 등의 음식관련 책들이 간행되었으며 요리의 명칭도 현대와 유사해졌다. 원(1271~1368)대에는 정복자인 몽고인이 철저히 한인문화를 무시하여 곡류의 '입식粒食'보다는 육식을 강요하였다. 요리법은 대부분 굽는 방법을 사용하였으며, 곡물은 유즙과 고기를 넣고 죽을 끓여 먹었다.

4) 우리나라의 식생활

삼국시대 이후부터는 농경이 확립되고 쌀을 주식으로 하는 주·부식 분리가 정착되었다. 신분, 계급에 따라 귀족과 서민의 식생활이 정착되었고, 지방 세력의 등장으로 지방간의 식생활 교류가 크게 증진되었으며, 당, 일본 등과도 식생활을 교류하였다. 372년 고구려에 불교가 전래된 이후 우리의 식생활에 가장 큰 변화는 육식이 쇠퇴하고 채소를 이용한 다양한 채식문화와 차茶 문화의 발달이다. 특히 사찰음식은 우유를 제외한 동물성 식품을 일체 사용하지 않는 점과 식물성 식품 중에서도 오신채五辛菜를 사용하지 않는 것이다. 이러한 특징을 가진 사찰음식은 일반 가정과는 달리 매우 다양한 식물성 식품을 음식의 재료로 이용하고, 콩이나 콩제품을 많이 이용함으로써 부족하기 쉬운 단백질을 효과적으로 섭취하고 있으며, 전이나 튀김 등의 기름을 사용하는 조리법이 많아 필요한 에너지를 충당하고 있다. 일부 계층만이 즐기던 차는 통일신라시대에 크게 성행하였는데, 차를 마시는 풍속이 상류층에 널리 퍼짐에 따라 차에 곁들이는 과정류菓飣類가 등장하여 강정과 유밀과가 이때 만들어졌다.

고려시대에 들어서서 우리나라는 불교를 국교로 삼아 살생금지령으로 식생활의 범위가 줄어들었지만 몽골의 침입으로 완화되기도 하였다. 주막이 생기고 기호식품이 보급되었으며 식품 저장법과 조리법에 변화가 일어났고, 고려청자가 식기로 발달하였다. 쌀이 주식이지만 일반서민들에게까지 보편화되지는 못하였고, 육류가 식탁에서 사라지고 도토리가 구황식품으로 이용되었다. 수박과 포도가 재배되기 시작하였으며 참깨, 꿀, 초 등이 조미료로 사용되었고, 후추와 설탕이 송나라에서 수입되었다. 우리 식생활의 대표적인 부식인 국이 크게 발달하였다. 또한 예전에는 굽고 끓이고 삶고 찌는 요리법이 많았으나 고려시대 들어와서 기름에 튀기거나 지지는 조리법이 발달하였다. 침채沈采로는 소금에 절인 채소에다 마늘이나 생강 등 향신료를 넣어 담갔다가 먹는 김치가 등장하였고 호박잎, 깻잎, 상추 등의 쌈의 형태가 원나라에까지 전해졌다. 콩을 가공한 콩나물, 두부 등이 만들어지기 시작하였고 육포, 어포 등의 저장식품과 밤을 땅에 묻는 저장 방식도 사용하였다.

오신채(五辛采)란?

파, 마늘, 달래, 부추, 무릇(흥거) 등 자극성이 있는 다섯 가지 식품을 말하며 이 중 흥거는 중국과 우리나라에는 없다고 알려져 있다. 요즈음은 양파를 오신채에 포함시키기도 한다. 오신채를 금하는 이유는 자극이 강해 먹으면 음욕을 일으켜 수행을 방해하기 때문이라고 한다.

4. 근대의 식생활(1500~1800년경)

1) 신대륙 발견과 식품의 다양화

근대에 들어서면서 유럽에서 향신료 무역이 무질서해지기 시작하였다. 즉 인도에서 들어온 향신료가 이탈리아의 상인에게 도달하여 유럽에 팔릴 때 엄청난 가격 폭등이 있었던 것으로 보인다. 따라서 많은 나라에서 직접 향신료 산지로 가서 생산자로부터 구매를 한다면 훨씬 많은 이익을 남길 것이라 생각하게 되었고 그에 따라 새로운 항로의 개척이 시작되었다. 제일 처음 새로운 항로를 개척한 사람은 콜럼버스였으나, 처음의 계획과는 다르게 아메리카 대륙에 도착한 결과 원하던 향신료는 얻을 수 없었다. 그러나 그는 그곳에서 재배할 수 있는 여러 가지 야생 향신료(육계, 생강, 후추 등)와 비단을 생산할 수 있는 뽕나무를 발견하였다. 바스코 다 가마Vasco da Gama는 실제로 아프리카의 희망봉을 돌아 인도로 가는 항로를 개척하였으며 그로 인하여 포르투갈의 향신료 독점이 가능하게 되었다. 그러나 그후 많은 나라들이 다시 포르투갈의 향신료 독점에 불만을 가지게 되면서 새로운 항로 개척에 나서게 되었고, 이후 오랫동안 유럽의 식생활에서 중요한 위치를 차지하게 된 신대륙의 다양한 식품(옥수수, 감자, 초콜릿, 땅콩, 바닐라, 토마토, 파인애플, 강낭콩, 리마콩, 붉은 강낭콩, 고추, 피망, 타피오카, 칠면조 등)을 유럽에 전파시켰다. 이러한 유럽인들의 항로 개척과 신대륙 발견에 의해 아시아는 파인애플, 파파야, 고구마를 유입할 수 있었고, 아프리카에는 옥수수, 카사바, 고구마, 땅콩, 강낭콩 등이 유입되었다.

(1) 쿠바(옥수수)

콜럼버스가 쿠바에 처음 방문한 뒤 옥수수 종자를 가져왔던 것으로 보이며 베네치아를 통하여 중동으로, 스페인 사람들을 통해 지중해 연안과 아시아로, 그리고 확실하지는 않으나 포르투갈인에 의해 아프리카로 전파된 것으로 보인다. 옥수수는 처음에는 매우 인기가 높았으나 나이아신niacin 부족으로 인하여 펠라그라pellagra를 발생시킬 수 있는 것이 알려지면서 유럽에서는 인기를 잃었음에도 불구하고 아프리카에서는 주식으로 이용되었다.

(2) 멕시코(옥수수, 토마토, 칠면조)

아스텍Aztec의 멕시코인들은 옥수수, 콩, 토마토, 고추를 주식으로 이용하였다. 옥수수를 이용하여 만든 토르티야는 멕시코 식사의 기본이었으며 콩은 단백질 공급원으로 중요하였다. 토마토는 얇게 저며 여러 가지 요리에 사용되거나 칠레고추와 혼합하여 소스를 만드는 데도 이용되었다. 고추 중 피망은 녹색의 덜 익은 상태에서도 채소로 이용되었고, 파프리카는 말려서 부드러운 맛을 내는 양념으로 사용하였다. 다양한 칠레 고추는 육류요리에 사용하거나 초절임하여 타바스코 소스를 만들고, 말려서 분쇄하여 고춧가루를 만들기도 하였다. 멕시코에서 사육된 가축은 칠면조와 개였으며, 개는 나중에 유럽의 소가 전해지자 식용동물에서 사라졌으나 칠면조는 광범위하게 사용되었다. 아스텍족에는 제례의식의 일부분으로 식인풍습이 있었으며 유럽의 정복자들은 이를 비난하기도 하였다.

(3) 페루(감자)

페루인들은 주로 채식을 하였지만 호수의 물고기가 풍부하였고 때로는 공동으로 사냥을 하여 동물을 잡았다. 식사는 주로 옥수수, 감자, 호박, 콩, 카사바, 고구마, 땅콩, 토마토, 아보카도, 칠레고추 등으로 이루어져 있었다. 기후적으로 페루에서 옥수수는 저지대의 주식이었고 고지대에서는 감자나 안데스팽이밥, 퀴노아 등의 덩이줄기 작물들을 재배하였다. 페루 주민들은 냉동법과 건조법을 병행한 감자 저장법을 개발하여 중요한 식량원으로 이용하였다. 페루의 정복자였던 스페인인들은 페루의 감자를 선박의 기본 저장식품으로 채택함으로써 감자의 유럽전파가 이루어졌으나 초기에는 나병이나 연주창 등의 원인이 되는 것으로 잘못 알려져서 유럽인들이 감자를 받아들이기까지는 상당한 시간이 걸린 것으로 보인다.

(4) 브라질(설탕)

1506년 스페인이 처음으로 카리브해 연안에서 사탕수수를 재배하기 시작하고 이를 위한 노동력 보충을 위해 아프리카인들을 노예화하기 시작하였으나, 스페인 사람들은 설탕보다는 금과 은에 더 큰 관심을 갖고 있었다. 노예제도를 설탕 생산에 이용하여 큰 이익을 볼 수 있을 것이라는 것을 간파한 사람들은 포르투갈인으로 교황으로부터 노예

매매의 권한을 받은 후 아프리카 노예들을 이용하여 브라질에서 사탕수수 재배를 본격적으로 시작하였다. 설탕은 초기에는 별로 중요하지 않게 여겨졌으나 유럽의 전통적 감미료인 꿀의 공급량이 줄고, 과일의 저장 및 잼 제조가 가능하다는 것이 알려지면서 더욱 널리 유행하였다.

(5) 북아메리카(생선 및 요리법)

전 세계에 다양한 식품을 제공했던 남아메리카에 비하여 북아메리카는 주로 생선, 모피, 목재 등을 공급하였다. 특히 뉴펀들랜드 지역의 풍부한 대구어장을 통하여 건조시킨 대구가 다량 공급되었다. 또한 유럽으로부터 이주해 온 이주민들은 그 고장 고유의 식품을 이용하는 방법을 배우기 위하여 노력하면서 대합과 옥수수를 함께 굽는 방법이나, 옥수수 죽, 부풀리지 않는 빵의 제조법을 익혔다. 또한 이주민들이 발견한 다른 요리기술은 바비큐이며 이 방법은 카리브해로부터 북쪽으로 건너간 것으로 보인다. 이주민들은 카리브 인디언들에게서 동물 뼈와 가죽으로 지핀 불 위에서 소금 뿌린 고기를 연기에 그을리는 '부칸boucan'이라는 훈제법을 배웠다. 이것이 프랑스어로 '부카니에boucanier(16~17세기경의 들소사냥꾼)'라는 말로 변하였다. 훈제를 위해 쓰는 나무로 만든 틀을 스페인어로 '바바코아barbacoa'라고 하였고 이 말이 시간이 흘러 '바베큐barbecue'가 되었다.

2) 유럽 및 아메리카의 요리법 발달

(1) 이탈리아

중세 후기 이후 많은 국가들에서 당시 그들 고유의 '국가적 요리법', 독특한 요리 방식들이 나타나기 시작하였다. 그 중 이탈리아는 고전적 문예부흥이 가장 먼저 시작된 나라로 향신료 무역을 독점하기도 하였다. 그러나 16세기 이후 포르투갈이 향신료 무역을 장악하고 1570년부터 영국과 네덜란드도 향신료 무역전쟁에 뛰어들면서 이탈리아를 포함한 유럽의 다른 지역에 영향을 미쳤는데, 이탈리아인들은 이러한 상황에 잘 적응하여 향신료를 적게 쓰는 요리법을 발전시켰다. 당시 교황의 연회를 보면 사치스럽기는 하나 향신료가 식탁에서 보조적인 역할만 하였음을 알 수 있으며, 고유의 재료들

파스타

이탈리아에 파스타가 전해진 시기에 대해서는 다양한 가설들이 존재한다. 가장 보편적인 것은 마르코 폴로가 중국의 국수에서 착상을 얻어 이탈리아로 들여왔다는 설이며, 그 외에 13~14세기 이탈리아 부유층의 몽골인 노예들에 의해 전파되었다는 가설이 있다. 중세 후기의 파스타의 가장 일반적인 명칭은 '마카로니'였던 것으로 여겨지나 이는 현재의 형태와는 다른 관 모양의 것을 의미한다. 14세기 리처드 2세의 주방장은 『요리의 형태(The Forme of Cury)』라는 요리책에서 '마그로우스(macrows) 요리법'으로 납작한 국수 형태의 반죽을 삶아내고 거기다 소량의 버터를 뿌리고 치즈가루를 곁들여 내도록 권하고 있다. 18세기와 이탈리아 순례여행이 성행하던 시기에 마카로니는 중산계급의 장년층 여행자들에게는 외래음식이라는 이유로 비웃음을 당했으나 젊은 순례자들은 그렇지 않았고 그로 인해 이들은 "마카로니스(macaronis : 18세기 영국의 유럽 대륙풍에 젖은 멋쟁이)"로 불리기도 하였다.

인 이탈리아 전통 소시지와 과일, 다양한 종류의 치즈 등을 상당히 많이 사용하여 변화를 주기 위해 향신료보다는 재료에 의존한 것으로 나타나고 있다.

(2) 프랑스

16세기에 이탈리아에서 프랑스의 왕가와 결혼을 한 여성이 이탈리아의 주방장과 과자 기술자를 데리고 오면서 프랑스에 새로운 이탈리아식 요리법과 아티초크, 브로콜리, 사보이양배추 등의 채소들이 전파되었다. 프랑스인들은 계속해서 무절제하고 많은 음식을 섭취하였으나, 이러한 습관은 17세기 중엽에 들어오면서 호전되었고, 이탈리아-프랑스 요리법이 프랑수아 피에르 드 라 바렌François Pierre de la Varenne에 의해 조목별로 편찬되었다. 바렌은 고기 국물에 기초한 소스를 권장하였고 여기에 식초, 레몬즙이나 신 과즙을 첨가하도록 하였다. 또한 달걀의 다양한 요리법을 마련하였으며 채소의 이용을 증가시키고 트뤼프Truffe 요리법을 개발하였다. 18세기에 들어서면서는 중산층뿐 아니라 평범한 가정을 위한 요리책도 편찬되었고, 『코머스 신의 선물』(1739), 『새로운 요리법 개론』(1739), 『중산층 요리사』(1746) 등이 발간되어 중산계급의 존재 및 그들의 요리법을 인정하기 시작하였다. 더불어 17세기 이후부터 프랑스인들은 미각에 관한

트뤼프(Truffe)

송로버섯이라고 하며, 고대 로마는 물론 바빌론부터 알려져 있었다. 기록에 의하면 중세의 바그다드 사람들이 아라비아 사막에서 난 트뤼프를 가지고 축연을 베풀었다고 되어 있으나 프랑스에서는 14세기에 이르러서야 트뤼프를 식초에 절이고 뜨거운 물에 불리고, 버터와 함께 차려내었다. 이탈리아인들은 16세기경 왕실의 식탁을 위하여 고유의 자생종을 수입하였으며, 100년이 지난 후에 바렌이 버섯처럼 요리하도록 권하였고, 18세기에 이르러서는 프랑스인들이 트뤼프의 진정한 풍미를 감지하여 이후 트뤼프를 칭찬하는 많은 송가가 쓰였고 수요와 더불어 가격도 폭등하였다. 현재는 '푸아그라' , '캐비어'와 더불어 세계 3대 진미로 꼽히는 식재료이다.

모든 면에서 자신들의 우월성을 확신하고 다른 나라 요리들을 칭찬하는 일이 거의 없었다.

(3) 스페인

그림 2-4 올라 포드리다

스페인은 다른 유럽국가와는 달리 '왕실의 요리'가 없고 가난한 농부와 부유한 기사가 모두 비슷한 음식을 먹었다. 평상시에는 올라 포드리다olla podrida나 큰 솥에 들어 있는 고기 스튜와 샐러드를 먹었으며 금요일에는 렌즈콩, 토요일에는 삶은 뼈, 일요일에는 비둘기를 먹었다. 스페인의 음식은 모든 사람들을 위한 음식이었으며, 무역과 정복을 그대로 반영하고 있다. 올리브유는 BC 1000년경 동부 지중해 연안으로부터 유입되었고, 소금과 건어물은 로마의 수요를 충당하기 위하여 생산이 증가되었으며, 야만족의 침입으로 인해 양 사육과 양고기 수요가 증가하였다. 신대륙을 정복한 스페인은 이로부터 토마토와 고추를 들여왔으며 이를 바로 스페인 요리법에 완전히 융화시켰다. 또한 열대의 카카오나무는 유럽에서 재배가 불가능하였지만, 카카오나무가 재배되고 있던 지역이 대부분 스페인에 의해 점령되어 초콜릿 음료를 발견한 이후 100년 이상 초콜릿의 생산과 소비를 독점하였다. 17세기의 스페인에서는 초콜릿 음료를 조제하는 것이 주된 요리법이 되었고, 상당한 양의 초콜릿 반죽이 이탈리아와 플랑드르에 수출되었으며 1659년에는 프랑스에도 수출되어 프랑스 궁정에서 열광적으로 받아들여졌다. 초콜릿은 유럽에 전래된 이래 300여 년간 음료로 사용되었으나 19세기 초에 와서 그대로 먹을 수 있는 덩어리 형태로 생산되었다.

(4) 동유럽과 북유럽

북유럽의 음식은 정교한 프랑스 요리와 비교하여 음식이 충실하다는 특징을 나타내었다. 나중에 독일 음식으로 발전한 돼지고기와 소시지, 양배추, 렌즈콩, 호밀빵과 맥주가 북유럽의 주요 식품이 되었고 축제일과 휴일에는 과일로 속을 채운 거위를 먹었다. 러시아 주민들은 흑빵, 발효유제품, 양배추, 카샤kasha(러시아의 메밀죽) 등에 의존하여 생활하였으며 메밀을 전곡 형태로 요리한 필래프pilaf와 유사한 요리나 다른 곡식을 섞어 거칠고 묽은 죽으로 만들기도 하였다. 폴란드와 헝가리는 유목민 침입의 영향으로 송아지고기, 발효유제품, 양배추 등을 주로 사용하였다. 베네룩스의 음식은 대부분 느

음료

위스키 진 브랜디

북유럽의 당질과 지방이 많은 음식을 섭취하기 위해서는 많은 양의 액체가 필요했으며, 이로부터 북유럽인들이 애주가라는 평판을 얻게 되었을 것으로 보인다. 대부분의 경우 각 나라마다 고유의 곡식으로 만든 맥주와 에일을 마셨고, 꿀이 나는 곳에서는 꿀술도 제조하여 음용하였던 것으로 보인다. 포도주와 같은 발효음료는 수천 년 전부터 알려져 왔으나 증류과정은 1세기경에 발견된 것으로 보인다. 포도주나 에일로부터 증류를 통하여 생성한 알코올은 처음에는 '아콰 비타이(aqua vitae : 생명수)'로 알려졌는데, 후에 '오드비(eau de vie)', '아크바비트(akvavit)' 및 게일어의 '우스게 바하(uisge beatha)'가 되었다가 '우스게'로 줄어든 후 '위스키(whisky)'로 변형된 것으로 보인다. 또한 독일에서 증류된 포도주가 '화끈한 포도주'라는 뜻의 '게브란터 바인(gebranntor wein)' 또는 '브랜드 빈(brandewin)'이라는 이름으로 불리다가 '브랜디(brandy)'로 영어화되었다. 그 외에 곡식으로부터 증류한 화주(火酒)가 지방에 따라 다른 형태로 나타나 유럽대륙의 아크바비트(akvavit), 슈냅스(schnapps : 네덜란드 진), 진(gin) 등이 있었고 아일랜드와 스코틀랜드에는 위스키가 있었다.

끼하고 기름기가 많았으나 네덜란드는 동인도회사의 영향으로 많은 외래의 과일들을 경작하여 섭취하였다. 영국에서는 과일이 매우 귀한 음식이었고, 17세기 말엽에는 식사 때마다 다양한 종류의 고기를 섭취하여 1748년 스웨덴의 한 방문객이 "영국인들은 커다란 고깃덩어리를 알맞게 굽는 방법을 어느 민족보다도 잘 알고 있다."라고 말하기도 하였다. 그러나 북유럽의 기본 요리들은 몹시 습한 기후에서 사람들의 배를 채워주는 정도면 충분히 훌륭하게 여겨져 산뜻하거나 맛을 중시하는 않았으므로 음식으로서의 풍미는 떨어졌을 것으로 여겨진다.

(5) 북아메리카

북아메리카 북동부 지역의 식생활은 동쪽 해안과 플로리다 원주민에 의해 영향을 받았고 남서 지역의 식생활은 멕시코로부터 영향을 받았다. 유럽에서 이주해온 이주민들은 원시인들과 함께 굴을 채집하고 야생동물을 사냥하며 물고기를 잡고, 옥수수로 음식을 만들었다. 이주민들은 이주해온 지형이나 기후, 출신지에 따라 서로 다른 식생활 형태를 나타내었다. 주로 영국에서 이주해온 남쪽의 이주민들은 곡물을 팔기 위한 수단으로 재배하였고, 그로 인해 값싼 노동력을 필요로 하여 노예제도가 시작되었다. 반대로 네덜란드, 스웨덴, 독일, 아일랜드 등에서 이주해온 북쪽의 이주민들은 기후조건과 토질이 열악하여 농사 대신 주로 어업을 하거나 소비재를 수출하였다. 이주민들은 초기에는 어려움을 겪었으나 원주민들과의 교류를 통해 조리법을 터득한 이후로는 식량사정이 매우 풍부하여 식생활에 큰 어려움은 없었다. 채소는 손수 재배하였고, 옥수수가 여러 가지 식품에 함께 사용되었다. 밀이 귀하여 흰 빵은 거의 사용되지 못하였으나 우유가 이용된 후 아침, 저녁으로 빵과 우유를 먹는 것이 대중화되었다. 부녀자들은 피클, 절인 과일 젤리, 마멀레이드를 만들어 먹었고 식품의 향미 증진을 위하여 허브류를 사용하였다. 유럽 대륙으로부터 다양한 종류의 증류주가 전달되어 켄터키주의 조생종 호밀 위스키나 뉴잉글랜드와 펜실베이니아의 사과브랜디 등이 제조되었으며, 특히 펜실베이니아는 보리와 홉 재배에 적합한 지역으로 판명되면서 네덜란드와 독일계 이주민들이 맥주양조를 하였다. 그러나 18세기 아메리카인들의 가장 중요한 음료는 럼주였다. 이러한 여러 가지 형태의 알코올은 소금에 절인 고기와 생선의 과다 섭취로 인한 갈증을 해소시켜주었고, 새로운 사회 공동체 안의 어색한 분위기를 풀어주면서 하나의 정치적 관습이 되었다. 더불어 여러 유럽 국가에서 이주해온 사람들이 고유의 전통적인

코카, 판, 콜라

코카, 판 및 콜라는 각각 페루, 인도, 서아프리카 주민들이 활기나 쾌락을 위하여 씹었던 것들이다. 이들의 씹는 습관 간의 관계에 대해서는 여러 의견이 있어, 세 지역에서 각각 별도로 이러한 습관이 생겼거나 아시아에서 시작하여 콜럼버스 이전의 시기에 남아메리카로 전파되었다가 노예무역이 활발하던 시기에 아프리카로 전래되었을 가능성도 있다고 한다. 코카는 남미 인디언들이 소량의 라임가루와 함께 씹었던 잎사귀로 코카인이 함유되어 있으며, 잎을 씹으면 피로, 통증, 배고픔을 느끼지 않고 높은 고도에서도 호흡이 편해지며, 어느 정도의 흥분성과 마취성을 가지고 있는 물질이다. 인도의 판은 빈랑나무 열매를 조각내어 라임 및 향신료 가루를 섞고 그 혼합물을 빈랑나무 잎으로 싼 것으로 씹으면 배고픔이 잊혀지고 구강의 감각이 마비되면서, 어느 정도 들뜬 기분이 생기는 효과가 있다고 한다. 코카와 판은 조제법 및 효과는 유사하나 코카가 더 효과가 크고 중독성이 강하다. 콜라는 코카가 나지 않는 아프리카에서 나는 열매로 카페인과 함께 심장 흥분제인 콜라닌(kolanin)이 함유되어 기운을 돋우는 효과도 있다고 하며, 씹는 콜라는 서부 아프리카에서는 18세기경에는 습관성이 되었다고 한다.

코카잎을 만드는 자바 사람들

빈랑나무와 열매

콜라 열매

요리들을 함께 들여와 이용 가능한 재료들로 변화시켰다. 결과적으로 북아메리카의 요리법은 역사를 반영하며, 요리의 명칭들 또한 민족, 종교, 전쟁, 지리적 위치뿐 아니라 직업에 이르기까지 다양한 배경을 반영하게 되었다.

(6) 남아메리카

스페인의 정복은 라틴아메리카에 많은 변화를 초래하였다. 특히 스페인산 소는 아메리카 인디언들에게 고기, 탈것, 노동력을 확보하게 해 주었으며, 염소는 멕시코와 안데스산맥 경사지에서도 순조롭게 적응하여 빈민들에게 도움을 주었다. 안데스산맥 동쪽 대륙에 이주한 유럽인들은 목축에 적합한 지역의 특성에 따라 양과 소를 기르면서 방목지에 울타리를 둘러서 방목생활을 하였다. 그러나 이러한 방목생활에 따라 기르는 소를 약탈하는 새로운 유형의 말탄 부랑자(가우초gaucho)들이 생겨나게 되었고, 이들은 1천 년 전의 중앙아시아 유목민들과 유사한 식생활을 하는 무법자적인 생활을 하였다. 그러나 북부의 도시 유럽인들은 이에 비해 훨씬 안락하고 호화로운 생활을 하였다.

3) 중국의 식생활

700~1700년 사이 중국에는 다양한 새로운 음식이 도입되었으나 식사패턴에는 큰 변화가 없었다. 대부분의 주민은 밥이나 국수, 두부, 돼지고기와 전통적인 채소를 먹었으나, 성대한 만찬에는 다양하고 색다른 요리들이 보충되었다. 대표적으로는 제비집 수프와 말려서 훈제한 해삼요리, 물떼새 알, 상어 지느러미, 구운 달팽이 등이다. 또한 중국 상인들은 손님들에게 개 요리나 고양이 볶음요리 등을 대접하였고, 이것은 19세기 말엽까지 유럽 방문객들에게 두려움의 대상이 되었다. 그러나 유럽인들은 중국인의 음식보다는 먹는 방법에 더 호기심을 느꼈다. 즉 중국인들이 BC 4세기경부터 사용한 젓가락을 이용하여 민첩하고 신속하게 입속으로 음식을 넣는 모습을 보고 경탄하였다고 한다. 차는 당나라 시대 이전부터 널리 보급되어온 음료로서 일반적으로 약효를 가지며 장수를 돕는 것으로 생각되어 왔다. 차는 중국에 인접한 아시아 국가들로 전파되었고, 유럽으로의 전파는 중국보다는 일본에 의해 전래되어 1610년경 네덜란드와 포르투갈에 최초로 도착한 것으로 여겨진다.

4) 인도의 식생활

16세기경 인도에 수립된 이슬람 왕국은 인도 사회뿐 아니라 음식에도 광범위한 영향을 미쳤다. 무굴인의 궁정에서는 페르시아의 이스파한에서 유래된 새로운 고급요리인 '무굴라이Mughlai' 요리법을 전하였다. 케밥, 쌀에 잘게 썬 고기를 섞어 만든 필래프, 과일을 섞어서 신선한 요리를 만드는 기술, 아몬드와 아몬드밀크의 사용, 장미수액, 순금과 은을 두드려서 만든 얇은 조각으로 음식을 장식하는 방법 등이 인도 요리에 흡수되었다. 또한 이슬람 교도들의 요리법은 소고기가 아닌 양고기와 닭고기에 기초한 것이었기 때문에 채식주의자가 아닌 힌두교도들이 쉽게 받아들일 수 있었다. 그 외에 이슬람교도에 의해 새롭게 인도에 나타난 현상은 사탕에 대한 탐닉으로 설탕만으로, 설탕과 아몬드로, 설탕과 쌀가루로, 설탕과 코코야자 열매로 만든 것 등 모든 종류의 사탕이 유행하였고 할바halvah 같은 디저트도 널리 보급되었다.

그림 2-5 다양한 종류의 할바

무정부 상태였던 18세기 초의 수십 년간 영국, 프랑스, 포르투갈, 네덜란드, 덴마크에서 온 여행자들이 정착하여 반인도식으로 생활하면서 힌두, 이슬람, 유럽식이 섞인 요리법이 발달하였고, 이것이 후에 '인도식' 요리로 통하게 되었다. 인도 북서 해안의 수라트 지방에서 특히 잘하는 유럽식 요리 가운데 이슬람교의 특징을 나타내는 음식으로는 '덤퍼크트dumpukht 닭'과 '케밥kebap'으로 20세기에 이르러서 북유럽의 요리법에 스며들게 되었다. 카레는 17~18세기 포르투갈과 영국의 요리법에 나타났고, 케첩은 중국에서 유래되어 동남아시아 화교들의 도움으로 인도에 전래되고 거기에서 영국에 도달된 것으로 보이며, 17~18세기경 요리법에 등장하였다.

5) 아프리카의 식생활

에티오피아의 커피와 아메리카의 작물이었던 초콜릿은 나중에는 아프리카의 가장 중요한 수출작물이 되었으나 18세기에도 가장 이익이 남는 거래품목은 여전히 노예였다. 따라서 흑인들은 백인에 대해 놀라움과 두려움을 갖고 대하였고, 백인들을 피하였으며 주로 소에 의존하여 생활하였다. 1800년 초반의 여행자들의 보고에 의하면 흑인들은 '소의 고기를 먹기는 하나 아주 아껴서 먹고, 우유는 주로 응유로 만들어 이용한다.'고 하였다.

곡류는 주로 수수를 먹었고, 비둘기콩과 다른 콩과식물들을 밭에 대충 뿌려 거두어들인 후에는 흙으로 만든 곡물창고에 던져 넣었다가 꺼내어 가려내지도 않고 그대로 이용하였으며, 때로는 반죽해서 불에 굽기도 하고 대부분은 우유를 넣고 끓인다고 하였다.

커피

커피는 에티오피아에서 비롯된 것으로 보이는데 중동과 터키에서 기호음료로 자리 잡은 것은 의문으로 남아있다. 아랍의 자료에 따르면, 15세기 중엽 아덴에 전래되었고, 거기서부터 메카와 알레포에 전해졌으며 다시 콘스탄티노플로 전파되어 1554년에 최초의 커피하우스가 문을 열었다고 한다. 그 후 1580년경에 이탈리아에 수입되었고 1650년에 영국 최초의 커피하우스가 옥스퍼드에 문을 연 것으로 보인다. 반세기 동안 영국과 네덜란드인들은 커피를 얻기 위해 모카로 갔고 1720년경에 네덜란드인들이 자바에서도 커피를 재배할 수 있다는 것을 발견하여 스리랑카로 전파시켰다. 영국인들은 서인도제도에서도 커피콩의 재배가 가능하다는 것을 알게 되어 18세기 중엽부터 19세기 초까지는 그 지역에서 커피를 조달하였다. 1870년 스리랑카에서 최초로 커피 녹병균의 흔적이 나타났고 10년쯤 지나면서 커피생산이 점점 줄어들었다. 그 질병이 동남아시아의 다른 지역으로 퍼져나가 그 세기 말에 아시아의 대부분의 커피농장이 차와 고무농장으로 전용되고, 브라질과 콜롬비아가 세계적인 커피 공급원이 되었다.

Coffea arabica 식물과 종자

이스탄불의 커피하우스(1826)

6) 우리나라의 식생활

우리나라의 근대는 조선시대와 일제강점기까지를 들 수 있다. 조선시대는 전기와 후기로 나눌 수 있는데, 조선 전기는 유교를 숭상함에 따라 가정의례가 생활의 관례를 고정시켰다. 궁중에서는 잔치와 음식을 담당할 기관과 상궁, 숙수들이 있었다. 양반들의 식생활은 주식은 쌀밥이었고 다양한 부식이 구비되었다. 봄에는 장을 담구고 나물을 뜯어다 말려 나물이 없는 계절에 대비하였으며 가을에는 겨울을 대비하여 김장을 하였다.

식사 풍습은 좌식으로 정착되었고 가부장제의 영향으로 남자와 여자가 한 상에서 밥을 먹는 것을 금하였다. 곡류의 종류가 다양해지고 말, 돼지, 닭 등을 식용하였으며 명태와 멸치 등을 많이 먹게 되었다. 고려 때 식용법이 개발된 버섯 등은 이 시대에 와서 완전히 부식으로 자리를 굳혔다. 조선시대의 조리와 가공 및 저장법에 변혁을 가져온 것은 고추의 전래로, 고추를 이용한 현재의 조리법은 이때부터 시작되었다. 양봉을 통해 꿀이 일반화되고 깨뿐만 아니라 다른 종류의 곡류에서 기름을 짜는 방법도 개발되었다. 김치를 저장하는 김장법이 널리 애용되고 감, 밤, 대추 등을 햇볕에 말려 곶감, 율저, 조저로 저장하였으며 생선을 삭혀서 젓갈을 만들어 김치를 담글 때 사용하였다. 임진왜란을 계기로 고추를 비롯한 남방식품과 외국요리법 및 식사 풍습이 들어와 조선후기 이후에는 식생활이 다양해졌으며, 토마토가 임진왜란 중에 중국을 통해 들어와 식용이 보편화되었다.

전쟁과 자연재해는 백성들을 전국적으로 이동하게 하여 지방 조리법에 상호 영향을 주었고 구황식품은 일상식품으로 전환되어 식품이 다양해졌다. 또한 『규합총서』, 『음식디미방』 등 조리법의 집대성이 이루어졌으며, 현재와 거의 다름없는 종류의 식품들이 개발되고 식용으로 사용되었다. 곡류 위주의 농업에서 원예, 목축, 양잠, 과수, 산림 등 다각적인 농업으로 전환되었다. 부식으로서 육류의 사용이 급격히 증가하였고 호박, 고구마, 감자 등이 일반화되었다. 『규합총서』에 의하면 발효시켜 조리하는 방법, 굽는 방법, 졸이는 방법, 볶는 방법, 가루를 내는 방법, 지지는 방법, 무쳐 조리하는 방법 등 많은 조리방법들이 있다.

5. 현대의 식생활(1800년 이후)

1) 산업혁명 이후 유럽의 식생활

19세기의 산업혁명으로 인하여 기계와 농장이 증가하면서 그에 따라 거대 도시들이 생겨나게 되고 인구가 폭발적으로 증가하였다. 따라서 유럽은 농업만으로는 증가하는 인구를 먹여 살릴 수가 없었으나 앞서 발견한 새로운 대륙으로부터의 대규모 식량공급을 통해 어느 정도 해결이 가능하였다. 이러한 식량공급은 증기기관의 발견을 통한 수송 방법의 개선과 새로운 가공 방법이나 기술들의 개발을 통하여 이루어졌다. 따라서 산업혁명 이후 유럽대륙은 폭발적인 인구증가에도 불구하고 기근에 허덕이지 않고 식량을 공급받을 수 있었다. 또한 미국은 남북전쟁 이후 농업사회에서 공업사회로의 전환이 순조롭게 이루어졌으나 다른 대륙들은 이와 상황이 달랐다. 특히 유럽인들의 식민지로 있었던 나라들은 통치자들이 식민지의 공업발달을 저해함으로써 아시아와 아프리카의 많은 지역이 서양에 비해 경제발전이 뒤처지게 되었다. 또한 19세기는 과학의 발전이 이루어진 시기로 자연과학의 발전과 더불어 식품관련 분야, 즉 식품 저장기술의 개발, 위생, 가공 및 영양에 관한 지식의 발전으로 식생활에서 많은 변화를 가져오게 되었다.

(1) 과학적 농업과 식생활

과학적 농업은 토지가 부족한 베네룩스 지역의 사람들에 의해 우선적으로 시도되었다. 특히 네덜란드인들이 정기적인 수확과 유기비료를 사용하는 방법을 통하여 늘 토지를 비옥하게 하였고, 이들의 농업 방법이 유럽의 다른 지역에 도입되어 윤작이 시행되었다. 또한 초기의 산업혁명에 의해 동물의 사료 공급이 원활해지면서 겨울철에도 소들을 살려둘 수 있게 되었다. 따라서 곡물 생산량이 증가하였고 영국 농학자 제스로 툴 Jethro Tull의 파종기가 도입되어 사용되었다.

(2) 도시빈민들의 식생활

유럽은 도시화와 공업화에 따라 공장이 늘어나면서 공장 근로자들을 수용하기 위한 도시들이 급조되었다. 그러나 갑작스러운 인구의 증가로 초창기 도시에는 항상 도시빈곤이 수반되었으며 그에 따른 불량주택, 질이 낮은 음식, 비위생적인 환경 등에 의한 희생자들이 증가하였다. 또한 수만 명의 어린이들이 질병뿐 아니라 영양불량으로 사망하였고, 주민들은 만성적 괴혈병을 앓았으며 구루병과 결핵이 널리 퍼져 있었다.

1830~1840년대 영국의 도시 노동자들은 일주일에 성인 2명과 어린이 3명이 간단히 먹고 살 수 있을 정도의 돈을 벌 수 있었고, 이들에게 '훌륭한 식사'란 따뜻하고 배부를 수 있으며 신속히 조리 가능한 것을 의미하였다. 가격이 싼 감자는 많은 사람들이 손쉽게 이용 가능한 재료였고, 주말에는 온 가족이 함께 고깃국, 스튜, 푸딩 등이 포함된 일요일의 정찬을 먹었다. 그러나 1845년 아일랜드에서 감자마름병으로 인한 감자기근이 일어나 아일랜드인이 대규모로 미국으로 이주하였다.

(3) 중산층과 부유층의 식생활

19세기 초반의 공업화는 빈민층과 함께 중산층을 발달시켰다. 이때의 중산층은 공장 근로자보다는 '부유'하였고 억지로 값싼 음식을 먹지 않아도 되며 음식 선택의 여지가 있었다. 중세 프랑스의 정찬 코스는 14세기 프랑스 메뉴와 스타일이 매우 유사하였으며, 18세기경까지 영국 및 미국에 남아 있게 되었다. 이는 정확하게 코스화되어 있지는 않았으나 예전에 비해 상당히 질서정연한 특별한 명칭을 가진 그룹으로 나뉘어 있었다. 보통 세 코스로 구성되었고 각 코스마다 여러 가지 요리가 순서대로 제시되었다.

첫 번째 코스는 전채와 주요리로 구성되며 전채요리로는 수프와 함께 그 다음에 나오는 주요리의 고기에 대한 소개로 제공되는 가벼운 모듬 요리인 앙트레entrées가 제공되었다. 수프가 나온 이후에는 생선요리가 제공되고 더불어 위액의 분비를 촉진하기 위해 오르되브르hors-d'œuvre가 함께 제공되었다. 그 다음으로 식사의 중심을 이루는 주요리로 가축이나 새, 가금류 고기와 함께 샐러드나 채소가 곁들여 나왔다.

두 번째 코스에서는 '앙트르메entremets'(코스 사이의 요리)라고 부르는 찬 고기, 고기젤리, 짭짤하고 달콤한 요리 및 채소 요리들이 섞인 음식이 제공되었다. 중세에도 앙트르메가 있었으나 이때는 한 코스에서 다음 코스로 넘어가는 사이에 손님들의 여흥을 위한 음식이었으며, 18세기에는 주요리가 있는 첫 번째 코스와 다음 코스 사이에 나오는 음식을 의미하게 되었다.

세 번째 코스에서는 제빵업자가 만든 빵과자나 얼음과자가 공급되었다. 프랑스의 정찬은 다른 나라에서도 이용되었으나 영국이나 독일에서는 그 나라에 맞게 조금씩 변형이 되어 수프와 생선이 동시에 차려지고 전채에 함께 차려지던 앙트레가 주된 요리가 되었으며, 세 번째 코스였던 빵과자와 얼음과자류가 앙트르메에 포함되었다. 더불어 웨이터들이 식사를 거들어주던 서비스 방식도 변화되어 비교적 간편한 러시아식이 이용되었고, 그로 인하여 2~3코스의 많은 요리에서 먹고 싶은 것을 골라먹던 방식에서 6~8코스의 의무적인 코스로 변화되게 되었다.

(4) 식품재료의 공급

19세기 초반 영국의 산업사회에서는 부자나 빈민에 관계없이 모두 똑같은 공급원으로부터 식재료를 구입하였다. 많은 주부들이 손수 빵을 만들었으나 공업도시에서는 제빵업자로부터 빵을 사먹었는데 위생 상태는 그다지 좋지 않았다. 또한 육류는 대부분 살아 있는 채로 도시까지 수송된 후 위생 상태가 좋지 않은 도살장에서 도살되어 고기와 부산물은 소매상인과 음식점에 배분되었다. 19세기 초에 식품재료들을 공급하는 사람들이 생겨나자 이들의 부정행위, 즉 식품에 불순물을 섞는 행위(섞음질adulteration)가 문제가 되었다. 예전부터 소매상인들은 교묘한 섞음질을 해왔으나 그 범위가 제한되고 좁았다. 그러나 도시의 성장과 더불어 운송수단의 발달에 따른 대규모 식품산업이 생겨나고, 그로 인해 경쟁이 이루어지면서 어떤 제품이 귀해지고 값이 비싸지면 도매상인들은 값싼 첨가물을 이용하여 진품의 부피를 늘렸다. 이 첨가물은 무해할 수도 있었으나 경우에 따라서는 매우 유해하기도 하여 과학자들이 그러한 관행이 얼마나 위험한지를 인식하게 되었고, 그 결과 1860년 최초로 영국의 식품의약법이 제정되고, 1872년에 개정, 강화되었다.

2) 식품 공급의 혁명에 따른 식생활 변화

19세기 초반의 산업혁명에 의해 도시인구가 폭발적으로 증가하면서 식품 생산에 참여하지 않는 인구가 늘고, 그로 인하여 식품 생산자들은 공급을 더욱 증가시켜야 했다. 이를 위하여 철도 건설을 통한 물자 운반이 이루어졌고, 오랜 시간의 운반기간 동안 질의 저하를 막기 위하여 저장 방법이 고안되었다. 또한 철도는 식품을 생산지에서 항구로 운송하는 것도 쉽게 하는 역할을 수행하여 차와 곡물 같은 식품이 국제무역에서 중요한 비중을 차지하게 되었다.

(1) 식품 생산의 증가

미국은 1970년대 말경 남북전쟁에 뒤이은 복합적인 발전으로 넓은 영역이 곡창지대로 변하였고, 풍부한 대지로 인하여 과학적인 윤작은 고려할 필요가 없었다. 따라서 미국에서는 유럽과는 달리 노동력을 최대한 활용하는 것이 농업의 목표가 되었고, 그를 위한 다양한 기계들이 개발되었다. 1894년 매코믹McCormick의 수확기를 시작으로 탈곡기, 바인더, 경운기와 콤바인도 개발되었으며 이로 인하여 밀 수확량을 단시간에 획기

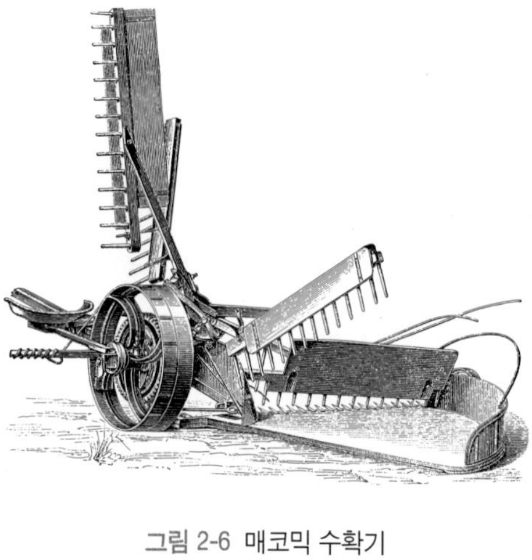

그림 2-6 매코믹 수확기

적으로 증대시킬 수 있었다. 이렇게 생산된 곡물들은 유럽으로 수출되어 1870년대 유럽의 흉작에 도움을 줄 수 있었다. 그러나 미국의 값싼 곡물은 유럽 경제에 영향을 미쳐 유럽 여러 나라에서 곡물재배에 사용되는 토지의 양이 줄고 그로 인하여 낙농업과 과채류의 재배가 증가하였다.

(2) 식품산업의 발달

철도의 발달로 육로를 이용한 식품의 수송문제가 해결되고 각 지역에서 식량의 확보가 가능해졌다. 특히 곡류나 차는 이를 이용하여 가난한 공장 근로자들도 충분히 식품공급을 받게 되었으나 육류는 운반 및 유통을 위한 저장기간이 문제가 되었다. 소금처리와 훈연을 하는 베이컨은 저장기간이 길어서 보편적으로 거래 가능한 식품이 되었으나 소고기와 양고기는 베이컨 제조에 부적합하여 보편적 이용이 힘들었다. 이러한 문제는 18세기 말 프랑스의 니콜라스 아페르Nicolas Appert가 고기, 과일, 채소, 우유 등을 유리병에 넣어 가열처리한 후 밀봉하는 방법을 개발하면서 해결되기 시작하였다. 처음에 유리병으로 시작하였던 방법은 영국에서 운반 및 보관이 더 용이한 양철통조림으로 개선되었다. 통조림은 초기에는 신선식품에 비해 훨씬 가격이 비쌌고, 영국에서 좀 더 큰 통에 통조림을 만들면서 가열처리 부족으로 안전성 문제가 제기되었다. 또한, 오스트레일리아는 양고기 통조림 내용물의 부실 등으로 인하여 호평을 받지 못하였으며, 신선한 식품과 통조림 식품의 풍미 차이 등으로 비난을 받기도 하였다. 그러나 저장성이 높은 통조림은 제한된 식사에 생기와 다양성을 제공한다는 측면에서 주목을 받았다. 한편, 발효와 부패에 있어서 미생물의 작용에 대한 이해가 생기면서 각 식품의 적절한 가공시간과 온도를 알아내게 되어, 그 이후로는 편리하고 저렴하며 안전한 식품으로 인식되었다.

냉장저장은 빙하기 이래 계속 사용되어 왔으나 따뜻한 지역에서는 얼음의 문제를 해결해야 하므로 북쪽지역보다 늦게 발전하였다. 19세기 초 과학기술의 발달로 인해 제작되기 시작한 '제빙기'는 이러한 문제를 해결해 주었다. 1850년대 오스트레일리아의 제임스 해리슨James Harrison에 의해 개발된 에테르 압축기는 냉장뿐 아니라 얼음공장의 가동을 가능하게 해 주었고, 1877년 암모니아 압축기가 고안되면서 냉동육의 수출이 이루어졌다. 더불어 상업적인 얼음제조는 어업의 발전에도 도움을 주었다. 값싼 고기를 파는 시장의 등장과 더불어 고기의 수송 및 보존 문제가 해결되자 가축시장의 국제적 붐이 일어났고, 목축업자들이 큰 성공을 거두게 되면서 대규모 농업이나 목축업을 하는 사람들이 부를 축적하게 되었다.

재래식품의 대량생산 기술이 발달하면서 과학자들은 대용식 생산을 시도하였다. 첫 번째 성공은 온대기후에서 자라는 뿌리식물에서도 설탕의 생산이 가능하다는 것을 발견한 것이다. 이로 인하여 유럽의 각 지역에 사탕무 공장이 들어서게 되었고, 설탕의 자급자족이 가능해지기도 하였다. 두 번째는 마가린의 발견이었다. 마가린은 설탕과는 달리 초기에는 소비자들의 신뢰를 얻지 못하였으나 제조 방법의 개선 등을 통하여 버터 대용품에서 중산층의 선택적인 대체식품으로까지 발전시켜 나갔다.

3) 개화기 이후 우리나라의 식생활

개화기 이후 우리나라는 서양의 식품이나 요리법 내지는 식생활의 관습이 전해져서 한식과 양식의 혼합시대를 이루게 되었다. 궁중 수라간에는 서양요리 주방이 따로 마련되었고 커피와 케이크도 즐기게 되었다. 우유가 일반인들에게도 보급되기 시작하였고 양반과 서민, 성별의 구분 없이 한 자리에 나란히 앉아 음식을 나누어 먹는 동등한 식사법이 시작되었다. 주식은 오늘날과 거의 같은 쌀, 보리, 조, 밀, 수수, 귀리, 메밀, 팥, 콩 등으로 이루어졌고, 육류로는 소, 돼지, 닭, 노루, 꿩 등이, 어류는 대구, 도미, 민어, 명태, 조기 등이 사용되었다. 해조류는 미역, 다시마, 김, 파래, 청각, 우뭇가사리 등이 식용되었고, 채소류는 오늘날의 거의 모든 종류가 재배되었다. 술공장, 정미공장, 두부와 떡을 만드는 공장이 설립되면서 식생활 풍속에 많은 변화를 주었다.

4) 앞으로의 식생활

19세기 후반 이후 과학자들에 의하여 식품의 필수성분이 규명되기 시작하였고, 20세기에 들어서면서 비타민이 발견된 후 식품성분 및 영양에 대한 많은 연구와 발전이 이루어졌으나 그로 인한 다양한 문제들이 대두되었다. 식품산업의 발달로 소비자의 기호를 맞추기 위하여 다양한 개선이 이루어졌으나 시간이 경과하면서 그로 인한 나쁜 영향들도 나타나기 시작하였다. 더불어 식품 생산의 증가와 수송의 발달로 인하여 다양한 식품을 언제, 어디에서든지 손쉽게 구할 수 있게 됨에 따라 선진국에서는 예전의 식품 부족이 아닌 과잉섭취의 문제가 대두되었고, 생산된 식품이 적절히 분배되지 못하여 아프리카나 아시아 및 남아메리카 대륙의 일부 지역에서는 여전히 많은 사람들이 식량 부족으로 인한 영양부족과 영양불량 상태에 처해 있다. 또한 과학기술의 발달은 외관상 식품을 좋게 하기 위하여, 또는 식품의 저장성을 증가하기 위하여 많은 인공 첨가물을 사용할 수 있도록 함으로써 그 안전성에 대한 문제도 대두되고 있다. 더불어 국제화와 세계화에 따른 교류의 증가로 다른 문화와의 접촉이 증가하고 있으며, 이로 인한 식습관과 식문화의 차이에 대한 이해가 매우 필요한 실정이다. 따라서 앞으로는 식량의 생산뿐 아니라 적절한 배분, 안전한 식량의 공급을 위한 노력과 함께 다른 나라의 식문화에 대한 올바른 이해가 필수적인 과제로 대두되고 있으므로 향후 이러한 문제점들의 개선을 위한 다양한 시도들이 이루어져야 할 것으로 여겨진다.

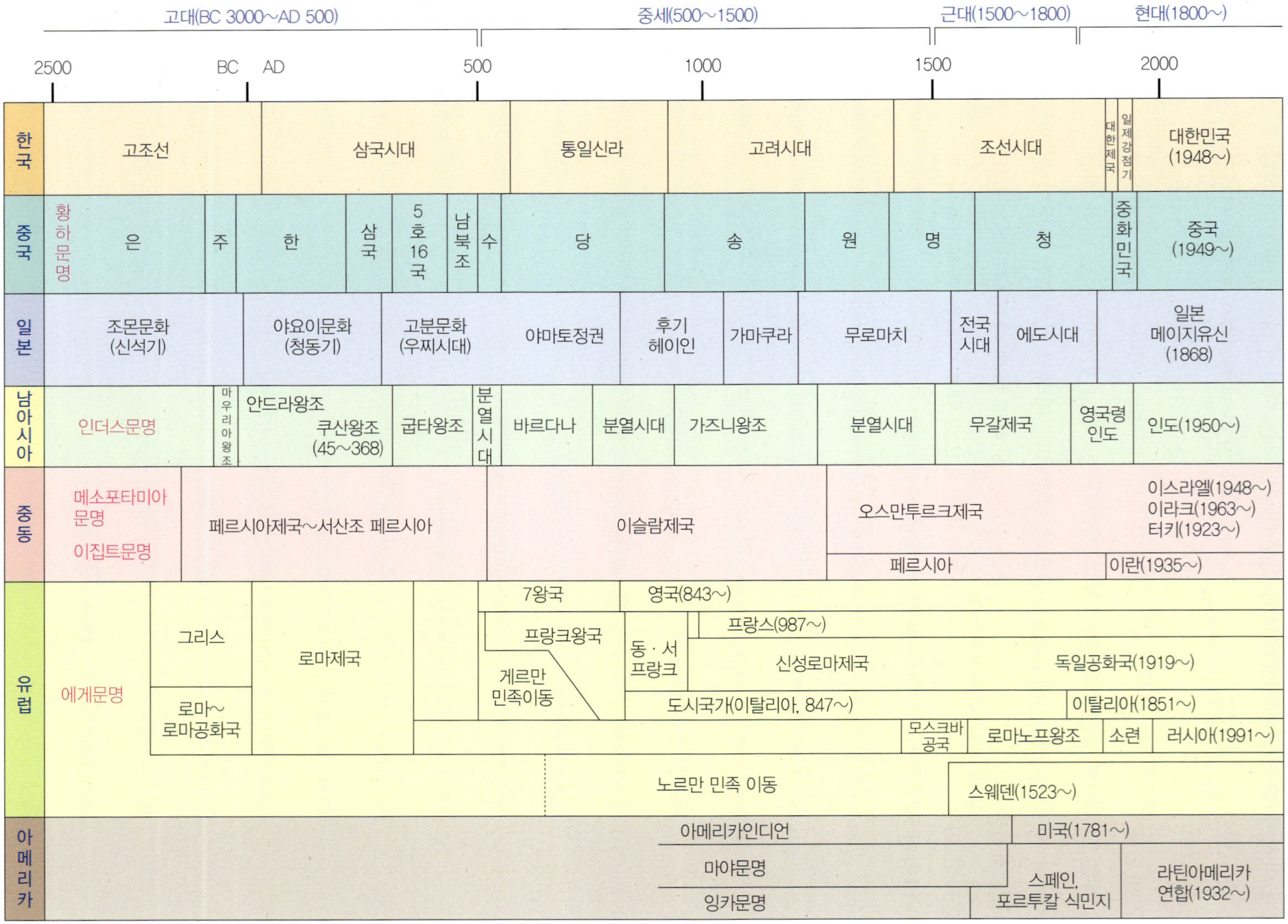
고대(BC 3000~AD 500)
중세(500~1500)
근대(1500~1800)
현대(1800~)
2500
BC
AD
500
1000
1500
2000
한국
고조선
삼국시대
통일신라
고려시대
조선시대
대한제국
일제강점기
대한민국 (1948~)
중국
황하문명
은
주
한
삼국
5호16국
남북조
수
당
송
원
명
청
중화민국
중국 (1949~)
일본
조몬문화 (신석기)
야요이문화 (청동기)
고분문화 (우찌시대)
야마토정권
후기 헤이안
가마쿠라
무로마치
전국 시대
에도시대
일본 메이지유신 (1868)
남아시아
인더스문명
마우리아왕조
안드라왕조
쿠산왕조 (45~368)
굽타왕조
분열시대
바르다나
분열시대
가즈니왕조
분열시대
무갈제국
영국령 인도
인도(1950~)
중동
메소포타미아 문명
이집트문명
페르시아제국~서산조 페르시아
이슬람제국
오스만투르크제국
이스라엘(1948~)
이라크(1963~)
터키(1923~)
페르시아
이란(1935~)
유럽
에게문명
그리스
로마~ 로마공화국
로마제국
7왕국
영국(843~)
프랑크왕국
게르만 민족이동
동 · 서 프랑크
프랑스(987~)
신성로마제국
독일공화국(1919~)
도시국가(이탈리아, 847~)
이탈리아(1851~)
모스크바 공국
로마노프왕조
소련
러시아(1991~)
노르만 민족 이동
스웨덴(1523~)
아메리카
아메리카인디언
미국(1781~)
마야문명
잉카문명
스페인, 포르투갈 식민지
라틴아메리카 연합(1932~)

그림 2-7 세계사 연표

03 동아시아의 식문화

1. 한국
2. 중국
3. 일본
4. 몽골

CHAPTER 03

동아시아의 식문화

동아시아 국가는 대한민국, 조선민주주의인민공화국, 일본, 중화인민공화국, 홍콩, 마카오, 중화민국, 몽골을 말한다. 때때로 러시아 극동 연방관구, 베트남, 필리핀 등이 동아시아 지역에 포함되기도 한다.

1. 한국 *Republic of Korea*

- 국가명 : 대한민국
- 수도 : 서울
- 면적 : 약 22만 km²
- 언어 : 한국어
- 민족 : 한민족
- 인구 : 4904만 명(2014)
- 종교 : 개신교, 천주교, 불교 등

1) 식생활 배경

우리나라는 지리적으로 유라시아 대륙의 동북부(북위 33~43°, 동경 124~132°)에 위치하여 북쪽으로 대륙과 연결되어 있으며 삼면은 바다로 둘러싸여 수산자원이 풍부하다. 온대기후에 속하는 우리나라는 사계절이 뚜렷하여 절기마다 다양한 식재료들이 생산되고 이를 이용한 계절음식과 각 지역의 특성을 살린 향토음식들이 고루 발달되어 왔다. 또한 벼농사에 적절한 일조량과 강우량을 갖추고 있어서 일찍부터 농업이 발달하였다. 전 국토의 70% 이상이 산으로 되어 있는 지리적인 여건으로 다양한 잡곡이 생산되어 곡류를 이용한 조리법과 채소류, 두류, 어패류 등을 이용한 김치, 장, 젓갈 등의 저장발효식품도 오래전부터 개발되어 계승되어 오고 있다.

2) 식생활 문화

(1) 일반적 특징

우리의 식생활 문화는 오랜 역사 속에서 자연적, 사회적 환경의 변화에 따라 영향을 받으며 형성되어 왔다. 뚜렷한 사계절의 변화는 다양한 절식과 시식을 즐기는 풍습과 저장발효음식의 발달을 가져왔고, 가부장적인 가족제도와 통과의례는 큰상이나 제례음식의 차림새를 중요시하여 식생활에 많은 영향을 주었다. 일반적으로 우리의 식생활은 다음과 같은 특징을 가지고 있다.

① 주식과 부식이 구별되어 밥과 함께 다양한 반찬을 구성하여 먹는다.

② 찜, 전골, 구이, 전, 볶음, 생채 등 음식의 종류와 조리법이 다양하다.

③ 국, 찌개, 전골 등 국물이 많은 음식을 즐겨 먹는다.

④ 곡류를 이용한 음식과 김치, 장, 젓갈 등 저장발효식품이 발달하였다.

⑤ 복합적인 맛을 중요시하며 간장, 파, 마늘 등의 갖은 양념을 사용한다.

⑥ 재료를 먹기 좋은 형태로 다지거나 썰어서 조리하는 방법이 많이 사용된다.

⑦ 모든 음식을 한상에 차려 놓고 먹는 독상차림이 발달하였다.

⑧ 좋은 음식은 몸에 약이 된다는 약식동원藥食同源의 사상이 있다.

⑨ 음양오행의 원리에 따라 오색재료나 오색고명을 사용한다.

⑩ 유교의 영향으로 상차림이나 식사예절이 엄격하다.

(2) 한국 음식의 상차림

한국 음식의 상차림은 준비된 음식을 한꺼번에 모두 차려 놓고 먹는 공간전개형으로 독상이 기본이다. 밥이 주가 되고 반찬이 부가 되어 반드시 음식이 놓이는 장소가 정해져 있어 상차리기가 매우 중요시되고 그만큼 형식도 까다롭다.

상차림은 한상에 차려지는 주식을 중심으로 찬품의 종류와 가짓수, 배열 방법을 의미하며, 하나의 상차림이 되는 여러 음식들의 내용을 적은 것을 음식발기飮食發起 또는 찬품단자饌品單子라고 한다. 우리의 전통 상차림은 크게 평상시의 생활에서 차려지는 일상식 상차림과 통과의례와 특별한 행사 때에 차려지는 의례식 상차림으로 나눌 수 있다.

일상식 상차림은 전통적으로 독상을 기본으로 하며 주식에 따라 반상, 점심이나 간단한 손님상으로 내는 장국상(면상)과 죽상, 술을 대접하기 위한 주안상, 다과상으로 나눌 수 있다. 또 목적에 따라 행해지는 의례식 상차림으로는 출생 때의 삼신상부터 백일상, 돌상, 혼례상, 회갑 때의 수연상 및 돌아가신 조상께 차리는 제상, 차례상 등이 있다.

① 일상식 상차림

식사하는 사람의 수에 따라 독상과 겸상으로 나눌 수 있으며, 손님에게는 독상으로 대접하는 것이 전통이었다. 영양과 맛을 고려하여 다양한 재료와 조리법을 선택하고 음식을 차릴 때에는 담는 음식의 높이도 일정하게 한다. 밥그릇은 상의 앞줄 중간보다 왼쪽에, 국그릇은 그 오른쪽에 놓아야 하며 국물 있는 그릇은 오른쪽 가까이에, 수저는 반

표 3-1 반상차림의 규범

<table>
<tr><th rowspan="2">내용
구분</th><th colspan="7">첩수에 들어가지 않는 음식(기본음식)</th></tr>
<tr><th>밥</th><th>국</th><th>김치</th><th>장류</th><th>찌개(조치)</th><th>찜(선)</th><th>전골</th></tr>
<tr><td>3첩</td><td>1</td><td>1</td><td>1</td><td>1</td><td></td><td></td><td></td></tr>
<tr><td>5첩</td><td>1</td><td>1</td><td>2</td><td>2</td><td>1</td><td></td><td></td></tr>
<tr><td>7첩</td><td>1</td><td>1</td><td>2</td><td>3</td><td>2</td><td colspan="2">택 1</td></tr>
<tr><td>9첩</td><td>1</td><td>1</td><td>3</td><td>3</td><td>2</td><td>1</td><td>1</td></tr>
<tr><td>12첩</td><td>1</td><td>2</td><td>3</td><td>3</td><td>2</td><td>1</td><td>1</td></tr>
</table>

<table>
<tr><th rowspan="3">내용
구분</th><th colspan="11">첩수에 들어가는 음식(쟁첩에 담는 음식)</th></tr>
<tr><th colspan="2">나물</th><th rowspan="2">구이</th><th rowspan="2">조림</th><th rowspan="2">전</th><th rowspan="2">마른
반찬</th><th rowspan="2">장과</th><th rowspan="2">젓갈</th><th rowspan="2">회</th><th rowspan="2">편육</th><th rowspan="2">수란</th></tr>
<tr><th>생채</th><th>숙채</th></tr>
<tr><td>3첩</td><td colspan="2">택 1</td><td colspan="2">택 1</td><td></td><td colspan="3">택 1</td><td></td><td></td><td></td></tr>
<tr><td>5첩</td><td colspan="2">택 1</td><td>1</td><td>1</td><td>1</td><td colspan="3">택 1</td><td></td><td></td><td></td></tr>
<tr><td>7첩</td><td>1</td><td>1</td><td>1</td><td>1</td><td>1</td><td colspan="3">택 1</td><td colspan="2">택 1</td><td></td></tr>
<tr><td>9첩</td><td>1</td><td>1</td><td>1</td><td>1</td><td>1</td><td>1</td><td>1</td><td>1</td><td colspan="2">택 1</td><td></td></tr>
<tr><td>12첩</td><td>1</td><td>1</td><td>2</td><td>1</td><td>1</td><td>1</td><td>1</td><td>1</td><td>1</td><td>1</td><td>1</td></tr>
</table>

- 곁상 : 많은 가짓수의 반찬을 한 상 위에 모두 차릴 수 없어 옆에 곁들여 차려 놓는 상으로 7첩 반상 이상의 상을 차릴 때는 곁상이 따르게 된다.
- 쌍조치(찌개가 2가지)의 경우 : 된장찌개와 새우젓찌개를 올리나 최근에는 새우젓찌개 대신 찜, 선, 전골, 볶음 중에서 한 가지를 올리기도 한다.
- 마른반찬은 포, 튀각, 자반, 북어보푸라기, 부각 등이며 장과는 장아찌와 숙장과 등이다.

드시 오른쪽에 놓는다.

반상(飯床)차림 밥과 반찬을 주로 하여 차리는 상차림으로 밥상, 진짓상, 수라상으로 구별한다. 아랫사람에게는 밥상, 어른에게는 진짓상, 임금에게 차려지는 상은 수라상이라 불러 사람의 신분에 따라 명칭이 달라진다. 한 사람이 먹도록 차린 반상을 독상(외상), 두 사람이 먹도록 차린 반상을 겸상이라 한다. 독상으로 차려진 반상에는 3첩, 5첩, 7첩, 9첩, 12첩이 차려지는데 첩이란 뚜껑이 있는 반찬그릇(쟁첩)을 말하는 것으로 밥, 국, 김치, 장류, 조치(찌개), 전골, 찜 등을 제외한 반찬의 수를 말한다. 3첩은 서민층, 5첩은 여유가 있는 시민층, 7첩과 9첩은 반가의 상차림, 12첩 반상은 궁중에서 차리는 수라상차림에서 볼 수 있는 상차림이다.

첩 수에 따라 달라지는 전통 반상차림의 종류를 보면(표 3-1) 반찬의 구성은 조리법과 재료와 색, 영양이 중복되지 않도록 고려하였음을 알 수 있다.

장국상차림 국수나 만두, 떡국을 주식으로 차리는 상으로 간단한 점심식사나 잔치를 할 때 차리는 상이다. 국수를 내면 면상, 만둣국을 내면 만둣국상, 떡국을 내면 떡국상이라 한다. 반찬으로는 찜, 전, 잡채, 배추김치, 나박김치 등을 상에 올린다.

죽상차림 죽을 주식으로 한 상차림이며, 보양식으로 이용하거나 궁중에서 탕약을 드시지 않은 날에 초조반으로 가볍게 먹을 수 있도록 하였다. 죽, 미음, 응이 등의 유동식을 중심으로 여기에 맵지 않은 국물김치(동치미, 나박김치)와 북어보푸라기 같은 마른반찬을 갖추어 낸다. 죽은 재료에 따라 흰죽, 두태죽, 장국죽, 어패류죽, 비단죽 등이 있다.

주안상차림 주안상은 술과 함께 안주를 곁들이는 상차림이다. 술에 따라 안주도 달라지지만 우선 포나 마른안주를 낸 다음 전골이나 찌개, 전, 회, 편육, 김치 등을 상에 올린다. 술을 거의 들고 나면 면이나 떡국 등 주식을 내가고, 후식으로 생과, 화채 등을 한 가지 정도씩 내간다.

다과상차림 다과상은 식사 이외의 시간에 다과만을 대접하는 경우와 주안상, 교자상, 장국상의 후식으로 내는 경우가 있다. 주로 떡류, 한과, 생과와 음료로 차가운 음청류와 더운 차를 마련한다. 특히 계절에 잘 어울리는 떡, 과일, 음청류를 선택하여 계절감을 살리는 것이 좋다.

교자상차림 명절이나 잔치, 또는 경사가 있을 때 많은 사람들이 함께 모여 식사를 할 경우에 차리는 상이다. 교자상에는 술안주로만 차린 건교자, 여기에 밥, 국과 반찬을 더한 식교자, 건교자와 식교자가 섞인 얼교자 등으로 나뉘어 있다. 주식으로 냉면, 온면, 떡국, 만두 중에서 계절에 맞는 것을 선택하고, 찜, 탕, 전, 편육, 적, 회, 잡채, 구절판, 신선로 등을 반찬으로 놓는다. 음식을 다 들고나면 다과를 내간다.

② 의례식 상차림

사람은 출생에서 죽음에 이르기까지 반드시 통과해야 하는 몇몇 과정이 있는데 이를 통과의례라고 한다. 즉 탄생, 삼칠일, 백일, 돌, 관례, 혼례, 회갑, 회혼례, 상례, 제례 등의 통과의례를 거치게 되는데 각 의례에는 그 의미를 상징하는 특별한 음식과 지켜야 하는 예법이 예로부터 전해지고 있다. 의례식 상차림에는 간절한 소망과 복을 비는 마음, 희로애락을 함께 공유하는 상징적인 의미가 담겨 있다.

백일상차림 태어나서 백일이 되면 음식을 차려 친척과 이웃에게 대접하고 축하를 받는다. 이때 차리는 음식은 흰밥, 미역국, 백설기, 붉은 팥고물을 묻힌 수수경단, 오색송편 등이 있다. 백설기는 백설 같이 신성하고 순수 무구함을, 붉은 팥고물을 묻힌 수수경단은 나쁜 기운을 막고 부정한 것을 예방하는 뜻이 있으며, 오색송편은 만물의 조화를 의미하는 것으로 빠지지 않고 상에 오른다.

돌상차림 아기가 태어나서 처음으로 맞이하는 생일을 돌이라 하고 이때 축하하기 위하여 차리는 상을 돌상이라 한다. 돌상에는 흰밥, 미역국, 푸른나물(미나리 등은 자르지 않고 무친 것), 백설기, 오색송편, 인절미, 수수경단 등을 차리고 쌀, 국수, 대추, 흰 타래실, 돈, 붓, 먹, 벼루, 천자문, 활과 화살 등을 올리며, 여자 아이에게는 천자문 대신 국문, 활과 화살 대신 색실, 자, 실패 등을 놓는데 이 모두가 아기의 장수와 다재다복을 바라는 마음에서 준비하는 것이다.

돌잡이

돌상에 마련된 물건 중 아기가 무엇이든 먼저 집는 것에 따라 아기의 장래를 점치며 즐거워한다. 쌀은 먹을 복, 대추는 자손의 번영을, 흰 타래실과 국수는 장수를, 붓, 먹, 벼루, 책은 학문이 탁월하기를, 활과 화살은 용감하고 무술이 능하기를, 색실, 자, 실패는 여자가 바느질을 잘 하기를 바라는 뜻에서 놓는 옛 풍습이다. 요즈음은 남녀에 따라 돌상에 놓는 물건들의 차이가 없으며 그 종류도 현실에 맞게 변화하는 경향이 있다.

관례상차림 아이가 자라서 사회적으로 책임이 인정되는 15~20세가 되면 행해지는 의례이다. 남자는 상투를 틀어 갓을 씌우는 관례冠禮를 행하고, 여자는 쪽을 지고 비녀를 꽂는 계례笄禮를 행하여 어린이가 비로소 어른이 되었다는 것을 사회적으로 공인해 주는 성년식成年式에 해당된다. 관례의식은 대개 정월 중에 택일을 하고 관례 당일에는 손님을 모시고 축하잔치를 한다. 이때 잔칫상에는 술을 비롯한 여러 가지 안주용 음식과 국수장국, 떡, 조과 ,생과, 식혜, 수정과 등을 올린다.

혼례상차림　혼례음식 및 상차림에는 봉치떡, 교배상, 폐백음식, 큰상 등이 있는데 현재 대부분의 사람들은 서양식으로 혼례를 치르고 우리나라의 전통의식 중에서 일부만 따르는 실정이다. 혼례음식은 많이 간소화하여 납폐의식 때의 봉치떡과 폐백을 드릴 때 준비하는 음식만이 지금까지 만들어지고 있다.

혼례상은 교배상交拜床이라고도 하며 혼례식 때 차리는 상으로 대청이나 뜰에 병풍을 남북으로 친 다음 동서로 놓는 것이 예법이다. 교배상에 올려지는 물건들은 지방이나 가문에 따라 조금씩 차이가 있으나 대개는 촛대, 송죽松竹가지를 꽂은 화병, 닭, 백미, 술과 잔, 밤, 대추, 은행 등이다.

혼례를 치른 신부는 시부모와 시댁의 여러 친척들에게 처음으로 인사를 드리는데 이를 폐백이라 한다. 이때 신부 쪽에서 준비하여 시부모님께 드리는 음식이 폐백음식이다. 폐백에 쓰이는 음식은 지방마다 약간씩 차이가 있지만 서울에서는 시부모님께 편포나 육포, 밤, 대추, 엿, 술을, 시조부모님께 닭, 대추, 밤을 준비한다. 또한 혼례 전이나 혼례 후에 신부 집에서 신랑 집으로 보내는 이바지 음식은 그 집안의 솜씨와 가풍이 담겨 있는 것으로 대체로 산적, 찜, 과일, 한과, 떡, 전 등을 준비한다.

봉치떡(봉채떡)

신랑 집에서 함을 보내 신부 집에서 받는 납폐의식 때 신부 집에서 준비하는 떡이다. 찹쌀과 붉은 팥으로 시루떡을 시루에 앉히고 맨위에 대추와 밤을 중앙에 놓아 함이 들어올 시간에 맞추어 쪄서 준비한다. 함이 들어올 때 북쪽으로 향한 곳에 돗자리를 깔고 상을 놓는다. 상 위에 붉은 천을 깔고 그 위에 떡시루를 얹어 놓고 함을 받아 시루 위에 놓고 북향재배한 후 함을 연다. 봉치떡을 찹쌀로 하는 것은 부부의 금슬이 찹쌀처럼 잘 화합하라는 뜻이고 붉은 팥의 고물은 화를 피하라는 뜻이며, 대추와 밤은 장수와 다산, 풍요를 의미한다.

제사상차림　돌아가신 조상을 기리며 지내는 의식을 제례라 한다. 매년 돌아가신 분의 기일에 차리는 상을 제상이라 하고 설날, 추석과 같은 명절과 조상의 생신날에 차리는 상을 차례상이라 한다. 제상에 마련하는 음식을 제수라 하고, 제상과 차례상의 제수에는 큰 차이가 없으나 제상의 주식인 밥 대신 설날 차례상에는 떡국을, 추석 차례상에는 송편과 함께 토란국을 올린다. 제상에 사용하는 그릇을 제기라 하며, 제기는 보통 나무, 유기, 사기로 되어 있으며 '높이 숭상한다'는 뜻으로 굽이 달려 있다.

제사음식은 정성을 들여 정갈하게 장만하는 것이 우리의 풍습이었다. 일반적으로 화려한 색과 심한 비린내가 나는 음식은 금기로 여겨 왔으며, 비늘 없는 생선, 털 난 과실, 자극적인 고춧가루, 파, 마늘 등의 양념은 쓰지 않는다. 고기는 개고기와 통발 짐승고기(말고기)는 쓰지 않고 소고기, 돼지고기만을 쓴다.

제사상에서는 반상에서의 밥과 국의 위치가 반대로 놓인다. 제상을 바라보아 오른쪽을 동東, 왼쪽을 서西라 하여 아래와 같은 진설법에 의해 일반적으로 차린다. 그러나 이 진설법 또한 가가례라고 하여 집안이나 지역에 따라 조금씩 차이가 나기도 한다.

제사상의 예로 그림 3-1에 율곡 격몽요결 제찬도를 나타내었다.

진설법

조율시이(棗栗柿梨) : 대추, 밤, 감, 배의 순서로 배열한다.
홍동백서(紅東白西) : 붉은 과일은 동쪽에, 흰 것(배, 밤)은 서쪽에 놓는다.
생동숙서(生東熟西) : 김치는 동쪽, 나물은 서쪽에 놓는다.
좌포우혜(左脯右醯) : 포는 왼쪽, 식혜는 오른쪽에 놓는다.
어동육서(魚東肉西) : 생선과 구이는 동쪽, 육류고기는 서쪽에 놓는다.
두동미서(頭東尾西) : 생선은 머리 쪽이 동쪽으로 오게 담는다.
건좌습우(乾左濕右) : 마른 것은 왼쪽, 젖은 것은 오른쪽에 놓는다.
남좌여우(男左女右) : 남자는 좌측, 여자는 우측에 놓는다.

그림 3-1 율곡 격몽요결 제찬도

큰상 큰상은 혼례나 수연 등 경사스런 날에 차리는 상차림이다. 갖가지 음식을 높이 괴여 상을 차리므로 고배상高排床 또는 바라보는 상이라는 뜻에서 망상望床이라고도 한다. 음식은 떡, 숙실과, 생실과, 견과, 유밀과, 각색당 등을 높이 괴어 색을 맞추어 배열하고 조화로 장식을 하며 계절에 따라 또는 가풍, 형편에 따라 다르다. 근래에는 간소화되어 큰상을 차리는 경우가 별로 없다.

(3) 한국의 음식문화

① 밥의 문화

곡물은 5000여 년 전부터 우리 민족의 주식으로 정착되었다. 신석기시대에 농경이 시작되면서 조, 피, 수수 등의 잡곡은 먼저 우리 주식의 자리를 차지하였다. BC 2000여 년 전 벼가 재배되기 시작하면서 쌀을 중심으로 하는 밥은 오늘까지 주식의 자리를 차지하는 기본음식이 되었다.

그림 3-2 개다리 소반에 차린 상차림

한국인에게 밥은 많은 의미를 가지고 있고 '밥이 보약이다.'라는 생각에 밥을 소중하게 여겨 한국 음식에서 그 무엇보다 중요한 위치를 차지하고 있다. 그림 3-2에서 보는 바와 같이 밥상에서 차지하는 밥의 비중이 매우 큼을 알 수 있지만, 세월이 흘러 먹거리가 풍요해짐에 따라 밥의 양은 많이 줄었다.

우리 민족이 즐겨 먹은 밥에는 여러 종류의 밥이 있다. 도정에 따라 현미, 칠분도미, 백미 등이 있으며 이런 쌀에다 다양한 잡곡을 넣어 보리밥, 조밥, 수수밥 등과 같은 잡곡밥을 짓는다. 계절에 따라 여름에는 햇보리밥, 초가을에는 강낭콩밥, 겨울에는 팥밥 등을 먹었다. 그 밖에도 콩나물밥, 완두콩밥, 감자밥, 무밥, 굴밥 등이 있다.

『옹희잡지』(1800년대 초)에는 찹쌀이나 멥쌀에 팥, 밤, 대추 등을 섞어 시루에다 쪄낸 밥을 혼돈반방渾沌飯方이라 하였으며, 이것에 기름과 꿀을 섞으면 약밥이 된다.

쌀밥은 다른 나라에서도 주식으로 하고 있으나 우리는 누룽지와 숭늉의 맛도 즐긴다. 한국과 일본에서는 바닥이 약간 눌어붙도록 밥을 짓는다. 그러나 일본에는 숭늉이 없고 우리나라에만 있는 고유한 음료이다. 이것은 가옥 구조의 차이에서 기인하는데 우리의

비빔밥

우리 민족이 즐겨 먹은 밥 가운데 비빔밥이 있다. 비빔밥은 1800년대 말엽의 『시의전서(是議全書)』에 비로소 등장하는데 비빔밥을 골동반(汨董飯)으로 표기하고 있다. '汨'은 '어지러울 골', '董'은 '비빔밥 동'이다. 골동은 여러 가지 물건을 한데 섞는 것을 말한다. 옛날 궁중에서는 골동반이라 하여 점심 때나 종친이 입궐하였을 때 먹었으며, 일반적으로 섣달 그믐날에 먹었다. 비빔밥은 갖가지 식재료가 한데 모여 오색과 오미의 조화를 이루는 대표적인 밥이다. 각 지방의 특색에 따라 비빔밥의 이름도 각기 다르게 불렀다.

전통가옥은 온돌, 부뚜막, 아궁이가 일체형으로 되어 있고 솥은 고정식 가마솥이어서 씻기가 불편하였다. 따라서 누룽지에 물을 붓고 끓이면 숭늉도 얻어지고 자연스레 솥을 씻는 방법도 되었던 것이다. 식후에 마시는 숭늉은 우리만이 맛볼 수 있는 정겨운 미각이다.

② 죽, 응이, 미음의 문화

죽은 곡식의 낟알이나 가루에 물을 붓고 오래 쑤어서 곡식의 알이 연하게 퍼지고 녹말이 충분히 호화되어 소화되기 쉬운 유동식이다. 농경문화권인 우리나라에서는 죽이 밥보다 앞선 조리법으로 매우 다양하게 발달되어 왔다. 주식이나 별미, 보양식, 환자식, 심지어는 구황식으로도 이용되었다. 또한 궁에서는 임금이 탕약을 드시지 않는 날 초조반으로 올렸으며 첫날밤을 보낸 신랑 신부에게 대접하기도 하였다.

재료에 따라 흰죽, 두태죽, 장국죽, 어패류죽 등이 있으며 종류도 다양하다. 궁중이나 상류층에서는 타락죽이라는 죽을 먹었다. 타락은 원래 말린 우유를 뜻하는데 귀한 보양식으로 궁중에서는 동지 절식으로 공신들에게 하사하여 약으로 썼다고 한다. 이렇듯 우리의 죽은 매우 발달하였기에 미음, 응이, 암죽 등 다양하게 분화되어 독특한 명칭이 붙게 되었다.

미음은 쌀이나 좁쌀에 물을 넉넉히 붓고 푹 쑤어 체에 밭인 걸쭉한 음식으로 죽의 한 변형이다. 『규합총서』(1809)에는 해삼, 홍합, 소고기, 찹쌀로 만든 삼합三合미음이 설명되어 있다.

응이(의이)는 본디 율무를 가리키는 말이지만 조선시대에는 녹두, 수수, 칡 등 어떤 곡물이든지 갈아서 나온 녹말로 쑨 죽이라면 모두 응이라고 하였다. 죽보다는 유동성이 있어 그대로 마실 수 있을 정도의 형태를 지니고 있다. 그밖에 곡식의 마른 가루에 물을 넣어 끓인 묽은 암죽은 어린이, 환자, 노인의 유동식으로 많이 먹었다. 특히 암죽은 이유식으로도 손색이 없을 뿐 아니라 부족한 젖이나 우유를 대신한 훌륭한 음식이기도 하다.

③ 국의 문화

국은 채소나 어패류, 고기 등을 넣고 양념과 함께 물을 많이 부어 끓인 음식으로 건더기보다 국물이 제맛이다. 이 국물요리는 조리법에 따라 간장으로 간을 하여 국물을 맑게 끓이는 맑은 장국, 된장을 걸러 넣고 끓인 토장국, 고기를 고아서 간장으로 조미하여 끓인 곰국, 오이나 미역으로 시원하게 만든 담백한 냉국 등으로 나눌 수 있고 반상차림에서 기본적으로 필요한 음식이다.

국은 갱羹이라고 하고 확臛이라고도 하며, 또 탕湯이라고도 한다. 갱은 채소가 섞인 국이고 확은 고깃국을 말한다. 『임원십육지』(1827)에는 탕이란 향기가 나는 약용식물을 뜨거운 물에 달여서 마시는 음료라 하였는데 『사례편람』(1844)에는 "요즈음은 탕에다 어육을 쓰고 있으니 이제 탕도 국이 되었다."라고 하여 탕은 음료가 되기도 하고 국이 되기도 한다. 가장 대표적인 탕 종류에는 곰탕과 설렁탕, 삼계탕 등이 있다.

『조선요리』(1940)에서 "곰탕은 사태, 소꼬리, 허파, 양, 곱창을 덩이째로 삶아 반숙되었을 때에 무, 파를 넣고 간장을 조금 넣어 다시 삶아 무르도록 익으면 고기나 무를 꺼내어 잘게 썰어 국물에 넣고 후추와 파를 넣는다."라고 하였다. 또한 "설렁탕은 우육의 잡육, 내장 등 소의 모든 부분을 뼈가 붙어 있는 그대로 하루쯤 곤다. 경성지방의 일품요리로서 값싸고 자양 있는 것이다."라고 하여 설렁탕은 곰탕에 비하여 뼈가 많이 들어가므로 장시간에 걸쳐 골수가 우러나와서 국물이 한결 뽀얗게 된 것임을 알 수 있다. 특히 설렁탕이라는 명칭은 왕이 신하를 거느리고 선농단에서 제사를 지낸 다음 탕을 끓여 여러 사람들이 고루 나누어 먹은 음식에서 유래되었다. 선농단에서 끓인 탕을 선농탕(先農湯)이라 하였고 이것이 구개음화하여 '설농탕' 또는 '설렁탕'이라 부르게 되었다고 한다.

우리나라 식사는 밥과 국이 기본이 되어 탕반문화湯飯文化를 이루고 있다. 일본과 중국에도 국이 있지만 밥을 국에 말아서 먹지는 않는다. 반면 우리나라의 국은 대체적으

수저

수저는 숟가락과 젓가락 한 벌을 말하며 시저(匙箸)라고도 한다. 수저는 은, 백동, 놋쇠로 만든다. 상류층에서는 은수저를 썼지만, 일반 서민들은 주로 놋수저를 썼다.

숟가락의 형태를 살펴보면 고려시대는 면이 좁고 길며 세련된 형태를 갖추고 있다. 자루 끝이 제비꼬리처럼 두 갈래로 갈라졌으며, 옆에서 보면 S자형으로 휘어져 있다. 조선시대에는 숟가락 자루의 제비꼬리가 없어지고 면이 넓고 둥글어졌으며, 자루의 휨도 적어진다. 크기는 남자용이 여자용보다 좀 더 크다.

로 밥을 말아서 먹는 것을 전제로 한 국이 많기 때문에 숟가락의 발달은 국물요리의 발달과 함께 이해되어야 한다. 수저의 사용은 숟가락이 주가 되므로 국물뿐만 아니라 밥도 숟가락으로 먹는 것이 정식 예법이다.

이와 같이 우리나라가 숟가락을 이용하게 된 것은 조선시대 숭유주의자들이 공자 시대에 사용하던 숟가락을 그대로 고수하였으며, 식사 때 국, 찌개, 전골 같은 국물음식을 즐기는 우리의 식문화에서 그 이유를 찾을 수 있다.

④ 발효음식의 문화

최근 슬로푸드가 건강식으로 각광을 받고 있는데, 우리의 선조들은 일찍부터 오랜 시간 기다리며 천천히 묵힌 여러 발효식품들을 애용하고 있었다. 『삼국사기』에 의하면 신라 신문왕 3년(683) 왕비의 폐백 품목으로 쌀, 술, 기름, 꿀, 장, 메주, 포와 더불어 해가 포함되어 있어 삼국시대에 이미 어패류나 채소류의 발효식품이 상용 음식이었음을 알 수 있다. 기본 조미료로 쓰이는 간장, 된장, 고추장 등의 장류라든지 김치, 젓갈, 장아찌 같은 밑반찬들은 모두 소금을 넣어 일정 기간 숙성시킨 발효식품으로 우리 식생활에서 빼놓을 수 없는 전통식품이다.

장(醬) 『증보산림경제』(1766)에는 "장은 모든 음식 맛의 으뜸이며 집안의 장맛이 좋지 아니하면 좋은 채소와 고기가 있어도 좋은 음식이라 할 수 없다."라고 하여 장의 중요성을 강조하였다. 장은 식물성 단백질인 콩에 적당한 농도의 소금을 첨가해서 미생물의 작용으로 분해하여 육류와 같은 구수한 향미를 내게 하였기 때문에 조미료가 되는 동시에 저장성이 큰 발효음식이다. 장은 밥을 주식으로 하고 부식으로서 여러 가지 반찬을 곁들이는 우리의 식생활에서 맛을 내기 위해 반드시 필요한 조미료이다.

장은 간장, 된장, 고추장의 총칭이다. 이런 장을 만드는 주재료는 콩大豆이고, 이 밖에 보리쌀, 밀가루, 멥쌀, 찹쌀을 배합하여 사용하기도 하며 여기에 짠맛을 내는 소금과 좋은 물을 첨가하여 만든다.

중국의 『위지』(280~289) 「동이전」에 "고구려 사람은 장담기가 뛰어나다."라고 기록되어 예로부터 우리 조상들의 발효식품을 만드는 솜씨는 대단하였음을 알 수 있다. 신라 신문왕 3년에는 왕비의 폐백 품목에도 장醬과 시豉가 들어 있었으며, 고려시대에는 나라에 기근이 있을 때는 장을 구황식품으로 내보낸 기록도 있다.

지금은 장의 종류 및 담금법이 단순화되어 거의 그 종류가 적어졌지만 조선시대에는 20여 종을 헤아릴 정도로 다양하였다. 예부터 있던 장류에는 청장淸醬, 즙장汁醬, 담북장淡水醬, 청국장淸國醬, 고추장蠻草醬 등이 일반적인 것이었고, 이외에 청태장靑太醬, 소두장小豆醬 등 특수한 것과 때로 흉년이 들어 콩이 부족할 때에는 콩잎, 콩깍지, 느릅나무 열매 등도 간장, 된장을 담그는 데 이용하였다.

김치 고구려인들은 이미 채소를 소금에 절이는 형태로 먹기 시작하였고 이후 통일신라시대와 고려시대를 거치면서 단순한 채소절임의 형태를 벗어나 여러 가지 양념과 채소류를 사용하여 양념된 김치의 형태로 발전되었다. 17세기 무렵, 조선시대에는 고추가 유입됨에 따라 고춧가루를 김치에 사용하였고 김치의 종류가 다양해지면서 젓갈 역시 다양하게 쓰였다.

서유규가 쓴 『임원십육지』에는 90가지 이상의 김치가 나온다. 소금에 절인 김치와

옹기

한국을 '옹기의 나라'라고 부른다. 시골 어디를 가도 흔히 볼 수 있었던 우리의 그릇 옹기는 오지그릇, 질그릇 혹은 독이라고도 한다. 예부터 옹기는 필수로 갖추어야 하는 생활용구로 간장, 된장, 젓갈, 김치와 같은 발효식품을 담는 것은 물론이고 각종 양념이나 소금, 쌀을 담는데도 쓰였다. 옹기는 숨을 쉬는 그릇으로 발효식품을 저장하는 데 아주 적절한 그릇이다. 특히 장독대는 집안에서 햇볕이 잘 드는 곳에 장을 담은 옹기를 두는 곳으로 정성을 다해 관리를 하여 항상 최고의 장맛을 유지하도록 하였다.

술지게미에 넣어 만든 김치를 통칭해서 엄장채, 누룩이나 쌀밥을 넣어 발효시킨 식해食醢형 김치인 자채, 간장이나 된장 혹은 초에 생강과 마늘 같은 향신료를 넣어 만든 제채 등과 더불어 지금 우리가 먹는 김치와 비슷했던 저채菹菜 혹은 침채沈菜가 그것이다. 오늘날 우리가 사용하는 김치라는 말은 침채沈菜에서 온 것으로 볼 수 있다.

겨우내 먹을 김치를 한꺼번에 담그는 것을 김장이라 한다. 김장을 담그는 일은 우리 민족의 풍습 가운데 매우 정겨운 풍습이다. 겨울부터 봄까지 먹기 위한 김치를 담그는 것은 별다른 반찬이 없고, 채소를 구하기가 쉽지 않던 시절에 무기질과 비타민을 섭취할 수 있는 지혜로운 겨울나기로 중요한 연례행사였다. 김장을 담그는 법은 지역에 따라 만드는 김치에 따라 매우 다양하지만 공통점은 이웃 간에 품앗이로 함께 모여서 공동으로 김장을 담그고 나누어 먹은 것이다. 요즘은 주거환경이 변하여 김장을 하는 집이 많이 줄어들었으나 항아리 대신에 김치냉장고에 보관하는 방법을 이용하여 김장은 여전히 중요한 행사가 되고 있다.

김치는 동·식물성 재료가 함께 어우러지고, 숙성하면 유산균을 생성하는데 유산균은 장내의 산도를 낮추어 해로운 균이 자라는 것을 막아주거나 없애주며 장을 튼튼하게 해주는 정장작용의 역할도 담당한다. 따라서 다양한 재료와 함께 여러 요소들이 만들어내는 발효식품의 깊은 맛을 느낄 수 있어야 김치라 불릴 수 있다.

고추가 우리나라에 들어온 것은 임진왜란 이후이다. 고추를 김치에 이용한 선조의 지혜는 놀랍다. 고추는 비타민 A와 C, 캡사이신 등의 성분을 많이 함유하고 있다. 이러한 성분들은 체내에서 항산화제의 역할과 위액의 분비를 촉진시켜 소화활동을 돕는다. 또한 미생물의 부패를 억제하여 음식물을 상하지 않도록 해주므로 김치에 소금을 조금만

고추와 금줄

한국 사람이 고추를 좋아하는 것에는 또 다른 문화적인 면을 볼 수 있다. 붉은색이 귀신을 쫓으며 고추를 먹으면 매운맛으로 인하여 몸속의 귀신이 달아난다고 생각하였다. 장을 담근 장독에 고추와 숯을 새끼에 꿰어 두르거나 고추를 꽂아 만드는 금줄 등은 고추와 밀접하게 관련된 우리의 생활을 엿볼 수 있는 단면이기도 하다.

넣어도 비교적 오랫동안 저장할 수 있다.

젓갈 젓갈은 잔 생선이나 조개, 알, 내장 등의 부위를 염장, 발효시킨 음식으로 발효와 숙성으로 인해 독특한 풍미를 지닌다. 젓갈은 쓰임새가 다양한데 그 자체를 양념해서 반찬으로 먹기도 하며 김치나 찌개, 나물, 찜 등에 조미료로 쓰기도 한다. 남해안의 멸치 산지에는 멸치젓을 떠낸 건지에 물을 부어 끓여 맑게 걸러낸 멸장을 나물, 국을 비롯한 각종 음식에 간장처럼 사용하며, 경기도 서해안에서는 까나리액젓을 간장처럼 사용하기도 한다.

『삼국사기』(1145)에 신라 신문왕이 왕비를 맞았던 폐백 품목에 젓갈이 포함되어 있고, 고려, 조선에 접어들면서 관선문헌이나 일반 민간인에 의해 쓰인 일기에서도 젓갈에 관련된 자료들이 쉽게 발견된다.

젓갈류는 무기질 성분과 아미노산이 풍부하여 맛이 좋고 소화흡수가 뛰어나다. 수산발효식품에서는 식염 사용이 많은 젓갈류와 비교적 적은 양의 식염을 사용하는 저염발효식품인 식해류로 나누고 있다.

식해는 생선을 잘게 토막쳐 소금, 조밥, 무, 고춧가루, 각종 양념을 넣고 버무려 삭힌 음식이며, 젓갈류와는 달리 곡류를 혼합해 숙성 발효시킨 음식이다. 우리나라의 식해문화는 동해안 지역에 편재되어 있고, 겨울철에 단백질과 칼슘을 보충하기 위하여 생선을 이용한 저장식품으로 개발된 음식이다. 함경도 지방의 가자미식해와 도루묵식해, 강원도의 북어식해, 경상도의 마른고기식해, 황해도의 연안식해 등이 유명하다.

술 『위지』「동이전」에 의하면 추수를 끝낸 뒤 열리던 영고, 동맹, 무천 등의 제천의식 때 백성들은 음주가무를 즐겼다고 전해지고 있다. 『지봉유설』(1613)에도 '미인주'에 대한 술 이야기가 나오는데 미인주는 삼국시대에 여인들이 곡물을 씹어 침 속에 있는 프티알린이라는 효소에 의해 만든 것으로 가장 원시적인 술이다. 백제의 수수보리須須保利는 일본에 술 만드는 법을 전할 정도로 삼국시대에는 술 빚는 기술이 아주 능숙하였다.

그림 3-3 막걸리

고려 사람들이 마셨던 청주는 『동국이상국집』(1241)에 보면 '멥쌀과 누룩을 섞어 발효시켜 술밑을 걸러 눌러서 만드는 맑은 술로서 한 번에 얻어지는 양이 많지 않아 백성들은 청주를 떠내지 않고 그대로 걸러내 탁주로 마셨다.'고 하는데 이것이 백주白酒라 불리던 막걸리이다.

『본초강목』(1596)에 "소주는 예부터 있었던 것이 아니고 원대에 비로소 만들어지게 된 것이다."라는 기록이 있는 것으로 보아 원의 지배를 받던 고려시대에 소주가 전해진 것으로 추측된다. 고려 말 몽고군이 주둔하였던 개성, 안동, 제주도가 지금도 소주의 명산지로 유명한데 특히 안동소주는 그 독특한 맛과 향기로 전통의 맥을 이어가고 있다.

향이 좋은 꽃이나 과일, 열매 등 자연재료를 첨가한 술을 가향주라 하며 가향주의 향을 내는 재료에는 진달래, 도화, 송화, 연잎, 매화, 국화 등이 있다. 약용주는 통상 빚는 술에 약재와 부재료를 넣고 일정 기간 익힌 술이다. 오가피, 구기자, 창포, 인삼 등 단일 약재를 넣어 빚기도 하고 도소주, 국화주처럼 여러 가지 약재를 같이 달이거나 쪄서 빚기도 한다. 이러한 약용주가 일반화된 것은 조선조 중엽 허준의 『동의보감』(1610)이 편찬된 이후부터이다. 이전에는 약재가 비싸서 사대부를 비롯한 상류층에서만 빚어 마셨는데 『동의보감』에 약재의 효능과 처방이 수록됨에 따라 일반 서민들도 쉽게 구할 수 있는 약재를 질병 치료와 예방 목적으로 넣어 마셨다.

우리의 선조들은 기후, 풍토에 맞는 다양한 술을 개발하여 집집마다 직접 술을 빚어 왔으며, 이러한 가양주家釀酒는 반가에서 제사와 손님 대접에 없어서는 안 될 중요한 위치를 차지하고 있었다.

⑤ 쌈의 문화

쌈은 채식 위주의 음식을 자랑하는 한국 음식 중에서도 독특하면서도 가장 즐기는 음식의 하나이다. 채소 중에서 잎이 큰 상추, 곰취, 깻잎, 호박잎, 배춧잎 등은 물론이고 최근 서양 채소인 케일, 신선초 등 다양한 채소들이 쌈의 재료가 되고 있다. 지역에 따라 해조류인 미역이나 다시마로도 쌈을 싸 먹는데, 예로부터 쌈 중에서 상추쌈을 으뜸으로 여겼다.

『해동역사』(1765)에 고려 사람들은 날 채소에 밥을 싸서 먹는다고 하였고 중국의 고서인 『천록식여天祿識餘』에 고려의 상추는 질이 매우 좋아서 고려 사신이 가져온 상추 씨앗은 천금을 주어야만 얻을 수 있다고 해서 '천금채千金菜'라 했다고 기록되어 있다.

상추는 고려 고종(1236~1251) 때 펴낸 『향약구급방』에 처음으로 와거萵苣란 이름으로 등장하였다. 당시 고려와 교류가 많던 원나라에 의복과 음식을 포함한 우리 풍속이 전해져 유행했던 고려국양高麗國樣 가운데 상추쌈이 몇 손가락 안에 꼽힐 정도였다. 『시의전서』(1800년대 말)를 보면 상추의 조리 방법이 언급되어 쌈 이외에 겉절이용으로도 애용되었음을 알 수 있다.

쌈은 먹는 방법에 있어서 양반이 먹기에 좀 품위가 없어 보였던지 먹는 법을 따로 기록한 책이 있었다. 이덕무의 『사소절』(1775)에 보면 "쌈을 쌀 적에는 손바닥에 상추를 직접 놓고 싸지 말라. 너무 크게 싸서 입을 크게 벌리는 것은 상스러우니 조심해야 한다. 쌈을 싸는 순서는 먼저 숟가락으로 밥을 떠서 그릇 위에 가로 놓은 다음, 젓가락으로 쌈을 떠놓은 밥 위에 반듯이 덮은 다음 숟가락을 들어 입에 넣고 장을 찍어 먹는다."라고 하여 그 방법을 자세히 언급하고 있다.

⑥ 향토음식문화

우리나라의 향토음식은 뚜렷한 사계절과 남북으로 길게 뻗은 지형, 삼면이 바다로 둘러싸인 여건 속에 지역마다 독특하게 발달되어 왔다.

예로부터 북쪽 지방 사람들은 설날에 만둣국을 먹었던 것에 비해 남쪽 지방에서는 떡국을 먹었다. 주식으로 북쪽 산간지방은 밭농사로 인해 조밥이나 기장밥 등의 잡곡밥을 먹었고, 논농사가 가능했던 남쪽 지방에서는 쌀밥이나 보리밥을 먹었다. 부식으로 산간지방에서는 김치류, 산채류 등을 이용하였고, 해안이나 도서지방에서는 싱싱한 어패류나 해초류를 이용한 음식을 즐겼다. 북쪽으로 갈수록 음식의 맛은 싱겁고 매운맛이 덜하며, 음식의 크기도 큼직하고 양도 푸짐한 편이다. 남쪽으로 갈수록 음식의 맛은 짜고 매운맛도 강하여 그만큼 젓갈과 조미료를 많이 쓰는 경향이 나타난다.

그 지역의 자연환경과 정치, 경제, 문화의 영향을 받으면서 정착된 지역 고유의 향토음식 중 특히 서울, 개성, 전주의 음식은 가장 화려하고 다양하다. 그러나 사회 경제적 발전으로 인적 및 물적 교류가 많아지면서 고유한 향토음식은 다른 곳으로 전파되기도 하고 변화하여 보편화되어 가는 경향을 보이기도 한다.

그림 3-4 구절판

서울 음식 서울은 조선시대 초기부터 500년 이상 도읍지였으므로 전국 각지에서 올라온 여러 가지 재료를 활용하여 화려하고 다양한 음식을 만들었다. 양념을 곱게 다져서 쓰고 짜지도 맵지도 않은 중간 정도의 간을 한다. 궁중 음식문화가 이어지고 왕족과 양반이 많이 살았기 때문에 격식을 중시하고 맵시를 중요시하여 음식은 크기가 작고 모양을 예쁘게 하여 멋을 내었고 음식의 양은 적으나 가짓수는 많았다.

대표 음식으로는 설렁탕, 장국밥, 임자수탕, 신선로, 너비아니구이, 탕평채, 구절판, 갈비찜, 두텁떡, 약식, 다식, 제호탕, 식혜 등이 있다.

경기도 음식 경기도 지방은 개성을 포함하여 서울에 가까이 있고 산과 바다가 접해 있어 산나물, 해산물, 농산물 등 여러 가지 식품이 고루 생산되어 음식이 다양한 편이다. 개성을 제외하고는 소박하고 양이 많으며 음식의 간이나 양념은 서울 음식과 비슷한 편이다.

고려의 수도였던 개성은 그 시대의 음식문화가 남아 있어 사치스럽고 호화로우며 음식을 만들 때 공을 많이 들이고 재료도 다양하게 사용된다. 개성지방의 전통음식인 변씨만두가 있는데 편수라고도 부른다. 편수는 찬 닭고기 국물에 띄워 먹기도 하고, 국물 없이 초간장에 찍어먹기도 하며 주로 설 명절에 많이 먹었던 세시음식이기도 하다.

대표 음식으로는 조랭이떡국, 홍해삼, 개성주악, 개성편수, 보쌈김치, 닭젓국 등이 있다.

강원도 음식 강원도는 지역에 따라 기후와 지형이 다르기 때문에 식품의 이용에도 차이가 있다. 산악이나 고원지대에는 옥수수와 산채, 메밀, 감자, 도토리 등이 많이 생산되었고 영동해안 지방은 오징어, 명태, 김 등의 싱싱한 해산물이 풍부하여 이들을 이용한 음식들이 많다. 육류나 젓갈을 적게 쓰고 멸치나 조개를 넣어 음식의 맛을 내기 때문에 맛이 사치스럽지 않고 극히 소박한 것이 특징이다.

대표 음식으로는 메밀막국수, 감자송편, 감자떡, 곤드레밥, 강냉이밥, 오징어순대, 황태구이, 도토리묵, 올챙이국수 등이 있다.

충청도 음식 충청도 지방은 서해안에 접하고 있어 해산물이 풍부하고 내륙 지방으로 쌀, 보리 같은 곡물, 채소, 민물고기 등이 많이 생산된다. 충청도 음식은 평범하고 꾸밈이 별로 없는 소박한 것이 특징이다. 양념은 많이 쓰지 않고 자연 그대로의 맛을 살리고 있으며 맛도 순하고 음식의 양도 많은 편이다.

대표 음식으로는 청국장찌개, 제육고추장구이, 호박범벅, 장떡, 다슬기국, 청포묵, 게

국지김치, 석박지 등이 있다.

전라도 음식　전라도는 풍부한 곡식과 해산물, 산채 등 재료가 다양하여 다른 지방보다 음식의 종류가 많고 화려하며 전주, 광주를 중심으로 매우 정성을 들여 사치스러운 음식이 발달되어 왔다. 반찬 가짓수가 많은 상차림이 유명하고, 기후가 따뜻하여 음식의 간이 센 편이고 다양한 젓갈을 이용하여 감칠맛이 강하며 매운 것이 특징이다.

대표 음식으로는 전주비빔밥, 콩나물밥, 추어탕, 홍어찜, 고들빼기김치, 갓김치, 부각, 미나리 강회 등이 있다.

경상도 음식　경상도는 바다를 접하고 있어 해산물이 풍부하여 회를 즐기며 싱싱한 생선으로 국을 끓이는 경우도 있다. 곡물음식 중에는 국수를 즐기는데, 날콩가루를 섞어서 만드는 칼국수가 유명하다. 음식은 멋을 내거나 사치스럽지 않고 소박하며 맛은 대체로 짜고 맵게 하여 간이 센 편이다.

대표 음식으로는 진주비빔밥, 헛제사밥, 통영비빔밥, 닭칼국수, 건진국수, 재첩국, 깻잎김치, 미더덕찜, 안동식혜, 모시잎송편 등이 있다.

제주도 음식　제주도 지방은 농산물 중 쌀은 거의 생산되지 않으며, 잡곡이 주로 생산된다. 특히 고구마, 감귤, 전복 등은 제주도의 중요한 산물이다. 제주도 음식은 양념을 많이 쓰지 않으며 반찬 가짓수가 적고 조리법이 간단한 음식이 많다. 또한 재료의 맛을 그대로 살리기 때문에 여러 가지 재료를 섞어서 음식을 만드는 경우는 별로 없다. 간은 대체로 짠 편이고 된장으로 맛을 내는 경우가 많으며, 회, 국, 죽을 많이 먹는데 수육으로는 주로 돼지고기와 닭고기를 많이 사용한다.

대표 음식으로는 전복죽, 옥돔죽, 고사릿국, 갈치호박국, 자리물회, 옥돔구이, 해물뚝배기, 초기전(표고버섯전), 해물김치 등이 있다.

황해도 음식　황해도 북부 지방은 곡창지대로 쌀과 잡곡이 풍부하게 생산된다. 음식은 담백하며 기교를 부리지 않아 소박하며 큼직하고 푸짐하다. 김치에는 독특한 맛을 내는 향신료를 사용하기도 한다. 김치의 맛은 맵지 않고 맑고 시원하며, 동치미국물을 넉넉히 하여 겨울에는 냉면국수나 찬밥을 말아서 먹기도 한다. 지금도 유명한 해주비빔밥은 밥을 기름에 살짝 볶아서 고기, 콩나물, 미나리, 버섯, 도라지 등을 얹어 고추장이 아닌 간장에 비벼 먹기 때문에 담백하며 깔끔한 맛을 자랑한다.

대표 음식으로는 김치말이, 호박만두, 잡곡밥, 행적(배추김치누름적), 연안식해, 순두부, 동치미, 되비지탕 등이 있다.

그림 3-5 백김치

평안도 음식 평안도의 자연환경는 기후가 춥고 산세가 험하나, 서해와 접하고 있어 해산물이 풍부하다. 예부터 중국과의 교류가 많은 지역으로 진취적이고 대륙적이어서 음식은 먹음직스럽고 큼직하며 푸짐하게 만드는 것이 특징이다. 메밀과 감자가루로 냉면과 만두 등을 만드는데, 겨울에는 냉면, 여름에는 뜨거운 장국의 어복쟁반을 즐겨 먹는다. 추운 지방이라서 기름진 육류 음식을 즐겨 먹고 음식의

북한의 음식

남북이 분단된 이래 우리는 북쪽의 음식을 접할 기회가 그리 많지 않았다. 1980년대 이후 간간이 시도되었던 북한 방문을 통해 북한 음식을 맛보게 되었고 오늘날 우리는 북한에서 생산한 나물, 생수 등 북한 음식에 대한 관심이 높아지고 있다.

우리가 삼복더위에 보신을 위해 먹는 삼계탕을 대부분의 북한 사람들은 모른다. 북한에서는 닭곰이라고 부르기 때문이다. 북한에서 닭곰은 식당에서 파는 음식이 아닌, 집에서 환자를 위해 특별히 만들어 주는 음식이다. 'OO곰'은 몸보신 음식이라는 의미이다. 가장 많이 먹는 보신 음식은 닭곰과 토끼곰 이외에 개곰도 있고 새끼돼지곰도 있다. 이렇게 만든 곰들은 그야말로 푹 삶아 만들기 때문에 뼈까지 흐물흐물해져 버리는 것 없이 거의 다 먹게 된다.

평양 전통음식에 칠향닭찜이 있다. 표고버섯, 밤, 은행, 대추, 도라지, 계피, 생강 등 일곱 가지 향을 넣었다고 해서 붙여진 이름이다. 우리의 삼계탕과 유사하지만 인삼 대신 도라지를 넣고, 삶지 않고 중탕으로 푹 쪄내는 차이가 있다. 역사적으로 이순신 장군으로부터 비롯되었다고 하는데 임진왜란 때 전쟁에서 승리하면 병사들에게 하사했다는 일화가 있다.

어복쟁반

어복(어북)쟁반은 평양과 평안도 지방에서 유명한 고기요리의 하나이다. 어복은 암소의 뱃살을 뜻하는 말로 뱃살쟁반이라고도 부른다. 어복쟁반 상차림은 쟁반 가운데 양념장을 놓고 더운 국물과 김치를 곁들이거나, 쟁반 가운데 양념한 메밀국수를 놓기도 하여 어복쟁반국수라고도 부른다. 이 음식은 상당히 화려하고 맛도 좋으며 특히 여름철에 인기가 많다.

간은 대체로 심심하고 맵지도 짜지도 않다.

대표 음식으로는 평양냉면, 어복쟁반, 온반, 만둣국, 노티(잡곡가루전병), 백김치, 동치미, 녹두부침 등이 있다.

함경도 음식 함경도는 우리나라 최북단에 위치하며 험악한 산간지대여서 주로 밭농사를 한다. 특히 잡곡을 풍부하게 생산하여 기장밥, 조밥 등 잡곡밥을 주식으로 하고 동해안과 접해 있기 때문에 명태, 고등어, 정어리, 청어, 대구, 연어 등이 풍부하다. 음식의 모양이 큼직하고 장식이나 기교를 부리지 않아 사치스럽지 않다. 음식의 간은 싱겁고 담백하지만, 고추와 마늘 등 양념을 많이 써서 강한 맛을 즐기기도 한다.

대표 음식으로는 가자미식해, 가릿국(고기국밥), 회냉면, 동태순대, 도루묵식해, 동태매운탕, 감자막가리만두 등이 있다.

⑦ 계절에 따른 음식문화

농경 중심의 생활을 해 온 우리나라는 예부터 세시풍속이 발달하였다. 세시풍속에 관한 내용은 『경도잡지』, 『열양세시기』, 『동국세시기』 등의 문헌을 통하여 볼 수 있는데, 세시풍속에는 제철의 재료로 만들어 먹는 특별한 음식도 함께 하였다. 시절음식 및 그와 관련된 세시풍속은 각종 농작물의 성장과 수확, 기후의 변화에 따라 해마다 되풀이되는 일상생활에 활력과 휴식을 주는 의미가 있을 뿐 아니라 농사의례나 조상숭배, 재앙을 예방하는 액막이, 보양을 위한 목적도 있었다.

시절음식에는 크게 절식과 시식이 있는데 절식은 설날, 추석 같은 명절이나 특별한 날에 먹는 음식이며 시식은 계절에 따라 생산되는 재료를 사용하여 만들어 먹는 음식으로 봄시식, 여름시식, 가을시식, 겨울시식 등으로 나뉜다.

궁중에서의 명절은 민가에서처럼 크게 치러지지는 않았다고 한다. 궁에서 가장 으뜸으로 치는 명절은 정월 초하루와 정월 대보름이었다. 궁에서는 일 년 내내 끊임없이 갖가지 잔치와 제사 등이 행해지기 때문에 일반 사가에서처럼 큰 행사로 치지 않았다고 하며, 임금이나 높으신 어른들의 탄생일도 명절에 포함되었다고 한다.

표 3-2 절식과 시식의 종류

월	절기	내용	대표 음식
1월	정월 초하루	새해 첫날로 설, 원단(元旦)이라고 하며 차례상과 세배, 손님을 대접하기 위한 세찬을 준비함	떡국, 만두, 약식, 수정과, 식혜 등
	입춘	24절기 중 첫 절기. 입춘에는 갓 돋아난 씀바귀, 달래 등의 푸성귀로 오신반 등을 만들어 먹음	달래, 냉이, 죽순찜 등
	정월 대보름	첫 보름달이 뜨는 날로 상원(上元)이라고도 하며, 한 해 농사의 풍요를 기원하는 행사가 열림	오곡밥, 묵은 나물, 귀밝이술, 부럼 등
2월	중화절	음력 2월 초하루. 농사의 시작을 기념하는 명절로 한 해 수고할 노비에게 송편을 나누어 줌	노비송편
3월	삼짇날	음력 3월 3일은 봄을 맞아 꽃놀이를 하고, 들에 나가 자연 속의 음식을 먹고 화전놀이 등을 즐김	진달래화전, 과하주, 두견화주 등
	한식	동지에서 105일째 되는 날로 이날은 불을 쓰지 않는 찬 음식을 먹고 성묘, 제사를 지냄	술, 과일, 포, 식혜, 떡, 국수, 탕, 적 등
4월	사월 초파일	음력 4월 8일로 석가의 탄생일을 기념하는 불가의 대표적 명절	미나리강회, 느티떡, 화전, 시루떡 등
5월	단오절	음력 초닷새로 한 해 중 가장 양기가 왕성해 풍년을 기원하는 행사가 치러졌음	제호탕, 쑥떡, 앵두편, 수리취떡 등
6월	유두절	음력 6월 보름에 동쪽으로 흐르는 물에 머리를 감고 물놀이를 하면 여름에 더위를 먹지 않는다고 하였음	떡수단, 증편, 밀쌈, 상추쌈, 편수 등
	삼복	무더위가 극에 달하는 초복, 중복, 말복을 통틀어 말하며 보신을 목적으로 하는 음식을 먹음	개장국, 삼계탕, 임자수탕, 육개장 등
7월	칠석	음력 7월 7일, 견우와 직녀가 만나는 날. 볕이 좋을 때 옷과 책을 말리고 우물을 퍼내어 청결히 함	밀전병, 밀국수, 취나물 등
	중원	음력 7월 보름인 이날은 백중이라고도 하며 조상의 혼을 천도하는 제사를 지냄	햇과일, 산채나물, 떡, 어리굴젓, 게장 등
8월	한가위 추석	음력 8월 보름으로 가장 큰 명절 중의 하나로 수확의 기쁨을 조상께 감사하는 제사를 지냄	송편, 토란탕, 햇과일, 율란, 조란 등
9월	중양절	음력 9월 9일로 삼짇날 왔던 제비가 강남으로 돌아가는 날로 깊어 가는 가을을 즐기며 음식을 먹었음	국화전, 국화주, 도루묵찜 등
10월	상달	음력 10월 초닷새, 햇곡식으로 제상을 올려 감사하고 가족의 평안을 기원함	팥시루떡, 열구자탕, 신선로, 국화전, 연포탕 등
11월	동지	낮이 가장 짧은 날로 팥죽에 찹쌀 새알심을 빚어 나이대로 넣어 먹고 대문에 뿌려 나쁜 기운을 막음	동지팥죽, 동치미, 수정과, 타락죽 등
12월	섣달 그믐	1년을 마지막으로 보내는 날로 해를 넘기지 않는다고 하여 하던 일을 끝내는 풍습이 있음	골동반, 식혜, 족편, 주악, 정과 등

3) 대표 음식

비빔밥 밥에 갖은 나물과 소고기, 고명을 올려 고추장을 넣고 비벼 먹는 음식이다. 옛날 궁중에서는 골동반이라 하여 점심때나 종친이 입궐하였을 때 먹었으며, 일반에서는 섣달 그믐날에 먹었다.

김치 배추, 무 등의 채소를 소금에 절여서 젓갈류, 양념, 향신료 등을 넣어 버무려 익힌 저장발효음식으로 배추김치, 무김치, 물김치, 섞박지 등이 있다.

설렁탕 소의 뼈, 고기 등 여러 부위를 물에 넣고 오래도록 푹 고은 음식이다. 곰탕과 다른 점은 살코기 이외에 뼈를 넣고 고와서 국물이 뽀얗고 진하며 맛이 담백한 것이 특징이다.

불고기 소고기를 얇고 넓게 저며서 채소와 함께 갖은 양념을 넣고 미리 재워 두었다가 뜨거워진 불판에 구워 먹는 음식이다. 불고기는 고구려인이 즐기던 맥적에서 유래된 것으로 설야멱적에서 너비아니로 발전하여 지금의 불고기가 되었다.

냉면 칡, 메밀, 감자, 고구마 등의 다양한 가루를 이용하여 차게 식힌 국물에 말거나 양념장에 비벼 먹는 국수로 오이, 무, 배, 고기, 삶은 달걀 등으로 장식을 한다.

쌈 밥이나 고기 등을 채소에 얹어 싸 먹는 요리로 상추, 배추, 치커리, 쑥갓, 깻잎, 호박잎 등 다양한 쌈 채소들이 있다.

전 육류, 어패류, 채소류 등의 재료를 다지거나 얇게 저민 다음 밀가루와 달걀로 옷을 입혀 기름에 지지는 음식으로 생선전, 표고전, 파전, 녹두전 등이 있다.

떡 곡물가루를 반죽하여 찌거나 삶아 익힌 음식으로 송편, 시루떡, 백설기, 인절미, 경단, 절편 등이 있다.

수정과 생강과 계피를 달인 물에 설탕이나 꿀을 타고 곶감, 잣 등을 넣은 음료이다.

막걸리 찹쌀, 멥쌀, 보리 등을 쪄서 누룩과 물을 섞어 발효시킨 고유의 술로 탁주, 농주라고도 한다.

비빔밥	불고기	김치
설렁탕		냉면
전 (파전)	쌈	막걸리
	떡	

4) 식사예절

무릇 예의 시초는 음식에서 시작된다고 하여 우리의 식사예절은 다른 어떠한 예절보다 앞서서 일깨웠다. 『소학小學』에는 "입에 맛있는 것과 몸에 좋다는 것만 골라 먹고 마셔서 배만을 채우면 인욕人慾에 머물게 되니 이치에 어긋나지 않게 절도 있게 먹고 마시어 사람으로 하여금 천리에 이르게 해야 한다."라고 하였다.

다음은 이덕무의 『사소절』(1775)에 나오는 식사예절로 식사 전, 식사 중, 식사 후로 나누어 언급하고 있다.

- 아무리 바쁜 일이 있더라도 밥상이 나오면 즉시 들어야 한다.
- 지체해서 음식이 식거나 먼지가 앉게 해서는 안 된다.
- 아무리 성낼 일이 있더라도 숟가락과 젓가락을 왈칵 놓지 말고, 한숨도 쉬지 말라.
- 밥이나 국이 아무리 뜨거워도 입으로 불지 말고, 젓가락으로 소반을 두드리지 말고, 숟가락이 그릇에 부딪혀 소리 나지 말아야 한다.
- 너무 크게 싸서 입안에 넣기가 어렵게 하지 말라. 볼이 크게 부르게 하는 것은 예절에 벗어난다.
- 물을 마실 때는 꿀꺽꿀꺽 소리 나게 하지 말라.
- 부스러기를 혀로 핥지 말고 국물을 손가락으로 찍어 먹지 말고 음식을 입에 넣고서 웃음을 터뜨리지 말라.
- 음식을 먹을 때는 배에 알맞게 먹어서 남은 것이 없게 하고, 특히 밥을 다 먹고 난 후 그릇에 물을 부어 한 톨의 쌀이라도 버려서는 안 된다.
- 너무 서둘러서 먹거나 지나치게 늦게 먹지 않고 먼저 식사가 끝났을 때는 주발에 수저를 걸쳐 놓았다가 어른이 식사를 마친 후 수저를 처음 위치에 가지런히 놓는다.
- 식사가 끝나면 반드시 수저를 정돈하여 수저 끝이 상 밖에 나오지 말아야 되는데, 이는 상을 물릴 때, 문설주에 닿아 떨어질까 보아서이다.
- 수시로 이쑤시개를 가지고 이를 쑤시어 이에 낀 찌꺼기를 제거함으로써 입 냄새를 없애고 벌레 먹는 것을 방지해야 한다.

이후 19세기에 나온 『규합총서』(1809)에는 '식시오관食時五觀'이라 하여 사대부가 식사 때 지켜야 하는 구체적인 내용이 적혀 있다.

• 노력이 얼마나 있었는지를 살펴서 음식이 어디서 왔는가 생각하여 보라.
• 충효와 입신의 뜻을 살펴서 음식의 맛을 너무 따지지 말라.
• 마음을 다스려서 과하게 하지 말고 탐내지도 말라.
• 음식을 좋은 약으로 생각하여 모양에 너무 치우쳐 먹지 말라.
• 군자로서의 도리를 다한 후에 음식을 받아먹어라.

조선 후기의 사대부들이 지켰던 음식에 대한 규범은 학문에 대한 실천으로 강요된 점도 있었지만 선비들의 검소한 정신이 담겨있기 때문에 먹을거리가 풍족해진 요즈음 우리에게 의미하는 점도 많다.

한국 음식문화에 대한 요리서

우리의 음식문화를 지켜올 수 있었던 것은 한국 음식에 대해 공부하고 이를 기록해 남긴 조상들의 노력이 있었기 때문이다. 조선시대에 학자들은 음식문화 기록에 관심이 많아 유학자뿐 아니라 의관, 실학자들도 음식관련 서적을 집필하였는데 실학은 우리 음식의 발달에 큰 영향을 미쳤다. 『임원십육지』(1827)를 쓴 서유구나 『산림경제』(1715년경)를 집필한 홍만선도 실학자였고 『도문대작』(1611), 『수운잡방』(1500년대 중반), 『산가요록』(1400년대 중반)은 남성학자들에 의해 씌어진 고조리서들이다. 또한 여성들에 의해 집필된 『음식디미방』, 『규합총서』, 『조선요리제법』 등도 우리 음식문화를 이해하는 데 꼭 필요한 고요리서들이다.

『음식디미방』은 1670년경 안동 장씨에 의해 씌어졌는데 여성이 순 한글로 정확한 조리법을 기록해 놓은 요리책으로 최고(最古)의 요리서로 인정받고 있다. 조선 중기 요리법을 보여주는 『음식디미방』에는 총 146가지의 조리법이 재료에 따라 정리되어 있고 술에 관한 항목이 매우 많아 사대부가에서 가양주를 담그는 일이 얼마나 중요한 일이었는가를 짐작해 볼 수 있다.

『규합총서』는 빙허각 이씨가 1809년에 집필한 조선시대 최고(最高)의 한글판 가정생활 대백과사전이라 할 수 있다. 빙허각 이씨는 서유본의 처로 『임원십육지』의 저자인 서유구의 형수이다. 총명함이 뛰어나 15세에 저술에 능하였고 한문학에도 재주를 보여 서유구가 초년에 형수인 이씨 부인에게서 글을 배웠다고 한다. 이 책에는 음식의 조리법만 아니라 음식에 대한 철학도 제시되어 있는데 사대부들이 음식을 어떻게 대해야 하는지 소상하게 적혀 있어 당시 여성사대부의 품격을 엿볼 수 있게 한다.

1917년에 발간된 방신영의 『조선요리제법』은 연대상 고요리서로 보기에 무리가 있지만 우리나라 음식 전반을 체계적으로 정리하고 마지막에 식단표까지 정리한 과학적인 조리서로 45년간 16판을 낼 정도로 증보를 거듭하면서 과학적인 체계를 갖추게 되었다. 또한 이 책은 단순히 우리 음식을 만드는 법만 가르치는 것이 아니라 우리의 문화와 전통을 후대에 전하여 발전시키고자 하는 사명감으로 저술되었다고 볼 수 있다.

2. 중국 *China*

- 국가명 : 중화인민공화국
- 수도 : 베이징
- 면적 : 960만 km^2
- 언어 : 한어(漢語)
- 민족 : 한족, 기타
- 인구 : 13억 5570만 명(2104)
- 종교 : 도교, 불교, 기독교, 이슬람교

1) 식생활 배경

중국의 면적은 한반도의 약 44배로 아시아 면적의 4분의 1을 차지하고 있고, 러시아와 캐나다, 미국 다음으로 세계 제4위의 국토와 세계 최대의 인구를 가진 나라이다. 국토는 남북 간의 위도 차이가 49°, 동서 간의 경도 차이가 60° 정도로 광활하여 남북 5,500 km, 동서 5,200 km에 달한다. 행정구역은 간쑤·광둥·산둥·타이완 등 23개 성省과 티베트·네이멍구 등 5개 자치구自治區, 베이징·상하이·충칭·톈진 등 4개 직할시直轄市, 마카오·홍콩 등 2개 특별행정구特別行政區로 이루어져 있다.

중국의 기후는 최남단의 열대에서 서부의 건조기후, 동북의 냉대에 이르기까지 지구상의 다양한 기후가 대부분 나타나고, 지형 고도면에서도 동부 저지대에서부터 서부 8,000 m급 고산지에 이르기까지 차이가 크다. 중국의 기후는 열대우림에서 냉대에 이르기까지 종류가 매우 많고 다양하다. 남부는 열대다우, 중부는 온대다습, 서부는 온대건조, 북부는 냉대기후에 속한다. 중국 기후의 주요 특징은 대륙성 계절풍의 영향으로, 매년 9월부터 다음 해 4월까지는 건조하고 한랭한 겨울 계절풍이 시베리아와 몽고고원으로부터 불어와 남북 온도차가 매우 심하다. 매년 4월부터 9월까지는 온난하고 다습한 여름 계절풍이 동부와 남부의 해양으로부터 불어와 보통 후덥지근하고 비가 많이 내리며 남북 온도차는 적은 편이다. 강수량은 동남부에서 서북부로 점차 감소하며, 각 지역의 평균 강수량은 차이가 매우 크다.

2) 식생활 문화

(1) 일반적 특징

4000년의 유구한 역사와 광대한 대륙으로 상이한 기후 풍토와 생산물을 가진 중국은 각 지방에 따라서 특징 있는 요리가 발달되어 왔다. 중국 요리는 색채의 배합을 일본 요리나 서양 요리처럼 중요시 하지 않아서 얼핏 보기에 화려하지는 않으나 미각의 만족에 그 초점을 두고 있어서 오미五味의 배합이 발달되어 조화를 이루어 백미향百味香이라고 했으며 농후濃厚한 요리와 담백한 요리가 각각 복잡 미묘한 맛을 지니고 있다.

동식물 유지를 잘 활용하여 식단에 있어서도 농濃, 담淡의 배합이 잘되어 있고 식재료를 다양하게 고루 사용하고 있어 맛뿐만 아니라 영양상으로도 이상적이다. 또 높은 온도에 단시간으로 조리하여 재료의 특성을 살리면서 처리하는 것이 많은데, 이러한 방법은 영양소의 손실을 적게 하고 있다. 요리를 담는 형태도 한 그릇에 수북이 담아서 풍성한 여유를 느끼게 하고, 한 그릇에 담긴 것을 여럿이 나누어 먹으므로 친숙한 분위기를 만든다. 이렇게 풍부하고 변화 많은 중국 요리는 젊은이로부터 노인에 이르기까지 좋아하는 맛, 합리적이며 간단한 조리법, 게다가 경제적이며 영양가도 높다는 점으로 인해 세계 각국에서 대중화되어 가고 있다.

중국에서는 5000년 이상의 세월 동안 조리법만도 40여 종이 넘게 발달하였다. 기본적인 조리법으로는 볶는 것, 튀기는 것, 조리는 것, 찌는 것을 들 수 있으며 튀긴 후 볶거나 찐 것을 다시 조리하는 등의 조리법이 병용되는 경우가 많다. 맛을 낼 때도 '불로장수'不老長壽 사상에 따라 오미, 즉 신맛, 쓴맛, 단맛, 매운맛, 짠맛을 조화롭게 사용하는데 이 오미가 인간의 오장(간장, 심장, 비장, 폐, 위장)을 보양한다고 여겼기 때문이다. 또한 일물전체식一物全體食, 즉 한 가지 식품을 전부 먹는 것이 건강에 좋다고 하여 어떤 재료라고 남기는 법이 없다. 예를 들어, 생선이라면 머리부터 꼬리까지, 채소라면 잎부터 뿌리까지 통채로 먹는 것이 좋다는 것이다. 같은 재료라도 요리법을 달리하여 내놓고, 100여 종의 향신료를 사용하여 다양한 맛이 서로 균형을 이루도록 한 것도 중국 식문화의 특징이다.

광대한 중국 대륙에서 한민족에 동화되어 가며 다채로운 민족 요리를 기반으로 하는 중국 식문화는 지역 차이가 크고, 지방마다 식재료와 조리법이 다르다. 이 때문에 중국 식문화에서 공통되는 특징을 찾아내는 것은 어렵다. 원대 이후 중국에서는 불을 이용한 따뜻한 식사를 하는 것이 중시되어 왔기 때문에, 다른 나라 음식에 비해 강한 화력을 이용하는 특징이 있으며, 기름(라드 등)을 이용하는 요리가 많다. 익히지 않은 채소를 이용하거나 차가운 요리는 비교적 적은 편이며 대륙의 특성상 어패류는 담수어를 식재료로 사용하는 경향이 많다. 불교의 영향으로 채소만을 이용한 음식도 있고, 이슬람교의 영향을 받아 돼지고기 등을 이용하지 않는 요리도 있어 매우 다양한 식문화 특징을 가지고 있다.

일반적으로 "중국 사람은 다리가 2개인 것 중에 사람, 4개인 것 중에는 책상, 달리는 것 중에는 자동차, 하늘을 나는 것 중 비행기 이외에는 무엇든지 먹을 수 있다."라는 말이 나올 정도로 다양한 식재료를 사용한다. 또한 조리 방법이 매우 다양하여 볶는 조리법만해도 여러 가지 기법과 함께 시간과 화력을 조절하여 볶는 방법이 10종류 이상이고, 여기에 다양한 조미료로 변화를 주면 채소 한 가지를 가지고도 100종류 이상의 음식을 만들 수 있다.

(2) 지역별 특징

매우 광대한 지역으로 이루어진 중국은 지역적으로 서로 다른 음식 습관이 형성되어 있다. 중국 요리의 유파를 구분하는 방식은 매우 다양하여 8대 요리 구분법으로 쓰촨四川, 장쑤江蘇, 광둥廣東, 산둥山東, 푸젠福建, 베이징北京, 후난湖南, 안후이安徽 등으로 구별하나, 일반적으로는 지역적인 특징에 따라 크게 베이징, 상하이上海, 광둥, 쓰촨의 네 지역으로 나눈다.

① 베이징요리

징차이京菜라고도 한다. 베이징을 중심으로 타이완섬까지를 말하며 기후는 한랭기후대에 속한다. 오랫동안 중국의 수도였던 이유로 고급요리와 호화스러운 장식을 한 요리가 발달하였다. 또한 지리적으로 한랭한 북방에 위치하여 높은 열량을 요구하기 때문에 육류를 이용한 튀김과 볶음요리가 많다. 음식은 신선하고 부드러우며 짜지 않고 달지 않으며 시지 않고 맵지 않은 담백한 맛의 특징을 지닌다. 식재료는 화북평야의 광대한 농경지에서 생산되는 밀가루와 과일 그리고 풍부한 각종 농산물이 주재료이며, 정치 및 권력의 중심지로서 각 지역의 희귀한 재료들이 모여든다. 북방민족인 만큼 연료로 루메이爐煤라는 화력이 강한 석탄을 사용하기 때문에 짧은 시간에 조리하는 튀김요리나 볶음요리 등 농후한 요리가 발달하였다. 대표적인 음식으로 베이징 카오야北京烤鴨, 자장면炸醬麵, 만두, 교자餃子 등이 있다.

그림 3-6 중국의 행정구역

② 상하이요리(난징요리, 南京料理)

중국의 중심인 상하이上海와 난징南京이 중심인 지역으로 양쯔강으로 인해 토지가 비옥하며 온대성 기후이다. 19세기부터 유럽의 대륙 침입의 영향을 받아 상하이 지역이 교역의 중심이 되자 난징요리는 구미풍으로 발전하여 동서양 사람들의 입에 맞도록 변화, 발전되었는데 이를 상하이요리라 한다. 비교적 바다가 가깝고, 양쯔강 하구 난징을 중심으로 발전하였기 때문에 해산물과 미곡이 풍부하여 이를 바탕으로 한 요리가 중심이 되고 있다. 주된 조리법은 간장과 설탕을 많이 써서 달고 농후한 맛을 내며, 요리의 색상이 진하고 선명한 색채를 낸 화려한 것이 많다. 대표적인 음식은 팔보채八寶菜, 푸룽칭세芙蓉青蟹, 동파육东坡肉, 화쥐안花捲, 하자대오삼蝦子大烏參 등이 있다.

③ 광둥요리

난차이南菜라고도 한다. 아열대성 기후인 중국 남부의 광저우廣州를 중심으로 한 요리의 총칭이다. 일찍부터 서구문화의 영향으로 국제적인 요리관이 정착하여 서양요리법이 결합된 독특한 특성을 가지고 있다. 아열대에 위치하는 만큼 식재료가 매우 풍부하다. 주로 사용되는 식재료는 소고기, 서양 채소 등 서양 요리의 재료와 조미료, 해산물과 생선이며, 자연이 지니고 있는 맛을 살리기 위하여 살짝 익히고 기름도 적게 사용하여 부드럽고 담백하며, 느끼하지 않다. 대표적인 음식으로 딤섬點心, Dimsum, 차사오叉燒, 사오마이燒賣, 피옌피루주片皮乳猪, 구라오러우咕咾肉, 차오판炒飯, 불도장佛跳墻 등이 있다.

④ 쓰촨요리

촨차이川菜라고도 한다. 여름에는 덥고, 겨울에는 추우며 낮과 밤의 기온차가 큰 중국의 서방 양쯔강 상류의 산악지방과 쓰촨을 중심으로 한 윈난雲南, 구이저우貴州 지방의 요리를 말한다. 바다가 멀어서 저장식품인 소금 절이한 생선 등 보존식품이 발달하였고, 더위와 추위를 이겨내기 위하여 매운 고추, 마늘, 생강, 파 등을 사용하는 요리가 많다. 맵고 짜지만 느끼하지는 않아서 우리의 입맛에도 가장 잘 맞는다. 식재료로 마른 해산물 및 소금에 절인 농산물이나 해산물, 암염(소금), 두부, 지방질이 많은 고기 등을 많이 이용하며, 주로 자극적인 향신료와 식재료를 사용하여 강한 향기와 신맛, 톡 쏘는 매운 맛을 낸다. 중국식 김치가 유명하고 전채로 몇 종류씩의 김치를 내는 것이 특징이며, 채소와 육류를 이용한 볶음이나 찜요리가 많다. 대표적인 음식으로 마파두부麻婆豆腐, 산라탕酸辣湯, 양러우궈쯔羊肉鍋子, 간샤오밍샤干燒明蝦 등이 있다.

(3) 중국의 일상식과 시절음식

① 일상식

식사는 밥, 국수, 죽과 같은 곡물 위주의 주식류인 판飯과 고기와 채소, 생선 등인 부식류인 차이菜로 이루어진다. 밥은 개인별로 제공되지만 부식은 큰 접시에 담아 식탁의 가운데 놓고 모두 같이 먹는다. '아침은 가볍게, 점심은 배부르게, 저녁에는 좋은 것을 먹는다.'는 생각을 가지고 있다. 아침으로는 간소하게 죽이나 간편한 판 위주로 하며, 아침에도 외식外食을 하는 경우도 많다. 보통 죽이나 만두, 바오쯔包子, 샤오빙燒餅

또는 젠빙煎餠을 먹는다. 지역별로 북방 지역에서는 죽 대신 뜨거운 콩국과 유탸오油條라고 하는 밀가루를 기름에 튀긴 빵, 그리고 불에 구운 샤오빙이라고 하는 빵을 먹고, 남방 지역에서는 죽 대신 찹쌀밥을 주먹밥처럼 만든 누오미투안糯米团 등을 먹는다. 점심은 아침보다 풍성한 편이며 곡물 음식에 차이가 곁들여진다. 주식은 쌀밥이나 면류로 삼채일탕三菜一湯, 즉 육류, 생선류, 채소류, 그리고 탕류 등 주로 4가지의 요리로 준비해서 먹는다. 저녁식사는 음식의 종류와 양이 상대적으로 많아져 주식 이외에 5, 6종류의 요리가 더해지며 육류와 생선, 기름진 음식이 보통이다.

② 시절음식

춘절(春節) 음력으로 1월 1일로 설날의 개념이다. 북쪽 지방에서는 자손의 번창과 복이 깃들기를 바라며 춘절교자라는 밀로 만든 만두를 먹는다. 신년에 먹는 만두에는 무사고를 비는 의미의 두부와 배추, 행복한 생활을 의미하는 사탕, 자손번창을 바라는 대추, 남아선호를 바라는 땅콩, 장수를 바라는 국수 등과 먹지는 않지만 재운을 바라는 동전 등을 넣는다. 남쪽 지방에서는 찹쌀가루로 떡을 만들어 나누어 먹는다. 이 떡에는 무, 새우, 표고버섯 등을 넣어 만든다.

원소절(元宵節) 음력 1월 15일로 우리나라의 정월 대보름에 해당한다. 원소元宵를 먹는 것이 중요한 풍속으로 원소는 쌀가루를 물에 이겨 둥글게 만들어 기름에 튀긴 둥근 모양의 과자로 원소절에 먹는다. 살구씨 또는 복숭아씨를 넣기도 한다. 소를 넣어서 만드는 등 지역마다 만드는 방법에 차이가 있지만 그 모양이 동그란 것은 가정의 화목과 단란함을 상징한다.

한식 동지 후 105일째 되는 날로 '숙식절熟食節', '냉절冷節'이라 하여 불을 쓰지 않고 만들어 두었던 찬 음식을 먹는다.

중추절(中秋節) 음력으로 8월 15일이며 월병月餠을 먹는다. 월병은 밀가루를 주재료로 한 반죽으로 껍질을 만들고 팥소와 말린 과일을 넣어 구운 과자로, 중추절 밤에 빚어 먼저 달에 올린 후 주변 사람에게 추석선물로 주는 풍습이 있다.

그림 3-7 월병

중국의 정찬식

중국 음식에서는 식단구성(메뉴)을 채단(菜單)이라고 하며, 음식의 종류를 짝수로 맞추어 상차림의 격식을 갖춘다. 메뉴는 크게 전채(前菜), 두채(頭菜), 주채(主菜), 탕채(湯菜), 면점(面点), 첨채(甛菜), 과일로 구성되어 있으며 코스상차림으로 나온다. 중국인들은 짝수를 좋아하므로 보통 전채 2종류, 주요리 4종류, 후식 2종류를 기본으로 하고 전채와 주요리 사이에 탕채(서양의 수프)를 첨가시키는데 많을 때에는 전채 4종류, 주요리 8종류, 후식 2종류를 차리기도 한다. 음료수로서 차가 나오는데 이 차는 기름진 중국 요리를 중화시키는 역할을 한다.

- 전채 : 맨 먼저 나오는 전채요리는 냉채요리로 입맛을 돋우어 주는 역할을 한다. 전채요리는 색, 맛, 향이 어울려 앞으로 먹을 음식에 호감을 갖고 눈으로 보아 식감을 느끼며, 또한 식초의 신맛으로 입맛을 자극하도록 하여 먹고 싶은 충동을 일게 하는 음식이다.
- 두채 : 식사류 앞에 내는 메인요리로 샥스핀요리나 제비집요리 등 고급재료의 중심이 되는 요리이다. 냉채 바로 다음에 내어 따뜻한 국물과 부드러운 재료를 사용하여 목을 부드럽게 하여 앞으로 먹을 요리가 잘 넘어가도록 하는 음식이며 주로 탕요리이다.
- 주채 : 해물요리가 주요리 첫 번째로 나오는데 주로 해삼, 새우, 도미, 패주, 오징어, 우럭 등을 사용하여 재료 본래의 맛을 즐길 수 있도록 찜이나 튀김요리로 나온다. 두 번째로 나오는 요리는 고기요리로 소고기, 돼지고기, 닭고기, 오리고기 등을 사용하는데 주로 돼지고기를 이용한 요리가 많다.
- 두부요리 : 생선이나 고기요리 다음에 나온다.
- 탕채 : 맑은 탕이 주로 나오며, 우리나라에서는 주로 식사 바로 앞에 제공한다.
- 면점 : 쌀이나 밀가루로 만든 음식으로 주로 면으로 된 음식이나 만두, 교자 등이 나온다.
- 첨채 : 요리를 다 먹은 뒤 후식으로 내는 음식으로, 맛이 달아 몸을 편안하게 하는 요리이다. 뜨겁게 또는 차게 해서 나온다.
- 과일 : 맨 마지막에 먹는다.

3) 대표 음식

베이징 카오야[北京烤鴨] 베이징의 전통 요리로 특수하게 키운 오리의 살과 껍질 사이에 대롱을 꼽아 입으로 바람을 불어넣고 달콤한 소스를 발라 갈고리에 걸어 장작불에 약 3~4시간 동안 훈제한 요리이다.

자장면(炸醬麵) 다진 돼지고기와 버섯, 채소 등을 텐멘장甛麵醬(한국에서는 춘장春醬)이라고 불리는 중국 된장에 볶아 삶은 면과 비벼 먹는 요리이다.

교자(餃子) 밀가루 피에 고기, 새우, 채소 등의 소를 넣어 만든 음식이다.

팔보채(八寶菜) 해삼, 새우, 오징어 등의 해물과 죽순 등의 채소를 함께 소량의 기름을 사용하여 강한 불에 재빨리 볶은 요리이다.

푸룽칭셰[芙蓉青蟹] 상하이식 게요리로, 상하이 지방에서는 게를 이용한 음식이 발달하였다.

동파육(東坡肉) 삼겹살과 진간장을 주재료로 만든 달콤한 맛의 뜨거운 전채熱菜이다.

화쥐안[花捲] 밀가루 반죽을 꽃 모양으로 만들어 강한 불에서 찐 빵이다.

하자대오삼(蝦子大烏參) 해삼을 물에 불린 후 새우, 죽순, 채소, 소스 등을 함께 조리한 음식이다.

딤섬[點心] 한 입 크기로 만든 중국 만두로 모양과 크기, 조리법, 재료에 따라 교餃, 파오包, 마이賣 등으로도 불린다.

차사오[叉燒] 돼지고기 덩어리를 양념을 하여 구운 음식이다.

사오마이[燒賣] 중국식 뎬신點心류의 하나로 꽃처럼 벌어진 모양의 만두의 일종인 음식이다.

피옌피루주[片皮乳猪] 어린 통돼지구이

구라오러우[咕咾肉] 광동식 탕수육

차오판[炒飯] 광동식 볶음밥

불도장(佛跳墻) 바다의 산해진미를 최소한 4시간 이상 달여 만든 것으로 불도장이란 이름은 소문을 듣고 멀리서 맛보러 온 사람이 "스님이 냄새를 맡으면 담을 넘어 온다."라고 시를 지은 데서 유래되었다고 한다.

마파두부(麻婆豆腐) 간장, 고추장, 참기름, 마늘, 파, 생강 등을 기름에 볶다가 깍두기 모양으로 썬 두부를 넣고 마지막에 전분으로 걸쭉하게 만든 음식이다.

산라탕(酸辣湯) 새우, 홍고추, 버섯, 죽순, 해삼, 연두부, 달걀 등의 재료로 신맛과 매운맛을 내어 메인요리 전에 위를 자극해 입맛을 돋우는 걸쭉한 수프이다.

양러우궈쯔[羊肉鍋子] 양고기요리

간샤오밍샤[干燒明蝦] 새우 칠리소스 볶음

<table>
<tr><td>베이징
카오야</td><td>자장면</td><td>교자</td></tr>
<tr><td>팔보채</td><td>푸룽칭셰</td><td rowspan="2">동파육</td></tr>
<tr><td>화쥐안</td><td>하자대오삼</td></tr>
<tr><td colspan="2">딤섬</td><td>차사오</td></tr>
</table>

<table>
<tr><td rowspan="2">사오마이</td><td>피옌피루주</td><td>구라오러우</td></tr>
<tr><td colspan="2" rowspan="2">불도장</td></tr>
<tr><td>차오판</td></tr>
<tr><td>마파두부</td><td>산라탕</td><td>양러우궈쯔</td></tr>
<tr><td>긴샤오밍샤</td><td></td><td></td></tr>
</table>

4) 식사예절

광둥요리의 하나인 간단한 식사의 경우, 차를 따라 주면 집게손가락으로 테이블을 똑똑 두드린다. 이것은 차를 따라 주는 사람에 대한 답례이다.

손님으로서 방문했을 때에는 다 먹을 수 없을 만큼의 많은 요리가 나오는 경우가 많다. 이때는 먹다가 남기는 것이 예의로, 많은 음식을 대접한 주인에게는 차려진 음식을 모두 먹는 것은 '아직도 음식이 충분하지 않다.'는 의미이며, 계속 음식을 더 내어오라는 뜻이 된다.

식탁에서는 술이나 차 주전자의 입이 사람을 향하지 않게 주의하며, 밥그릇 위에 수저를 올려놓거나 꽂아두지 말아야 한다. 탕을 먹을 때만 수저를 사용하고, 사용한 수저를 남에게 보이지 않게 뒤집어 놓는다. 수프류, 면류를 먹을 때는 소리를 내지 않아야 하며, 밥, 면, 탕을 먹을 때 고개를 숙여 식사하지 않고 그릇을 받쳐 들고 먹는다.

자리에 앉을 때는 손님이 안쪽에 앉고 주인이 입구 쪽에 앉는다. 음식이 나오면 손님부터 맛보게 하고, 생선의 머리는 주빈 쪽으로 향하도록 놓는다. 차나 술도 손님부터 시작하여 마시게 한다. 초대한 주인은 손님보다 먼저 일어나지 않고 손님이 돌아가기 전에 치우거나 정리하지 않는다.

3. 일본 *Japan*

- 국가명 : 일본
- 수도 : 도쿄
- 면적 : 약 38만 km^2
- 언어 : 일본어
- 민족 : 일본족
- 인구 : 1억 2710만 명(2014)
- 종교 : 신도(神道), 불교, 기독교

1) 식생활 배경

일본은 아시아의 동북쪽, 태평양의 서쪽에 위치한 섬나라로서 전체 면적은 남한 면적의 3.8배이고, 한반도 전체보다 1.7배 넓은 38만 km^2이며, 세계에서 60번째로 넓은 국가이다. 행정구역은 1도都(도쿄도東京都), 1도道(홋카이도北海道), 2부府(오사카부大阪府, 교토부京都府), 43현縣(기후현岐阜縣, 나가노현長野縣 등)의 총 47개로 나뉘어 있으며, 수도는 도쿄東京이다. 종교는 신도神道, 불교, 기독교이고, 입헌군주제 국가로, 정부는 내각책임제 형태를 띠고 있으며, 의회는 참의원과 중의원의 양원제이다. 화폐 단위는 엔円을 사용하며, 2013년 기준 국내총생산GDP는 50,072억 달러로 세계 3위의 경제대국이다.

일본의 자연적 환경을 살펴보면 홋카이도北海道·혼슈本州·시코쿠四國·큐슈九州 등의 4개의 지역과 수많은 섬이 북동에서 남서 방향으로 이어져 일본열도를 형성한 섬나라이다. 종족은 한반도를 건너온 퉁구스계 종족, 동남아시아에서 온 종족 그리고 원주민인 아이누 종족 등으로 구성되어 있다. 지형적으로 일본은 북위 20°에서 45° 부근에 이르기까지 약 3,000 km에 이르며, 아열대에서 한대에 걸친 기후와 복잡한 지형과 해류에 의한 영향으로 지역차가 크다. 그러나 대부분의 지역은 해양성의 온난한 기후로 사계절의 구분이 뚜렷하다. 여름이면 태평양 쪽에서 남동 계절풍이 불어 매우 무덥고, 겨울에는 대륙으로부터 불어오는 북서 계절풍으로 눈이 많이 온다. 또한 남지나해를 거쳐 대한해협을 통해 동해로 흘러 들어오는 쿠로시오 난류와 남서쪽으로 흘러 내려오는 쿠릴 해류가 일본 근해에서 만나 세계 최대의 어장을 형성하고 있으며, 나라 전체가 바다로 둘러싸여 사계절 내내 신선한 어류를 공급받고 있다.

2) 식생활 문화

(1) 일반적 특징

일본 요리는 눈으로 먹는 요리이며, 외부에서 맛을 첨가하는 것이 아니고 식재료가 가지고 있는 본래의 맛과 멋을 이끌어 내는, 가능한 가공하지 않고 식재료 그 자체의 맛을 최대한 즐기는 음식이다. 재료의 맛과 색을 살려내고 섬세한 감각의 그릇과 조화를 이루며 아름답게 담아내는 것을 중요하게 여기기 때문에 일본 요리는 자칫 눈으로 보는 아름다움만을 강조한 요리로 이해하기 쉬우나, 음식의 맛과 색상, 그릇, 그리고 공간의 조화를 예술적으로 승화시킨 음식이다.

일본의 음식은 계절에 민감하고 제철음식을 중시 여긴다. 이로 인해 재료의 담백한 맛을 최대로 살리기 위해 조미료의 사용이 많지 않고 섬세하게 음식을 장식하는 경향이 있다. 또한 한 끼 식사에 사용되는 그릇의 재질과 크기를 다양하게 사용하여, 음식의 종류에 따라 식기의 재질뿐만 아니라 모양도 달라지며 음식 담는 법, 음식과 그릇 색의 조화, 함께 차려 내는 다른 그릇, 기구와의 조화까지도 고려하여 정성을 다해 담는다.

상차림은 쌀이 주식이며 국물과 반찬으로 구성된 일즙삼채一汁三菜를 기본으로 한다. 기본 국물로는 가다랑어포와 다시마를 우려낸 다시だし를 이용해 향과 감칠맛을 내며, 조미료는 된장, 간장, 설탕, 식초, 소금을 주로 사용하고, 재료 본래의 맛을 살리기 위해서 향신료를 진하게 쓰지 않는다.

지리적으로 풍부한 어장에 둘러싸여 있어 연중 다양하고 신선한 해산물을 이용해 요리에 응용하는 조리 기술을 갖고 있으나, 오랜 기간 육식을 금기시했던 역사적인 배경으로 인하여 고기요리의 역사는 매우 짧으며, 메이지 유신 이후 서양 및 중국 요리의 영향을 받아 크게 발전하였다.

(2) 지역별 특징

① 관동(關東)지방

도쿄를 중심으로 관동지방에서 발달한 요리로 예전의 명칭을 따라 에도江戶요리라고 부른다. 무가武家 및 사회적인 지휘가 높은 사람에게 제공하기 위한 의례음식에서 유래된 요리가 많은 편이다. 달고, 진하며 짠 농후한 맛이 특징으로 국물이 적으며, 설탕과 진한 맛의 진간장을 조미료로 주로 이용하는데 이는 거친 토양과 불량한 수질에서 기인된 것이라 전해지고 있다. 해산물이 풍부하기 때문에 어패류를 이용한 생선회, 생선초밥(쥠초밥), 덴푸라, 민물장어, 메밀국수가 대표적인 음식이다.

② 관서(關西)지방

전통적인 일본 요리가 발달한 곳으로 에도시대 물류의 거점도시인 오사카大阪는 일본 각지의 식재료가 유입되어 이를 이용한 실용적이고 합리적인 요리가 발달하였다. 교토京都는 담백한 채소와 두부로 유명하며, 신선한 해산물이 부족하여 건어물 요리가 주요 식재료가 되고 있다. 관동요리에 비해 긴 역사를 가지고 있으며, 음식의 색과 형태도 그대로 살려 음식의 모양이 아름다운 편이고, 식재료의 맛을 최대한 살린 연한 맛이 특징이다. 우리나라에서는 맛깔스런 음식으로 전라도 음식을 꼽듯이 일본에서는 관서지방의 음식이 유명하다. 그러나 현재에는 교통과 조리기술의 보편화로 지역적 특성이 거의 사라져 가고 있는 실정이다.

또한 일본 음식은 외국 문화와의 교류로 들여온 외국 음식의 조리법에 일본 고유의 전통적 요리법을 병용하여 자신들의 것으로 재창조하여 외국인들에게 일본 요리로서 인정받고 있으며, 현재 세계인들의 입맛에 잘 맞는 음식으로 발전되었다.

(3) 일본의 일상식과 시절음식

① 일상식

일본의 상차림은 기본적으로 1인분씩 따로 담으며, 음식을 남길 만큼 많이 제공하지 않는다. 식사의 구성은 밥이 주식이며 계절 재료를 사용한 국 하나와 몇 가지의 반찬이 기본적인 식사이며, 숟가락 없이 젓가락만을 사용한다. 반찬은 보통 3가지가 기본이며 1가지 국에 3가지 반찬이라고 하여 일즙삼채라고 하며, 경우에 따라 튀김과 찜이 추가된다.

아침식사로는 쌀밥에 된장국, 생선구이, 쓰케모노(일본식 절임류), 우메보시, 김 등의 간단한 반찬이 주를 이루고 달걀 음식이나 낫토(일본 청국장) 등을 더 먹는 경우도 있다. 점심이나 저녁으로는 간단한 일품류인 면류(라면, 우동, 소바)나 밥류(덮밥, 오차즈케) 등을 먹거나 정식류인 사시미정식, 생선구이정식, 덴푸라정식 등을 먹는다. 정식定食은 일본의 기본 상차림인 일즙삼채로 밥, 국, 주요리, 채소요리, 쓰케모노로 구성된다. 녹차는 '오차'라고 하여 매끼 식사 도중에 마시며 식사를 끝낸 뒤에도 마실 정도로 일본의 대표적인 음료이다.

② 시절음식

정월(正月, しょうがつ) 간탄元旦이라고도 한다. 양력 1월 1일에 새해를 축하하고 한 해를 무사히 지낼 수 있게 기도하는 마음으로 카가미모치かがみもち(찹쌀떡)를 신에게 바치고, 오세치요리おせち料理를 만들어 나누어 먹는다. 조니ぞうに라고 하는 일본식 떡국을 먹는다.

세쓰분[節分, せつぶん] 2월 입춘 전날 정어리를 먹고 정어리 머리를 나무에 꽂아 문에 세우기도 한다. 집 안팎에 볶은 콩을 던지면서 '악귀는 물러가고 복은 들어오라'는 내용의 주문을 외운다. 그리고 남은 콩은 가족들이 자기 나이 수만큼 먹는데, 이는 가족의 안전과 행복을 기원하는 것이다.

나나쿠사(ななくさ) 1월 7일 아침에 7가지 푸른색 채소를 도마에 놓고 노래를 부르며 잘라 죽을 끓여 먹고 한 해 동안 건강하기를 기원한다. 무청, 미나리, 순무청, 냉이, 쑥 등이 사용된다.

카가미야키(かがみやき) 1월 11일에 새해를 축하하기 위한 카가미모치鏡餅, かがみもち로 단팥죽을 만들어 먹는다.

고쇼가쓰(こしょうがつ) 1월 15일에 대나무를 태워 불꽃놀이를 하기도 하는데, 이때 대나무 타는 소리 때문에 '톤도야키とんどやき'라고 부르기도 한다. 이날 떡을 구워 먹기도 하고 떡단자를 먹기도 한다.

히나마쓰리[雛祭] 죠시じょうし라고도 한다. 궁중에서 시작한 풍속이 일반에 퍼진 것으로서 여자아이의 행복을 기원하는 행사이며, 3월 3일에 히나ひな라고 하는 예쁜 인형과 복숭아꽃을 함께 장식하고 감주를 마시는 풍속이 있다. 인형을 장식해 강에 띄워 보내면 건강해진다고 한다. 이때 떡과 술 및 지라시스시ちらしずし(갖은 고명을 얹은 초밥) 등을 먹는다.

단고마쓰리[端祭] 5월 5일에 남자아이의 건강을 비는 행사이다. 사무라이 인형을 장식하기도 하고 종이나 헝겊으로 만든 잉어 모양의 깃발을 단다. 지마키ちまき라는 떡을 먹는다.

히간(ひがん) 춘분을 중심으로 한 3일, 추분을 중심으로 3일을 의미하는 것으로, 이때 떡단자와 찹쌀떡에 팥앙금을 씌운 오하기おはぎ를 먹는다.

다나바타마쓰리[七夕祭] 7월 7일로 오색 소면을 먹는다. 단자쿠たんざく라는 가늘고 긴 종이에 소원을 써서 대나무 가지에 형형색색의 종이와 함께 장식한다.

오본[御盆, おぼん] 8월 15일이며, 1월 1일과 함께 일본의 2대 명절이다. 조상을 기리는 날로 제철 과일 등을 조상에게 올린다. 이때는 집 주위에 등을 달고 나중에 등을 강물에 띄워 보내는 풍습이 있다.

도지(とうじ) 동지에 동지죽, 동지호박, 동지곤약こんやく 등을 먹는다.

카가미쓰키(かがみつき) 새해를 맞이하기 위하여 12월 26일경 카가미모치 등 찹쌀떡을 만든다.

도시코시(としこし) 12월 31일 새해 전날 한 해를 마무리하고 새해를 맞는다는 의미로 도시코시소바としこしそば(메밀국수)를 먹는다.

(4) 일본 요리의 형태와 종류

① 쇼진요리[精進料理, しょうじんりょうり] : 사찰요리

불교사상佛敎思想을 기본으로 한 요리로 동물성動物性 재료를 피하고 주로 식물성植物性 재료를 이용한다. 가마쿠라시대부터 무로마치시대에 걸쳐 선종禪宗이 전해지면서 발생한 요리이다. 현재 쇼진요리라고 하는 것은 일반적으로 동물성 재료를 사용하지 않는 요리를 말한다. 동물성 식재료를 사용하지 않고서도 채소, 해조류, 말린 채소 가공품 등을 식물성 기름, 된장 등을 활용하여 조리하였으며 영양적으로도 균형이 잘 잡힌 음식이다.

② 혼젠요리[本膳料理, ほんぜんりょうり] : 본선요리

무로마치시대 무가武家의 예법 확립을 위해 시작되었으며, 에도시대인 1800년대에 발달한 요리로서, 메이지시대까지 이어져 왔었으나 현재는 거의 쇠퇴하였고, 관혼상제冠婚喪祭 등의 의례적인 요리에 그 자취가 남아 있다. 음식의 수는 식단의 국물요리汁와 반찬菜의 수에 따라 결정된다. 5개의 상이 차례로 나오는 일본 요리의 식단 구성은 일즙삼채一汁三菜, 이즙오채二汁五菜, 삼즙칠채三汁七菜가 기본이다.

③ 가이세키요리[懷石料理, かいせきりょうり] : 회석요리

차茶를 마시는 다석茶席에서 제공되는 요리로서, 차가이세키茶懷石라고도 한다. 진한 차를 공복에 마시면 맛도 없고 위장에도 좋지 않기 때문에, 차를 맛있게 마시기 위하여 가이세키요리가 나온 것이라고 한다. 회석懷石이라는 말은 불교의 종파인 선종에서 유래된 말로, 승려가 참선할 때 추위와 공복감을 잊기 위해 '돌石을 뜨겁게 달궈 품었다懷.'라는 것에서 유래되었다. 다석에서 요리가 나오는 것은 무로마치 중기인 1400년대부터 시작되었고, 1500년대 후반인 모모야마시대에 원형이 갖추어졌으며, 에도시대 말기에 거의 완성되어 현대에 전해지고 있다. 소박하며 비리지 않은 식물성 식재료를 사용한 요리였으나, 시대의 흐름에 따라 생선도 이용되는 호화스런 요리로 변하였다. 양보다 질을 중시하며 식재료 본연의 맛을 살리는 것이 특징이다.

④ 가이세키요리[會席料理, かいせきりょうり] : 연회요리

에도시대의 식사 형태에서 발전된 것으로, 모임에서 차려지는 요리이다. 연회용 요리를 의미하며, 혼젠요리本膳料理의 약식으로 변형되어 이용되었다. 재료의 구색을 맞추고 동일한 재료를 중복해서 사용하지 않으며, 같은 맛을 될 수 있는 한 피하는 것이 이 요리의 특징이다. 현재는 요리점이나 호텔 등에서 제공되는 주연酒筵을 위한 요리를 말한다. 아직 혼젠요리의 잔재가 남아 있으나 편안하게 앉아 순서대로 천천히 요리를 즐기며 먹는 형태로 변형되어 밥보다는 차츰 술을 마시기 위한 음식을 중심으로 변화하게 되었다. 밥 종류는 식사라고 하여 맨 마지막에 간단하게 나온다.

3) 대표 음식

스시(すし) 식초로 간을 한 밥에 생선을 얇게 저민 것이나 달걀, 채소, 김 등을 얹은 음식이다.

덮밥(どんぶり) 흰 쌀밥 위에 각종 수조 육류, 어패류, 채소류와 진한 소스를 얹어서 먹는 주식용 일품요리이다.

- 소고기를 얹은 규돈牛丼, ぎゅうどん
- 닭고기와 달걀을 얹은 오야코돈親子丼, おやこどん
- 돈가스를 얹은 가쓰돈カツどん
- 튀김을 얹은 덴돈天丼, てんどん 등이 있다.

오니기리(御握り) 일본식 주먹밥으로 밥에 소금으로 간을 하거나 깨, 다진 소고기 등 다양한 재료를 넣어 삼각형으로 뭉친 후 그 주변을 김으로 싸서 먹는 음식이다.

오차즈케(お茶づけ) 녹차에 밥을 말아먹는 일본 요리

사시미(さしみ) 생선을 날로 먹는 요리이다. 생선을 주요 재료로 하는 일본 요리에서 생선회는 최고의 음식으로 여긴다. 관서지방에서는 쓰쿠리미作り身 또는 쓰쿠리つくり라고 한다.

아게모노[揚物, あげもの] 채소나 어패류에 튀김옷을 살짝 입혀서 바삭하게 튀기는 음식이다.

덴푸라(てんぷら) 16세기경 서양에서 일본으로 전래된 음식의 하나로, 생선이나 채소에 밀가루를 입혀서 기름에 튀겨 쓰유(멸치, 다시마 국물에 간장을 넣어 맛을 낸 소스)에 찍어 먹는다.

야키모노[燒物, やきもの)] 고기, 생선, 채소를 구워 먹는 구이요리이다. 스야키すやき, 시오야키しおやき, 데리야키でりやき 등이 있다.

소바(そば) 메밀가루로 만든 국수를 뜨거운 국물이나 차가운 간장에 무즙, 파, 고추냉이를 넣고 찍어 먹는 요리이다. '소바蕎麥'는 메밀을 뜻하며, 메밀국수는 '소바키리蕎麥切り'라 한다.

우동(うどん) 우동うどん은 밀가루로 만든 것이며 추운 겨울에 따뜻하게 먹는 음식으로 가쓰오부시かつおぶし(가다랑어포)나 멸치로 우려낸 국물에 넣어 먹는 국수

- 난반우동 : 닭고기, 오리고기를 얇게 썰어 얹음
- 스키미우동 : 달걀의 노른자를 터트리지 않고 얹어 달을 표현함
- 기쓰네우동 : 유부가 들어간 우동
- 다누키우동 : 튀김의 부스러기를 넣은 것

라면(ラ-メン) 일본의 대표적인 국수음식 중의 하나로 소유라멘, 미소라멘, 시오라멘 등이 있다.

나베모노[鍋物, なべもの] 겨울철에 주로 먹는 냄비요리로 지리ちり, 오뎅おでん, 스키야키すき焼き, 샤부샤부しゃぶしゃぶ 등이 있다.

돈가스(豚カツ) 일본에서 개발된 포크 커틀릿의 일종인 돼지고기 튀김요리이다.

쓰케모노[漬物, つけもの] 채소류를 소금, 쌀겨, 된장, 간장 등에 담가 만든 일본식 김치로 다쿠안たくあん과 우메보시うめぼし 등이 있다.

낫토[納豆, なっとう] 콩을 발효시켜 만든 일본의 대표적인 전통식품이다.

오세치(おせち) 요리 일본의 설날 명절 음식으로 국물이 없는 음식이어서 한꺼번에 많이 만들어 담아두었다가 끼니때 혹은 손님을 접대할 때 꺼내 먹는다.

오카시(お菓子) 일본식 과자인 화과자和菓子로 보통 녹차를 마실 때 함께 먹는다.

스시 덮밥 오니기리
오차즈케 사시미 아게모노
덴푸라 야키모노 야키모노
소바 우동
라멘

나베모노 돈가스 쓰케모노
낫토
오카시
오세치 요리

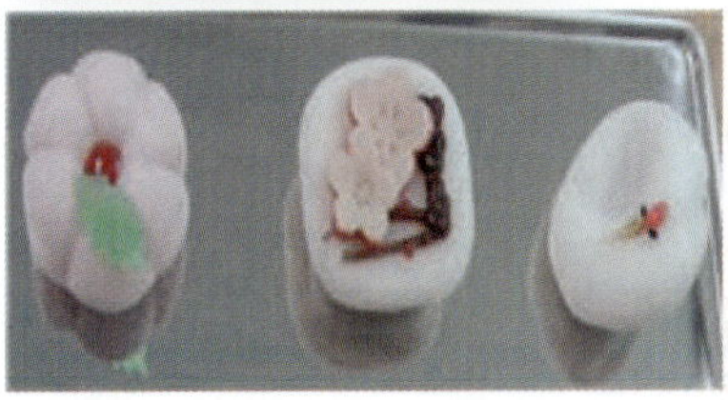

4) 식사예절

(1) 좌석에 앉는 방법

도코노마床の間(일본식 건물의 객실 상좌에 바닥을 조금 높여 꾸민 곳)가 있는 방에서는 도코노마 바로 앞이 가장 상석上席이고 서로 어긋매김으로 앉아 도코노마에서 가장 먼 자리가 말석末席으로서 주인이 앉는다. 도코노마가 없는 방에서는 입구에서 먼 자리가 상석이다. 착석하면 등을 바로 펴서 정좌正坐한다. 피곤할 때는 보기 흉하지 않을 정도로 다리를 편하게 해도 좋다. 도중에 자리를 뜨는 일은 원칙적으로 없으나 부득이한 경우는 좌우의 사람에게 가볍게 인사를 하고 눈에 띄지 않게 자리를 뜬다.

(2) 젓가락 쥐는 방법

각자의 젓가락은 처음 식탁이나 작은 상위에 손으로 쥐어 잡는 곳이 오른쪽으로 가도록 하며 젓가락 끝은 왼쪽으로 가게 하여 젓가락 받침대 위에 올려놓는다. 젓가락을 오른손으로 집어 올리고 왼손으로 수평이 된 젓가락의 밑 부분을 들어 올리고, 그 다음 오른손을 젓가락 손잡이 아래쪽으로 돌려 쥐어 잡는다. 젓가락 받침에 놓을 때는 이것과 반대로 한다.

(3) 밥공기, 국공기 쥐는 방법

식탁이나 상 위에 밥공기는 왼쪽, 국공기는 오른쪽에 둔다. 식사가 시작되면 밥공기나 국공기는 식탁에서 들어올려 먹는다. 밥공기나 국공기를 쥘 때는 왼손의 검지에서 새끼손가락까지의 네 손가락을 간추려 그릇의 굽다리에 걸치고 엄지손가락을 가장자리에 건다. 밥공기나 국공기에 뚜껑이 있을 때는 왼손으로 그릇을 쥐고 오른손으로 뚜껑의 굽을 쥐고 뚜껑을 벗긴다.

(4) 식사예절

식사 시작하기 전 "잘 먹겠습니다."라고 인사를 하고, 오른손으로 젓가락을 쥐고 왼손으로는 국공기를 쥔 다음 젓가락을 국에 적신다. 국공기를 내려놓고 밥공기를 집어 밥을 한입 먹고, 왼손에 밥공기를 그대로 쥐고 다음에 찬을 먹는다. 이와 같이 밥과 찬을 번갈아 먹는다. 이때 젓가락이 반찬에서 또 다른 반찬으로 직접 가서는 안 된다. 국

일본의 식사예절에서 젓가락과 관련된 금기사항

- 젓가락에서 국물이 뚝뚝 흐르는 것
- 밥공기의 테두리에 입을 대고 젓가락으로 밥을 입으로 막 밀어 넣는 것
- 입안에 음식물이 남아 있는데, 다시 다른 것을 먹는 것
- 먹고 있는 것도 아닌데 젓가락을 입에 넣어 핥는 것
- 젓가락을 쥐어 잡는 것(상대를 공격하는 의미로 보인다.)
- 젓가락으로 멀리 있는 그릇을 가까이 당기는 것
- 젓가락을 상 위의 젓가락 받침대에 두지 않고 밥공기 등의 위에 그냥 놓아두는 것
- 젓가락으로 그릇을 두드려 사람을 부르거나 재촉하는 것
- 음식을 젓가락으로 집었다가 먹지 않고 다시 놓는 것
- 젓가락을 들고 무엇을 먹을까 접시 위에서 망설이는 것
- 국물 등을 휘저어 건더기를 찾거나 혹은 위에 있는 것을 치우고, 밑에 있는 것을 골라내어 집어 먹는 것
- 젓가락 두 짝을 합쳐서 숟가락을 동시에 사용하여 음식을 퍼내는 것
- 밥상을 넘어서 건너편에 있는 것을 먹는 것
- 음식을 젓가락으로 푹 찔러 익은 것을 확인하거나 찔러서 집어 먹는 것(젓가락은 음식을 집는 도구이지 포크처럼 찔러 먹는 도구가 아니다.)
- 뼈가 있는 생선을 먹을 때 뼈 뒤쪽의 살을 먹으려고 젓가락으로 쑤시는 것
- 그릇과 젓가락을 한 손에 쥐고 한꺼번에 드는 것
- 젓가락을 밥에 꽂아 놓거나 세워 놓는 것(이는 제사 지낼 때에 쓰는 예법이다.)
- 서로의 젓가락을 사용해서 음식을 주고받고 하는 것(사람이 죽었을 때 일본에서는 대부분 화장을 하는데, 이때 두 사람이 죽은 사람의 뼈를 집어서 항아리에 넣는 풍습이 있기 때문이다.)

을 마실 때는 밥공기를 내려놓고 국공기로 바꾸어 쥐고 마신다. 밥공기는 양손으로 들어 왼손에 놓고 오른손으로 먹는다. 국그릇도 왼손에 들고 먹으며 젓가락을 사용하여 건더기를 먹고, 국물은 그릇에 입을 대고 마신다. 밥과 국 이외의 찬은 식기를 든 상태로 먹어도 좋지만 허리를 구부리지는 않는다.

밥과 국은 한 번 더 먹을 수 있다. 일본에서 손님으로 초대받았을 때 밥을 두세 번 청해 먹는 것은 상관없으나 한 그릇으로 끝내는 것은 실례이다. 밥을 더 받을 때는 젓가락을 내려놓고, 두 손으로 밥공기를 밀어내어 다시 받는다. 일단 상에 받아 놓고 젓가락을 쥐고 밥공기를 들어 먹는다.

생선회를 먹을 때는 간장을 떨어뜨리지 않도록 하고, 같이 나오는 곁들임은 모두 먹

어도 좋다. 생선구이는 몸체를 돌려놓지 않으며, 윗면을 먹고 머리와 뼈를 빼고 아랫면을 먹는다. 음식은 남기지 않으며, 먹지 못하는 생선의 뼈나 껍질은 그릇 속에 깨끗이 모아둔다. 같이 먹는 음식을 덜어먹을 때는 옮김젓가락를 쓰고, 개인의 젓가락은 쓰지 않는다.

음식을 입에 넣은 채 또는 젓가락이나 식기를 쥔 채로 이야기를 하지 않으며, 먹는 소리, 마시는 소리, 식기의 소리를 내지 않는 등 식사를 하는 상대방에게 불쾌감을 주지 않아야 한다. 식전·식후의 인사는 정중하게 한다. 차는 두 손으로 찻잔을 들고 왼손으로 찻잔을 받힌 다음 오른손으로 찻잔을 잡고 소리 없이 마신 후 뚜껑을 덮는다.

4. 몽골 *Mongolia*

- 국가명 : 몽골 울스
- 수도 : 울란바토르
- 면적 : 약 157만 km^2
- 언어 : 몽골어
- 민족 : 몽골족, 투르크계
- 인구 : 290만 명(2013)
- 종교 : 라마불교, 이슬람교, 기독교

1) 식생활 배경

몽골의 국토 면적은 한반도의 약 7배 이상인 약 157만 km^2이다. 기후는 계절적인 변화가 심하여 7~8월의 여름철을 빼고는 10개월 이상이 겨울철이며 일교차가 심하다. 몽골의 연간 강우량은 200~220 mm로 매우 건조하다. 비는 주로 6~8월에 집중적으로 내리고, 눈은 남부에는 12~2월에, 북부는 10~3월에 소량 내린다. 대부분 한랭건조한 기후로 전국토의 40% 이상이 목초 생육에 적합하지 않다. 영토에 비하여 인구는 290만 명으로 노동력이 부족하므로 농경에 불리하다. 바다도 없는 몽골고원은 기후, 토양, 노동력 등으로 보아 적합한 것이 유목이나, 가축이 먹는 목초도 약 300종에 불과하여 양적으로 풍부한 것은 아니다. 몽골인에게 가축은 재산이며 생존을 위한 필수품으로 양, 염소, 소, 말, 낙타 등의 가축을 기르는 일로 생계를 유지해 왔다. 혹독한 추위를 피하고 생존을 위해 가축에게 먹일 초지를 찾아 일 년이면 4~5차례 이사를 해야 한다. 이 때문에 이동식 주택인 게르ger를 지었고 유목생활의 잦은 이동은 몽골의 식생활에도 커다란 영향을 미쳤다.

2) 식생활 문화

농경사회에 5곡이 있듯이 몽골에서는 양, 염소, 소, 말, 낙타를 5축이라고 한다. 전통적인 식생활 패턴으로 볼 때는 고기와 유제품 2가지가 주축이며, 후에 중국의 영향으로 밀가루를 도입하였다. 밀가루 음식은 거의 일 년 내내 먹으며, 5~11월까지는 유제품을 주식으로 하고, 11월부터 다음해 5월까지는 고기를 주로 먹는다. 차는 일반적으로 생각하는 단순한 음료라기보다는 하나의 식사 형태로 보는 것이 적절하다.

(1) 일반적 특징

여름을 정점으로 하는 하얀 음식과 겨울을 정점으로 하는 빨간 음식이라는 명료한 계절성을 갖는 두 가지 주식으로 식생활을 유지한다. 하얀 음식(차강이데Цагаанидээ)은 가축의 젖으로 만든 각종 유제품을 총칭하는 말이다. 몽골에서는 여름에서 가을까지 충분히 짜낸 우유로 여러 가지 유제품을 만들어 1년 내내 먹는다. 빨간 음식(올랑이데Yлаанидээ)은 가축을 도살하여 얻는 육류를 총칭하는 말로 가을에 통통하게 살찐 가축을 도살해 혹한기를 위하여 대비해 둔다. 지역과 계절에 따라 가축의 종류도 다르다. 남쪽의 주식은 양고기와 낙타고기, 낙타 유제품들이 일반적이며, 항가이산맥 지대에는 소고기가 더 많다. 가을에 살찐 가축을 도살해 추운 겨울 양식을 대비하므로 육식이 가장 풍성한 식탁은 겨울이다.

일반적인 식사도구는 스푼과 포크, 그리고 수태차(우유차)를 끓여 보관하는 보온 포트, 작은 공기, 국대접이며, 조리도구는 무쇠솥, 주전자 등이다. 주거지인 게르에는 음식을 저장하는 특별한 장치가 없으므로 육류는 주로 말려서 저장하고, 우유는 발효 형태로 저장한다.

몽골인에게 화덕은 게르 내부의 성스러운 공간으로 중앙에 위치하며, 음식을 조리하거나 물을 끓이고 난방 등 여러 다용도로 사용한다. 화덕의 연료는 주로 말린 가축의 배설물, 석탄과 장작을 사용한다.

(2) 몽골의 일상식과 특별식

① 일상식

몽골인은 전통적으로 하루에 한 번만 요리하는데 이는 전쟁에 대비하던 과거의 풍습이 남아 있기 때문이다. 아침식사는 대부분 간단하게 빵과 유제품, 수태차로 요기만 하며, 점심식사는 육류요리, 만두, 국수 등 비중 있는 식사를 한다. 저녁식사는 고기와 국수를 비롯해 쌀, 귀리 등 곡물이 든 묽은 죽을 곁들여 제대로 챙겨 먹는다. 몽골인들은 물을 마시듯 항상 수태차를 마시는데, 수태차는 주식으로 섭취하는 육식의 기름기를 중화시킨다고 한다.

대부분의 유목인들은 채소와 물고기는 먹지 않는다. 이는 라마교에서 물고기를 "작스загас(ан)"라고 부르는데, 물고기는 잠잘 때에도 눈을 감지 않기 때문에 세상을 지켜주는 신령스러운 존재라 생각하여 생선 먹는 것을 금하고 있다. 식물성 식재료로는 밀가루, 조, 수수 정도이고, 밀가루로 빵, 만두, 국수 등을 만들어 먹는다. 재배에 불리한 기후와 토양 탓으로 채소, 과일의 재배를 거의 하지 않는다.

주된 조리법은 삶거나 찜구이, 포, 훈제 등이며, 추위를 견디기 위하여 가축의 지방을 섭취하고 연료 또한 절약하기 위해 한꺼번에 다량으로 삶는 법이 보편화되었다. 조미는 야생파와 마늘을 약간 이용하며, 다량의 소금을 넣어 누린내를 제거하는 동시에 간을 한다.

② 특별식

몽골의 세시풍속은 우선 여름과 겨울이라는 이분법적인 시간 구분을 중심으로 하여 따뜻하고 모든 것이 풍족한 여름과 기후 변화가 심하고 강풍이 몰아치며 춥고 상대적으로 모든 것이 부족한 봄, 가을, 겨울로 구분되기도 한다. 특히 겨울과 봄의 중간에 놓여 있는 겨울의 마지막 날인 비퉁의레와 봄의 첫날인 차강사르tsagaan sar 축제를 통하여 몽골의 유목민들은 한 해를 보내는 동시에 한 해를 맞이하면서 새로운 생업활동을 한다.

몽골의 세시풍속

나담(naadam)

가축의 성장과 초원의 풍요로움을 기원하는 공동체적인 축제로 양력 7월 11일부터 3일간(7월 11일부터 7월 13일까지)이다. 부족사람들이 함께 모여서 말달리기, 활쏘기, 씨름 등과 같은 몽골의 민속놀이를 즐기며, 다양한 유제품을 나누어 먹는 몽골의 대표적인 명절이다. 일 년 중에서 유제품이 가장 풍성한 여름에 농경 문화권에서 흔히 볼 수 있는 추수감사제의 성격과 비슷하며 풍성한 유제품과 가축의 번성을 기원한다.

차강사르(tsagaan sar)

봄의 첫날에 행하여지는 차강사르는 "흰색 달(月)"이라는 뜻이며 몽골의 전통 설로 새해의 첫달을 의미한다. 대개는 1월 말이나 2월 초 혹은 2월 중순경에 시작된다. 흰색 달에 다양한 유제품, 국수 그리고 만두와 같은 흰색 음식을 먹으면 한 해가 흰색과 같이 부정이 없고 평안하다고 믿는다.

비퉁(bitü tü)의례

몽골의 설날인 차강사르가 되기 바로 전날로 우리의 섣달그믐에 해당한다. 새로운 한 해를 맞이하기 위하여 집을 깨끗하게 청소하고, 손님을 맞이하기 위하여 다양한 종류의 음식을 마련한다. 특히 양의 엉덩이 부분을 삶은 오오츠(uuts)와 밀가루로 만든 보오브(boov), 그리고 다양한 종류의 흰색 유제품을 함께 올려놓은 비투러그(bitüiüleg)라는 음식을 만든다.

3) 대표 음식

보도크(boodog, Боодог) 몽골 최고의 전통음식으로 손꼽는 음식이다. 몽골 초원에 사는 타르박이라는 동물이나 염소를 잡아 가죽을 벗기지 않고 목만 잘라낸 후 가죽을 뒤집어 내장과 고기를 모두 떼어낸다. 가죽 속에 불에 달군 돌과 꺼낸 고기를 뼈째 토막 내어 소금과 함께 넣고 봉한 다음 몸통을 불에 직접 대고 이리저리 돌려가며 가열한다.

호르호크(khorkhog, Хорхог) 금속으로 된 통 속에 토막 낸 고기와 뜨겁게 달군 돌을 넣고 쪄서 고기와 함께 국물을 먹는다. 고기를 넣을 때 감자, 양파, 산마늘 등의 채소를 같이 넣기도 한다.

호쇼르(khuushuur, Хуушуур) 양고기를 넣어 호떡처럼 납작하게 만들어 튀긴 만두이다. 전에는 주로 양기름에 튀겼으나 요즘은 해바라기씨 기름으로도 튀긴다. 이것을 식지 않게 금속으로 만든 통 속에 보관한다. 호쇼르는 평상시에 만들어 먹는다.

보쯔(buuz, Бууз) 만두와 같으나 속에 양고기를 쓰며 만두피로 싸서 찐다. 정월에는 가족이 모여서 잔뜩 빚어서 밖에 얼려 놓고 매일 먹는다.

고릴태 숄(guriltai shul, Гурилтай Шөл) 고기 국물을 내서 국수를 넣는 우리의 칼국수와 같은 음식이다.

타라크(tarag, tараг) 우유, 양유, 염소유로 만든 요구르트이며, 생유보다 보관과 운반을 용이하게 만든 발효식품이다. 천연 그대로의 맛이 깨끗하게 느껴진다.

아롤(aruul, Ааруул) 우유를 건조시킨 것으로, 탈지분유보다는 기름기가 많아 끈적거리고 찰지다. 우유를 완전히 탈수시켜 나무판 위에 놓고 건빵보다 조금 크게 썰어 햇볕에 딱딱하게 말린다. 겨울 동안 장기비축 식량으로 훌륭한 역할을 한다.

으름(urum, Өрөм) 우유로 만든 버터이다. 우유를 끓여 윗부분이 엉겨 붙을 정도로 되면 위에 뜬 부분만 떠내 응고시킨다. 물기가 없어지고 고체만 남는 것이 으름이다. 이것을 가죽 주머니나 나무통에 넣어 겨우내 보관하면서 먹는다.

아이락(mongolian, airag, Айраг) 아이락은 마유를 오래 보관하는 방법으로 발효시켜 만든 것으로 마유주라고도 한다. 마유를 부대에 넣고 막대기로 1,500~3,000번 정도 저어 발효가 되면 그 다음 날 음용한다. 마유를 발효시키면 약 1주일가량 저장할 수 있는데, 마유보다는 운반이나 저장하기가 쉽다. 6~10월까지만 생산되고, 남쪽 고비사막 지역의 마유주를 최고의 제품으로 여긴다.

수태차(suutei tsai, Сүүтэй Цай) 수태차는 소금으로 간이 되어 있어 짭짤하고, 젖이 들어 있어 조금 텁텁하며 차의 색은 희다. 수태의 수는 우유, 마유 등 젖 종류를 통칭하는 단어이다. 수태차는 차의 기능만 하는 것이 아니고 아침에는 수태차에 양고기, 양고기로 만든 순대를 넣어 국처럼 먹는다. 딱딱한 빵을 적셔 먹는 경우도 있다.

보도크	호쇼르	보쯔
고릴태 슐	타라크	아롤
아이락	으름	수태차
	아이락	

4) 식사예절과 금기사항

(1) 식사예절

일반적인 식사예절은 음식을 먹을 때는 주인이 권하는 음식을 두 손으로 받아 감사를 표시하고 먹지 못하는 경우에는 음식을 입에다 넣어 맛만 본 후 내려놓는 것이 좋다. 손님에게 수태차를 두 손으로 건네주면 받는 사람도 정중하게 두 손으로 받아 마신다. 마유주는 절대 왼손으로 받아서는 안 되며, 친한 사람일지라도 한손으로 다른 손을 받쳐 들고 잔을 받아야 한다.

몽골인은 친하지 않은 사람이라도 세배를 오면 잘 대접해서 보내야 복을 받는다고 믿고 있다. 새해 첫날 차강사르에 세배객이 오면 주인은 손님을 최고의 예의를 갖춰 대접해야 하지만, 손님도 차린 음식을 맛있게 먹어주는 것이 예의이며, 맛이 없어도 맛있게 먹고 트림을 해야 한다. 세배가 끝나고 음식을 먹을 때는 주인은 죽 둘러앉은 손님들에게 술잔을 돌려가며 권하는데, 앉은 자세에서 발을 들면 술잔을 든 사람이 노래를 부르기 시작하고 둘러앉은 모든 사람들은 추임새를 넣거나 합창을 한다. 지적받은 사람은 노래를 부르는 것이 예의이다.

(2) 금기사항

난로에 물을 붓거나 쓰레기를 넣어서는 안 된다. 불을 쑤시는 것과 난롯불에 발을 쬐는 것은 금기시 된다. 난로를 타 넘는 것도 삼가야 하며, 난로를 모독하는 행동은 죄악이며 주인을 모욕하는 것으로 받아들여진다.

음식은 하늘이 내려준 '복福'이라고 생각하며, 전통적으로 우유를 포함 길상吉祥의 상징인 유제품이나 음식을 땅에 버리는 것을 매우 금기시 된다. 음식을 남기거나 음식이 놓인 탁상 및 식기류 위를 넘어서 지나가는 것도 안 된다. 특히 수태차는 손님에 대한 경의와 우정, 성의의 증거가 되므로 생명의 근원으로 간주하는 물과 음식 그릇, 혹은 모자나 옷 위를 함부로 넘어가는 행위는 이를 부정한 것으로 여겨 금기시 된다.

04 동남아시아의 식문화

CHAPTER 04

동남아시아의 식문화

동남아시아는 인도차이나반도와 그 남동쪽에 분포하는 말레이제도로 이루어져 있으며, 베트남, 태국, 라오스, 말레이시아, 싱가포르, 인도네시아, 필리핀 등이 있다. 자연적으로 '몬순 아시아' 지역을 이루어 고대부터 많은 민족국가와 전통문화가 번영한 지역이었으나, 구미 제국의 식민지가 되면서 각국이 자국의 영토만을 의식하여 왔기 때문에 '동남아시아'라는 지역 전체의 호칭은 제2차 세계대전 무렵부터 일반화되었다.

1. 베트남 *Vietnam*

- 국가명 : 베트남
- 수도 : 하노이
- 면적 : 33만 km^2
- 언어 : 베트남어
- 민족 : 베트남인, 캄보디아인 등
- 인구 : 9526만 명(2016)
- 종교 : 불교, 가톨릭 등

1) 식생활 배경

베트남은 동남아시아의 중심으로 인도차이나반도 동부에 위치하고 있으며, 북쪽은 중국, 서쪽은 라오스와 캄보디아, 동남쪽은 바다와 접한 남북으로 S자로 길게 뻗어 있는 국가이다. 베트남 영토의 3/4이 산과 고원으로 이루어져 있으며, 북쪽으로 홍하강이, 남쪽으로 메콩강이 흐르고 있어 벼농사를 기반으로 한 문화를 발전시켰다. 기후는 전체적으로 몬순 기후의 영향을 받으나 열대, 아열대, 온대 기후 지역에 걸쳐 있어 다른 동남아시아에 비해 평균 기온이 낮은 편이다. 국토가 남북으로 길게 뻗어 있는 베트남은 남부지방의 경우, 평균 기온이 약 27℃로 우기(5~10월, 더운 계절기)와 건기(11~이듬해 4월, 추운 계절기)의 기온 차가 적은 반면에 북부지방의 경우, 평균 기온이 23℃로 우기와 건기의 기온 차가 10℃ 이상으로 뚜렷하며 특히 광범위한 산악 지역은 건기의 평균 기온이 약 15℃이다. 그러나 풍부한 일조량과 강수량, 그리고 비옥한 토양으로 다작이 가능한 벼농사가 잘 발달해 있다.

베트남은 베트남인과 55개의 소수 민족으로 구성되어 있어 다양한 음식문화가 존재할 뿐만 아니라, 역사적으로 1,000년 동안 중국의 통치를 받다가 독립한 이후, 19세기 말에는 다시 100년간 프랑스의 지배를 받았기 때문에 음식문화 역시 중국과 프랑스의 영향을 많이 받았다. 예로는 중국의 영향을 받아 젓가락을 사용하고 중국 프라이팬 웍(wok)을 이용해 볶거나 튀기는 요리가 많다. 다만, 중국음식보다는 기름을 적게 쓴다. 또한, 프랑스의 영향으로 서구식 빵이나 커피를 마시는 것이 생활화되어 있다.

베트남 음식은 태국 음식보다는 매운맛, 신맛, 단맛과 허브 및 향신료를 적게 사용하며, 남부 지역의 몇몇 음식을 제외하곤 카레 음식은 매우 드문 편이다. 이렇듯 베트남의 음식문화는 다양한 소수민족의 음식문화에 더해 아시아와 유럽의 음식문화를 조화시킴으로써 중국, 태국 음식과 함께 아시아의 3대 요리를 구가하며 자신들만의 고유한 음식문화를 형성하고 있다.

2) 식생활 문화

(1) 일반적 특징

베트남 음식은 비옥한 토지에서 생산된 쌀과 풍부한 식재료로, 신선한 채소 및 허브, 해산물을 활용하여 음식을 만들고 다양한 생선 소스를 사용해 음식의 맛을 한층 더 높인다. 베트남 음식은 오감, 오미, 오색을 중요하게 여기므로 음식 고유 재료의 맛, 색, 향, 질감, 그리고 음식과 그릇과의 조화 등을 중요하게 생각한다.

① 주식과 부식의 구별이 뚜렷하다.
② 신선한 채소와 허브를 사용한다.
③ 찍어 먹는 소스 또는 조미료로 생선 소스인 느억맘(Nuoc mam)과 호이신(Hoisin sauce, 해선장) 등을 사용한다.
④ 음식은 맵고, 시고, 쓰고, 달고, 짠 오미를 갖는다.
⑤ 음식은 흰색, 초록색, 노란색, 빨간색, 검은색을 포함하도록 한다.
⑥ 태국 음식보다 덜 맵고, 기름을 적게 사용하는 편으로 전체적으로 음식의 맛이 담백하다.
⑦ 음식에 코코넛밀크를 거의 사용하지 않는다.
⑧ 음식을 크게 썰지 않고 작고 얇게 썰어 각자 집어 먹기 편하다.

느억맘(Nước mắm, fish sauce)

베트남에서 가장 많이 사용되는 생선 소스로, 생선을 발효시켜 만들어 우리나라의 액젓과 유사하다. 느억맘의 '느억(nuoc)'은 베트남어로 '물'을 뜻하고, '맘(mam)'은 생선을 소금에 절여 발효시킨 젓갈을 뜻한다. 이 소스는 밥에 비벼 먹거나 음식의 간을 맞추는 조미료로 많이 사용하고, 짜조와 같은 음식을 찍어 먹는 디핑소스(dipping sauce)로도 사용한다.
느억맘에 레몬즙이나 마늘, 식초, 설탕, 칠리고추 등을 넣어 맛을 다양하게 하는데 이를 느억짬(Nước chấm, Nuoc cham)이라 한다.

⑨ 디저트류가 잘 발달하였다.

⑩ 길거리 음식이 다양하게 발달하였다.

(2) 베트남의 식사

① 일상식

아침식사 일반적으로 하루에 세 끼의 식사를 하는데 아침은 매우 간단하게 한다. 쌀국수나 바게트로 만든 베트남식 샌드위치인 반미, 양념한 다진 돼지고기가 들어간 쌀죽, 다진 돼지고기와 목이버섯 그리고 양파 등의 재료를 넣어 쌀 전병으로 싼 반꾸온(Bánh Cuốn, rice crepes), 또는 고기, 생선, 채소, 콩 등의 여러 가지 재료를 넣고 지은 베트남식 찹쌀밥인 쏘이(Xôi, sticky rice) 등을 먹는다. 베트남 아침식사의 특징은 보편적인 다른 나라의 아침식사에 비해 단맛보다는 짠맛이 강한 편이다.

점심식사와 저녁식사 점심식사는 직장이나 식당 등에서 도시락을 주문해 먹거나 간단히 먹으며, 세 끼 중 저녁식사에 가장 큰 비중을 둔다. 저녁식사는 밥과 맑은 국, 생선 소스, 그리고 고기와 생선, 채소, 두부가 들어간 조림이나 볶음, 튀김 등 1~2가지의 주요리들이 나오며, 부식으로 소금에 절인 가지나 양배추, 파파야, 숙주, 마늘로 만든 피클을 먹거나 신선한 채소를 생으로 또는 삶거나 쪄서 먹기도 한다.

식사 후에는 신선한 여러 과일과 우리의 팥빙수와 유사한 '쩨(chè)' 같은 다양한 디저트를 먹는다.

그림 4-1 베트남의 일상식

② 신년음식 및 특별음식

베트남에서는 새해(Tet)와 결혼식, 장례식이 매우 중요한 행사이다. 행사에서는 보통 각 테이블 당 최대 12명이 둘러앉으며, 밥을 제외한 일상식이 아닌 특별음식을 제공한다. 베트남의 가장 큰 행사인 음력설은 '뗏(Tet)'이라 하며, 가족들이 모두 모여 선조를 기리고 가족의 건강과 행복을 빌며 여러 가지 전통음식을 나눈다. 새해 3일 동안은 가능한 한 요리를 하지 않고 만들어 둔 음식을 먹는다. 특히 새해에 만들어 즐기고 남은 음식이라도 뗏의 4번째 날까지는 절대 버려서는 안 되는 풍습이 있는데, 이는 남은 음식을 쉽게 버리면 음식을 정성스럽게 만들면서 맞이했던 행운이 함께 사라져 버린다는 믿음 때문이다.

새해에 만들어 먹는 대표 음식으로는 반쯩(Banh Chung) 또는 반뗏(Banh Tet)이 있는데 '반'은 '빵'을, '쯩'은 '자박자박한 물에 찐다.'는 뜻으로, 찹쌀떡 안에 돼지고기와 녹두를 넣고 쪄서 바나나 잎으로 싼 떡과 같은 찹쌀밥이다. 베트남에서 쌀은 액운과 잡기를 없애는 음식이므로 반쯩은 한 해의 안녕과 복을 기원하는 뜻을 담고 있다. 그리고 까인망(Canh mang, 말린 죽순 스프)은 말린 죽순과 돼지 족발을 넣고 푹 끓여 파로 장식한 스프이다. 또 수탉을 이용한 닭튀김(Ga ran) 또는 삶은 닭요리(Ga Luoc)를 준비해 먹는데, 수탉을 사용하는 이유는 조상과 대면하는 중요한 기간이기 때문이다. 넴잔(Nem ran)은 베트남의 특별식이나 지금은 언제, 어디서나 먹을 수 있으며, 베트남 남부 지방에서는 짜조(Cha gio, 스프링 롤)라고 부른다. 전통적으로 넴잔의 속 재료로는 돼지고기, 게, 달걀, 목이버섯, 팽이버섯, 숙주, 양파를 다진 후 쌀로 만든 얇은 피 안에 넣고 돌돌 말아 튀겨 짠맛, 단맛, 신맛이 나는 소스에 찍어 먹는다. 죠루아(Gio lua, 부드러운 돼지 살코기 파이)는 돼지 살코기를 절구로 쳐서 끈적거리는 반죽을 만들어 신선한 바나나 잎으로 감싸 만드는데, 잘 만든 죠루아는 단단하고 고운 흰색이 나며 향기롭고 약간 달콤한 맛이 난다. 디저트류로 녹두 푸딩인 쩨코(Che kho)와 사과, 멜론, 코코넛, 귤, 생강, 물밤 등을 설탕 절임 한 뭇(Mut)을 먹으며, 1년 내내 행운이 깃들라는 뜻에서 각각의 의미가 있는 5종류의 과일(자몽, 바나나, 수박, 파인애플, 망고, 코코넛 등)

그림 4-2 반쯩

그림 4-3 짜조

을 준비하여 제단이나 응접실에 장식하고 먹는다.

(3) 지역별 특징

베트남은 수도인 하노이를 중심으로 한 북부 지역과 후에와 다낭, 호이안을 중심으로 한 중부 지역, 호치민을 중심으로 한 남부 지역으로 크게 나눌 수 있다. 베트남의 음식문화는 여러 나라의 영향을 받아 다양함을 특징으로 하지만, 이들 세 지역의 공통적 요소로는 맑은 국과 국물을 기본으로 하는 음식들이며, 신선한 채소와 향신료를 적절히 사용하고 다양한 조리법을 구사한다는 점 또한 공통된다.

① 북부 지역

북부 지역의 음식은 중국의 영향을 많이 받았다. 음식은 주로 팬에 볶으며 단맛, 짠맛, 매운맛, 쓴맛 또는 신맛이 전체적으로 다른 지역보다 덜 하다. 음식 재료로는 주로 고기, 해산물 및 갑각류(게, 새우 등) 등을 많이 사용하며, 현재 베트남 음식을 대표하는 요리들이 많다.

대표 음식으로는 쌀국수 포(Pho)와 쌀 전병인 반꾸온, 고기가 들어간 얇은 쌀국수인 분리우(bún riêu, meat rice vermicelli), 쌀국수에 양념된 구운 다진 돼지고기가 들어가 비빔국수 형태인 분짜(bún chả, rice noodle with grilled marinated pork), 닭 또는 돼지고기와 달걀이 들어가 매우 부드러운 쌀국수인 분탕(Bun Thang, Ladder noodle soup) 등이 있다.

② 중부 지역

과거(1802~1945년) 베트남의 수도였던 후에 요리가 대표적이다. 현재에도 그 당시의 격식을 갖춘 궁중요리가 전해 내려오고 있다. 후에 요리는 음식의 색과 섬세한 모양, 장식을 중요하게 여기고 음식의 양은 적으며 요리는 복잡하다.

대표 음식으로는 후에 지방 특유의 고명을 올린 쌀 전병인 반 베오(Banh beo)와 소고기 및 돼지 족발이 들어간 쌀국수인 분보 죠 헤오(bún bò gio heo) 등이 있다.

③ 남부 지역

메콩강 하류에 퍼져 있는 남부 지역은 따뜻하고 비옥한 땅으로 베트남 제일의 곡창지대이다. 연중 더운 날씨로 신선한 채소와 과일을 얻으며 목축업도 잘 된다. 강과 바다에서는 다양한 종류의 민물고기와 생선, 해산물을 충분히 얻을 수 있으므로 이들 재료들이 주요리가 된다. 베트남 남부 지역 음식의 특징은 음식에 단맛이 많이 나는 편으로, 특히 코코넛밀크를 음식에 다양하게 사용한다. 마늘과 양파, 붉은 양파, 신선한 허브를 자유롭게 사용하여 음식의 풍미가 강하다. 남부 지역 요리는 프랑스의 영향을 가장 많이 받았으며, 태국과 인도, 말레이시아, 미국 등의 영향을 받기도 하였다.

대표 음식으로는 왕귤과 새우 등이 들어간 샐러드인 고이 부오이(Goi Buoi), 메콩강에서 잡은 민물고기를 튀겨 새콤달콤한 소스를 뿌려 반짱(라이스페이퍼)에 싸 먹는 '까 따이 뜨엉 찌엔 쑤(Ca tai tuong chien xu)'는 고급 음식 중의 하나이다. 쌀가루에 코코넛밀크와 새우 등이 들어간 베트남식 해물파전인 반쎄오(Banh Xeo), 생선을 대나무 꼬치에 꽂아 구운 '까 느엉 쭈이(Ca nuong trui)' 등이 있다.

3) 대표 음식

포(Pho)　쌀국수는 베트남 사람들의 주식이다. 포는 맑은 국물로 만들며, 들어가는 부재료에 따라 이름이 달라진다. 많이 사용하는 부재료로는 소고기, 돼지고기, 닭고기, 생선, 새우, 그리고 여러 채소와 허브 및 향신료가 들어가 매력적인 맛을 낸다. 우리가 흔히 먹는 쌀국수에 숙주와 고수, 라임, 칠리 페이스트 등이 들어가는 형태는 남부식이다.

분(Bun)　실처럼 얇고 가는 쌀국수를 말하며, 부재료에 따라 명칭이 달라진다. 대표적으로 분보후에(Bun bo Hue)와 분짜(Bun Cha)가 있다.

미(Mi)　밀가루로 만든 국수로, 중화면의 한 종류이며 주로 볶음면에 사용한다. 대표적으로 여러 가지 해산물을 넣고 볶은 미싸오(Mi Xao)가 있다.

까오(Chao)　쌀죽으로, 다양한 육수와 고기가 들어간 죽을 만든다. 들어가는 부재료에 따라 명칭이 다른데 닭고기가 들어가는 것을 까오 까(cháo gà)라고 한다.

껌(Com)　쌀/밥을 뜻하며, 밥과 함께 소고기, 닭고기, 새우, 채소 등의 여러 가지 부재료를 같이 먹는다. 예로, 대표적인 껌 음식 중의 하나인 껌 헨(Com hen)은 밥에 홍합이나 조개가 들어가며, 구운 돼지고기와 돼지껍질, 달걀 프라이, 당근 피클, 채 썬 오이가 들어간 껌 땀(Com Tam), 닭 육수로 지은 밥에 닭고기와 민트가 들어간 껌 까 라우

텅(Cơm gà rau thơm) 등이 있다.

반꾸온(Bánh cuốn) 아침식사 대용으로 종종 먹는다. 쌀가루 반죽으로 얇은 전병처럼 만들어 그 안에 다진 돼지고기와 새우, 목이버섯, 양파 등을 싸서 먹는다.

고이꾸온(Gỏi cuốn) 우리나라에서는 월남쌈, 서양에서는 베트남 스프링 롤 또는 서머롤/샐러드롤로 알려져 있다. 라이스페이퍼에 돼지고기나 닭고기, 새우, 얇은 쌀국수인 버미셀리, 채소, 허브 등을 함께 싸서 먹는다. 찍어 먹는 소스로는 느억짬(nước chấm)이나 땅콩소스를 사용한다.

짜조/넴란(Chả giò or nem rán) 라이스페이퍼에 돼지고기, 게살, 새우, 버섯 등을 다져 넣고 튀겨 낸 스프링 롤이다.

반미(banj mi) 베트남식 바게트 샌드위치로, 프랑스의 영향을 받아 바게트를 사용한다. 빵을 반으로 나눠 속 재료로 양념한 구운 소고기나 돼지고기, 달걀 프라이, 베트남식 소시지, 채 썬 당근과 오이, 고수 등을 넣어 먹는다. 아침식사 대용이나 간식으로도 많이 먹는다.

쩨(Che) 단 디저트로, 단 음료나 푸딩을 총칭해 부르는 명칭이다. 보통 콩과 찹쌀로 만든다. 종류로는 여러 가지가 있는데 우리나라의 팥빙수와 같은 쩨도 있으며, 쩨는 코코넛밀크와 함께 뜨겁게 또는 차갑게 먹는다.

커피(Ca Phe) 커피가 생산되는 베트남의 커피 맛은 진하면서 구수하다. 일반적으로 커피에 단 연유를 듬뿍 넣어 먹는다.

허브와 스파이스(Herbs & Spices)

허브는 식물의 잎이나 꽃을 사용하는 반면, 스파이스는 씨앗이나 열매, 줄기, 뿌리를 사용한다. 더운 나라에서 허브와 스파이스를 음식에 자주 사용하는 이유는 음식에 풍미를 더하고 음식을 상하지 않게 하며 소화에 도움이 되기 때문이다.

4) 식사예절

① 식사 초대 시 주인이 테이블의 자리를 지정해 줄 때까지 기다린다.

② 음식을 먹을 때 어른이 먼저 시작해야 하며, 여자는 밥 그릇 옆에 앉아 다른 사람들에게 밥을 나눠 주어야 한다.

③ 식사할 때에는 주식인 밥의 개인 그릇을 제외한 나머지 부식류는 상 가운데에 놓고 각자 원하는 음식을 원하는 양만큼 덜어 먹으며, 과식을 하지 않는다.

④ 가능한 한 여러 음식을 먹어 보도록 하며, 좋아하는 음식만 먹어 다른 사람의 식사를 방해하지 않는다.

⑤ 밥그릇은 손에 들고 먹는다.

⑥ 음식 먹는 소리를 내지 않으며, 밥그릇에 젓가락을 꽂지 않는다.

⑦ 베트남에서는 호의의 표시로 자신의 젓가락으로 음식을 집어 줄 수도 있다.

⑧ 식사가 끝나면 밥그릇 위에 젓가락을 걸쳐 놓고, 사용한 숟가락은 보이지 않게 뒤집어 놓는다.

⑨ 식사 중에는 즐겁고 감사한 마음으로 담소를 나누며 식사한다.

⑩ 식사 초대 시 간단한 선물을 준비하는 것이 좋으나 검은색이나 노란색의 손수건은 피한다.

반미
커피
쩨
고이꾸온
분짜
포 보

2. 태국 *Thailand*

- 국가명 : 태국
- 수도 : 방콕
- 면적 : 51만 km^2
- 언어 : 태국어
- 민족 : 타이족, 중국계, 기타
- 인구 : 6820만 명(2016)
- 종교 : 불교, 이슬람, 기독교

1) 식생활 배경

태국은 동남아시아의 말레이반도와 인도차이나반도 사이에 걸쳐 있는 나라로, 동쪽으로는 라오스와 캄보디아, 남쪽으로는 타이완과 말레이시아, 서쪽으로는 안다만해와 미얀마와 접하고 있다. 태국은 삼면이 바다인 반도 형태로 스페인과 비슷한 면적이며 한반도의 약 2.3배이다.

기후는 다른 동남아시아와 마찬가지로 열대몬순 지역에 속하며, 연평균 기온이 약 29℃, 습도가 70% 이상인 더운 나라로 건기(11~4월)와 우기(5~10월)가 있다. 태국은 북동부와 중부를 가로질러 흐르는 메콩강과 차오프라야강(메남강)에 의해 생성된 세계적인 곡창지대에서 쌀과 풍부한 민물고기를, 바다에서 다양한 해산물을 얻으며, 더운 날씨로 인해 열대과일과 향신료도 풍부하다.

주민의 95% 이상이 불교신자로 건강한 남자라면 결혼 전에 한번은 승려 수업을 받을 만큼 불교문화가 깊어 육식보다는 농산물과 해산물을 이용한 식문화가 발달되어 있다. 태국은 역사적으로 식민지화되지는 않았지만 중국과 인도, 영국, 프랑스, 포르투갈의 영향을 많이 받았다. 따라서 이들의 음식문화와 태국 전통의 음식문화가 혼재되어 그들만의 독특한 음식문화를 발달시켰다.

2) 식생활 문화

(1) 일반적 특징

태국은 인도와 중국, 동남아시아 중앙에 위치하여 여러 나라의 음식문화에 영향을 받았다. 카레와 향신료는 인도에서, 조리기구인 웍·중국 칼·젓가락의 사용, 화려한 음식 장식, 국수, 만두, 볶음요리는 중국에서, 칠리고추와 달콤한 과자류는 포르투갈에서 영향을 받았다. 그러나 이들 음식과 자국의 토착적인 전통 음식문화가 함께 혼재되어 한층 더 매력적인 태국 음식으로 발전하였다. 특히 고수, 레몬그라스, 바질, 라임, 박하, 생강 등의 다양한 허브 및 향신료를 잘 사용하여 단맛, 매운맛, 신맛, 짠맛, 쓴맛이 음식 안에서 서로 조화를 이룬다. 예로, 세계 3대 스프 중 하나인 똠얌꿍에 그 특징이 잘 드러난다.

① 식사는 주식인 쌀과 부식인 반찬으로 구성되어 있다.
② 음식은 한꺼번에 상에 차려 먹는다.
③ 국이나 탕보다는 볶음요리가 발달하였다.
④ 음식에 사용되는 양념이나 소스가 맵거나 짜서 단맛과 신맛, 톡 쏘는 매운맛의 복합적인 맛을 지닌다.
⑤ 마늘, 생강, 고수, 고추, 라임, 레몬그라스, 박하 등의 허브와 향신료를 많이 사용하여 맛이 자극적이다.
⑥ 음식에 코코넛밀크와 남플라(nam pla, 생선간장)를 많이 사용한다.
⑦ 시각적인 면을 중요하게 여긴다.

(2) 태국의 식사

① 일상식

태국은 하루에 세 끼의 식사를 하며, 아침식사는 간단히 먹기 때문에 길거리의 노점상에서 먹거나 빠른 테이크아웃을 즐긴다. 태국의 식사는 밥을 중심으로 반찬이 곁들어지나, 밥 이외에 볶음밥과 구운 닭 또는 돼지고기와 채소가 함께 곁들여진 찐 밥, 국수, 태국식 오믈렛 등을 먹기도 한다.

초크(Chok) 아침식사로 먹는 태국의 쌀죽으로, 다른 아시아의 쌀죽과 비슷하다.

카오 카이 차오(Khao khai chiao) 밥과 같이 먹는 오믈렛(khai chiao)으로, 달걀에 약간의 쌀가루가 들어가며 칠리소스, 오이와 함께 먹는다.

파통고(Pathongko) 중국의 유타오와 매우 비슷한 튀긴 빵으로, 연유나 초콜릿 등에 찍어 먹는다.

② 신년음식

송크란(Songkran) 태국력에 의한 전통 설날(4월 13~15일)로 가족과 친지들이 함께 모여 축하하는 일 년 중 가장 크고 중요한 명절이며, 일반적으로 물 축제로도 알려져 있다. '송크란'이란 말은 '들어간다, 움직인다.'라는 의미이며, 지난해의 나쁜 기운을 없애고 새해에 새로운 출발을 할 수 있도록 불상과 집안을 청소하고, 존경과 예의 표시로 어른의 손에 향기로운 물을 붓는다. 송크란에는 온 가족이 모여 팟타이, 똠얌꿍, 커리, 솜땀, 망고샐러드, 꼬치 등 다양한 음식을 만들어 먹는다. 특히 디저트로 코코넛밀크를 넣은 찹쌀밥에 단 망고를 곁들어 먹는 '카오니아우 마무앙(Khao niao mamuang)'은 송크란에 빠지지 않는 음식이다. 또한, 리압 가이(Laab Gai)라는 닭을 잘게 다져 고추, 오이, 푸른 잎채소, 허브를 넣고 만든 닭고기 샐러드를 먹는데, 'laab'은 행운(fortune)이라는 뜻을, 'gai'는 닭(chicken)이라는 뜻으로 일 년 내내 좋은 행운을 가져다준다고 믿는다.

(3) 지역별 특징

태국 음식의 기본적인 맛은 비슷하지만 지리적으로 북부, 북동부, 중부, 남부 네 개의

그림 4-4 송크란 축제

그림 4-5 카오니아우 마무앙

그림 4-6 리압 가이

지역에 따라 음식문화에 차이가 조금씩 있다.

① 북부 지역

치앙마이를 중심으로 협곡이 많은 산악 지형이다. 찹쌀이 주식이며, 음식에 소금을 즐겨 사용하고, 대부분의 음식에 국물이 들어간다. 태국의 소박한 전통적인 맛이 잘 보전되어 있으며 다른 지역의 음식보다 덜 자극적이다. 전통적인 북부 지역의 음식으로는 손님에게 대접하는 칸토크(Khantoke)가 있다.

② 북동부 지역

북동부 음식은 라오스의 영향을 많이 받았다. 찹쌀이 주식이고, 민물고기로 담근 젓갈인 '쁠라라'를 조미료로 주로 사용한다. 닭과 돼지고기를 숯불에 구워 먹는 바비큐(태국어로 '양') 문화가 발달하였으며, 태국의 대표 음식 중에 하나인 쏨땀(Som tam)이 유명하다.

칸토크(Khantoke)

오랜 전통으로 이어져 내려온 북부지방의 식사 방법이며, 현재는 축제나 특별한 행사 때뿐 아니라 일반적인 저녁 정찬에도 활용한다. 전통적인 칸토크 트레이는 나무로 만든 여러 개의 다리가 있는 짧고 둥근 테이블로, 이 위에 여러 음식들이 차려지는데 사회적 지위 등에 따라 음식의 종류는 달라진다. 칸토크 식사는 바닥에 앉아 여러 손님들과 함께 술을 마시며 맛있는 음식들을 손으로 먹는 것이다.

③ 중부 지역

방콕이 중심이며, 세계적인 규모의 곡창지대이다. 멥쌀을 주식으로 하고, 코코넛밀크와 고추를 사용한 걸쭉한 음식과 중국식 음식이 많다. 칠리 고추, 고수, 레몬그라스, 라임, 코코넛오일, 남플라(생선간장)를 많이 사용하여 향이 강하고 자극적이다. 대표 음식으로는 똠얌꿍(Tom Yum Goong)이 유명하다.

④ 남부 지역

태국의 남부 지역은 열대 기후이며, 섬과 긴 해안 하천의 침식으로 만들어진 평야지대이다. 인근 해안에서 해산물을 쉽게 구할 수 있어 해산물 요리가 발달하였으며, 코코넛밀크와 향신료를 주로 사용한 음식이 많기 때문에 인도 음식에 가까운 편이다.

3) 대표 음식

세계 6대 요리 중의 하나로 손꼽히는 태국 음식은 허브와 향신료를 자유롭게 사용하여 독특한 맛이 일품이다.

카오팟(Khao phat, 볶음밥) 태국에서 가장 흔한 쌀 요리 중 하나로, '카오'는 '쌀을, '팟'은 '볶음'을 뜻한다. 카오팟은 지역에 따라 다양한 재료를 넣어 만드는데 기본적으로 밥에 소고기, 닭고기, 돼지고기, 새우, 게, 코코넛, 파, 고수, 파인애플 등을 선택하여 넣고 볶은 후에 남플라(액젓, fish sauce)로 간을 맞춘다.

카오팟 사파로드(Khao phat sapparot, 파인애플 볶음밥) 파인애플 과육을 잘게 썰어 밥, 새우, 오징어 등과 함께 볶아 파인애플 껍질에 담아 먹는 것으로, 화려하고 새콤달콤한 맛이 특징이다.

팟타이(Phat Thai, 볶음 국수) 볶은 쌀국수로, 생선 소스, 설탕, 라임 주스 또는 타마린드 펄프, 다진 땅콩 및 닭고기, 해산물 또는 두부와 결합된 달걀로 볶은 쌀국수이다.

똠얌꿍(Tom Yum Goong, 새우 스프) 세계 3대 스프 중의 하나인 태국의 전통 스프로, '똠'은 끓인 국물 있는 음식을, '얌'은 맵고 신맛을, '꿍'은 새우를 뜻한다. 똠얌꿍은 주재료에 새우를 넣고 고추와 레몬그라스, 라임, 생강 등의 재료를 사용하여 매운맛, 단맛, 짠맛, 신맛을 모두 느낄 수 있는 음식이다. 똠얌꿍은 외국인이 좋아하는 태국 음

그림 4-7 카오팟

그림 4-8 카오팟 사파로드

그림 4-9 팟타이

그림 4-10 똠얌꿍

식 중의 하나이다.

깽 키오 완(Kaeng khiao wan) 영어로는 그린카레(green curry)라고 한다. '갱'은 카레를, '완'은 달콤함을 뜻하는 맵지 않은 카레로, 신선한 녹색 칠리와 코코넛밀크, 라임, 태국 바질 등의 기본 재료와 생선 또는 고기가 들어가 맛을 더한다.

깽 펫(Kaeng phet) 영어로는 매운 카레(spicy curry)라고 한다. 빨간 고추와 코코넛밀크를 기본으로 하여 소고기 또는 닭고기, 새우, 두부 등을 선택하여 넣어 먹는 카레이다. 태국에서 매우 인기 있는 음식 중 하나이다.

수끼(Suki) 일종의 전골 요리로, 일본의 스키야키와 매우 비슷하다. 전골냄비에 고기, 해산물, 만두, 채소 등을 익혀 매운 소스에 찍어 먹는다.

센(Sen) 태국에서는 쌀가루로 만든 국수를 많이 먹는데, 가는 쌀국수를 '센레크', 굵은 쌀국수는 '센사이'라고 한다. 기름에 볶거나 튀기거나 국물에 말아서 먹는다.

그림 4-11 깽키오완(그린카레)

그림 4-12 깽펫(스파이시카레)

솜땀(Som tam) '땀'과 '얌'은 샐러드를 뜻하며, 솜땀은 덜 익은 그린 파파야를 채 썰어 여러 채소와 해산물, 각종 허브와 향신료를 곁들인 샐러드이다. 또 다른 샐러드인 '얌운센'은 새우, 오징어, 잘게 썬 소고기나 돼지고기, 양파, 오이, 칠리 고추, 고수, 라임 등이 들어간 가느다란 녹두당면(운센)으로 만든 매콤한 샐러드이다.

사떼(Sate) 인도네시아에서 유래된 음식이지만 태국에서도 인기 있는 음식 중의 하나이다. 돼지고기나 닭고기 등의 꼬치구이를 말한다.

과일 태국은 다양한 열대과일을 연중 즐길 수 있다. 특히, 과일의 왕으로 불리는 두리안은 '지옥 같은 향기, 천국 같은 맛'으로 표현한다. 두리안 껍질에는 울퉁불퉁한 가시가 돋아 있지만 말랑말랑한 크림색 속살은 생크림에 버터를 섞은 것처럼 고소한 맛을 낸다. 그러나 특유의 고약한 냄새 때문에 많은 호텔에서는 두리안의 반입을 금지하기도 한다. 과일의 여왕으로 불리는 망고스틴은 빅토리아 여왕이 즐겨 먹던 과일로 유명하다. 짙은 자주색 껍질 아래쪽을 손으로 눌러 벗겨 내면 안에 하얀색의 보드라운 속살이 마늘처럼 붙어 있다. 즙이 많고 단맛을 내는데, 맵고 뜨거운 음식을 먹은 후 디저트로 즐긴다. 파파야는 호박처럼 생긴 과일로 잘 익은 파파야의 껍질을 벗긴 후 반을 가르면 짙은 오렌지색 속살이 나오는데 까만 씨는 보통 털어내고 먹는다. 덜 익은 것은 녹색, 잘 익은 것은 오렌지색을 띤다. 망고는 망고 축제가 열릴 만큼 매우 인기 있는 과일이다. 말랑말랑한 노란색 망고가 가장 잘 익은 것으로 달고 향긋하다. 태국 사람들은 찹쌀밥 위에 잘 익은 망고를 얹어서 달콤한 코코넛 소스에 찍어 먹는 '카오니아오 마무앙'을 즐겨 먹는다.

4) 식사예절

① 식탁에 앉아서 식사를 하기도 하나, 원래 반상이나 바닥에 음식을 차려 놓고 둘러 앉아 개인 접시에 음식을 덜어 먹는다.

② 국물이 있는 음식을 먹을 때에는 그릇을 들어 국을 마시지 않고 반드시 숟가락을 사용하며 사용한 후에는 뒤집어 놓는다.

③ 손으로 먹는 것이 전통적인 식사 방법이나 서구 문화가 들어오면서 숟가락과 젓가락, 포크를 사용한다. 포크는 접시의 음식을 뜰 때 보조적인 역할을 하거나 숟가락에 붙은 음식을 제거하기 위해 사용한다.

④ 음식을 소리 내어 먹지 않고 천천히 먹는다.

⑤ 음식을 먹으면서 말을 하지 않는다.

남프릭(Nam Phrik)

태국에서 가장 사랑 받는 소스 중의 하나로 태국식 칠리 페이스트(chili paste, 고추장)이다. 태국의 쌀 요리와 매우 잘 어울리며, 지역에 따라 또는 가정마다 조금씩 다른 형태로 만들어 사용하는데 음식의 조미료나 찍어 먹는 소스로 이용한다. 기본 재료로는 칠리 고추, 마늘, 생선 소스로 양념된 새우 페이스트, 라임, 양파, 야자 설탕 등이 들어가며, 이들 재료를 모두 갈아 걸쭉하게 만든다. 지역에 따라 농도가 매우 묽은 것도 하다.

남플라(Nam pla)

태국에서 간장처럼 사용하는 생선 간장(fish sauce)으로, 생선을 발효시켜 만든다. 우리나라의 액젓과 매우 비슷하다. 이 생선 간장에 고추를 썰어 넣어 음식을 찍어 먹기도 한다.

쁠라라(pla ra)

'쁠라'는 생선이라는 뜻으로, 생선으로 만든 걸쭉한 젓갈이다. 남플라보다 훨씬 강한 맛과 향을 낸다.

카오팟

사떼

팟타이

뿌팟퐁커리

팟팍풍 파이댕

얌운센

두리안

코코넛밀크

05 서남아시아의 식문화

중동 및 기타 서남아시아

1. 터키
2. 이스라엘

남아시아

1. 인도

CHAPTER 05

서남아시아의 식문화

1 중동 및 기타 서남아시아

그림 5-1 중동

중동은 아라비아반도 전역을 포함하여 동으로는 이란과 아프가니스탄, 서로는 아프리카의 모로코, 알제리, 튀니지, 리비아, 이집트, 수단, 에티오피아, 소말리아, 북으로는 이라크, 시리아, 터키에 이르기까지 광활한 지역에 다양한 정부 형태를 가진 20여 개국으로 나누어져 있으며, 흔히 아랍으로 불린다.

예로부터 티그리스강과 유프라테스강 유역에 메소포타미아 문화를 꽃피우고, 그리스도교와 회교의 양대 종교를 낳아 세계 정신문화의 선구자가 되었다. 또한 이슬람이 출현한 7세기 이래 민족, 언어, 종교가 같고 동일한 역사와 문화 속에서 동일한 생활습관과 전통을 이어온 한 공동체의 사람들이다.

1) 식생활 배경

중동은 아랍이라고도 하며, 전 지역이 대체로 여름(6~10월)에는 매우 더워 기온이 54℃까지 올라가는 사우디아라비아와 같은 곳도 있지만, 겨울(11~3월)에는 눈이 내리고 추운 시리아 지역 같은 곳도 있다. 반면 남부 아라비아 지역은 건조하면서 뜨거워 전체적으로 기온 차가 심한 편이다.

강우량에도 상당한 차이가 있다. 레반트 지역은 12월과 4월 사이에 비가 내리는 반면 아라비아의 3분의 2 이상은 아주 건조하여 보통 연평균 강우량이 100 mm 이하를 기록한다. 물 부족과 가혹한 날씨, 사막과 돌이 많은 땅 아랍에서 농부들은 농작물 재배에 많은 어려움을 겪지만 아랍의 농경 역사는 유구하여 이라크에서 발견된 고대 농기구들은 적어도 5000년 이전부터 이 지역 사람들이 농사에 종사하여 왔다는 것을 증명해 주고 있다. 고대 이집트와 메소포타미아인들은 댐을 건설하고 관개수로를 내면서 불모의 땅을 개간한 위대한 사람들이었다.

이집트와 비옥한 초생달 지역 국가들(이라크, 시리아, 레바논, 요르단, 팔레스타인)은 아랍에서 으뜸가는 농산물 생산국들이다. 경작되는 주요 곡물은 밀과 콩이며, 거의 모든 채소들이 경작되고 과일도 다양하다. 주요 과일로는 복숭아, 포도, 멜론, 바나나, 석류, 대추야자 등이 있고, 특히 감귤류는 아랍의 특산물로 꼽힌다. 목축을 통해 양이 많이 생산되어 양고기를 일반적으로 선호한다. 양은 고기 외에도 요구르트와 치즈, 버터, 가죽, 기름 등을 공급해준다.

이슬람 발생 이전의 아리비아 반도에는 사막 유목민인 베드윈족이 거주하였다. 이들은 사막에서 초원을 찾아 유목생활을 하였으며, 이 유목민들의 음식이 현재 중동 음식의 중요한 기초가 되었다. 이들에게는 이동생활에 적합한 간편한 요리가 필요했으며, 운반이 쉬운 말린 곡식이나 대추야자 열매, 함께 이동할 수 있는 양이나 낙타를 이용한 요리가 일찍부터 발달하게 되었다. 낙타는 사막에 잘 견디는 유일한 동물이었으므로 낙타요리와 그 젖이 일반적인 식품이 되었다. 이슬람교가 전래되면서 돼지고기를 금기시하고 양고기를 주로 먹게 되었다. 아랍 유목민들의 주식은 빵이며, 콩류 음식은 농경 정착민들과 접촉한 이후에 먹게 되었다. 7세기 중반 이후 이슬람교가 급속히 전파되면서 아랍 유목민들의 활동 범위가 시리아, 레바논, 이집트 등지로 확장되었고 이들 나라의 다양한 요리법이 반영되어 중동 지역의 식생활 문화가 형성되었다.

2) 식생활 문화

(1) 일반적 특징

① 유목문화의 전통으로 고기를 불에 굽는 그릴 형태의 조리법을 많이 사용한다. 또한 더운 날씨 때문에 육포나 소시지 형태의 저장육도 다양하다.

② 조리에 기름을 많이 사용하며 주로 올리브유를 이용한다. 밥을 지을 때도 쌀을 기름에 볶다가 물을 부어 짓는데, 이렇게 지은 밥을 필라프pilaf라고 한다.

③ 육류는 돼지고기를 제외하고는 거의 모두 이용하나, 양고기를 가장 선호한다. 소고기는 비싸서 서민들은 이용하기 어렵고, 대신 생선이나 닭고기를 이용한다.

④ 치즈와 요구르트는 중동인들의 식사에서 빠지지 않는 기본 음식으로 거의 매끼 식사에 오르며 양젖으로 만든 치즈와 요구르트도 즐겨 먹는다.

⑤ 생선은 어느 곳에서나 인기가 높으며, 특히 지중해 지역에서 많이 먹는다.

⑥ 마늘, 양파, 피망, 토마토, 감귤류가 음식의 맛을 내는 재료로 쓰인다.

⑦ 과일과 견과류를 혼합하여 고기와 함께 요리하는 것도 중동 음식의 특징이다.

⑧ 단 음식을 매우 좋아하여 단과자류가 다양하게 발달하였다.

⑨ 이슬람교에서는 술을 금기시하므로 대신 차와 커피를 즐겨 마신다.

(2) 지역별 특징

중동 지역은 넓기도 하고 많은 국가로 구성되어 있지만, 그 음식의 일반적인 특징은 비슷하게 공유하고 있다. 하지만 북아프리카 지역과 레반트 지역의 음식은 약간의 차이를 찾아볼 수 있으며 그 차이는 다음과 같다.

① 북아프리카 유형

북아프리카의 모로코, 알제리, 튀니지, 리비아가 이 지역에 속한다. 이 지역의 음식은 곡류, 채소, 구운 고기가 중심이며, 과일을 넣어 요리하는 음식이 많다. 중동의 다른 나라들과는 달리 가장 일반적인 고기는 소고기이다. 그러나 값이 비싸다는 이유를 빼놓고는 여전히 양고기를 선호한다. 한편 유제품은 중동의 다른 나라들보다는 적게 사용한다.

튀니지, 모로코, 알제리의 가장 유명한 음식 중 우리의 밥처럼 먹는 쿠스쿠스couscous는 경질밀가루인 세몰리나semolina로 만든 좁쌀 알갱이 같은 것이며, 이것을 이용해서 만든 음식도 쿠스쿠스라고 한다. 대추야자와 말린 무화과는 간식으로 선호하는데 대추야자는 길쭉하고 당도가 매우 높다.

가장 인기 있는 음료는 민트티이다. 모로코와 알제리에서는 전통적으로 좋은 민트티를 만드는 것이 예술로 여겨지며, 차를 따르는 기술은 차의 품질만큼이나 중요하다.

② 레반트 유형

레반트 지역에는 동부 지중해 및 그 섬과 연안 국가들이 속해 있으며 이집트, 요르단, 이스라엘, 레바논, 시리아, 터키가 해당된다. 일반적으로 레반트형 음식은 동부 지중해식 음식과 많은 공통점을 가지고 있다. 올리브 오일과 마늘을 사용하는 것이 유사한데 마늘과 올리브 오일을 많이 사용하고, 종종 레몬주스로 맛을 내기도 한다.

이 지역의 주요한 식량은 쌀과 밀, 그리고 병아리콩chickpea이다. 밀은 빵이나 불가bulgar의 재료로 사용되는데 불가는 통밀을 쪄서 말린 후 여러 가지 굵기로 빻은 것으

메제(Mezze)

레반트의 정찬은 전채와 주요리, 그리고 디저트와 음료를 제공하는데, 그 중 메제는 중동 및 발칸반도에서 적은 양으로 제공하는 음식들로서, 모든 대규모 식사의 시작 부분에 제공되는 애피타이저를 말한다. 보통 절인 올리브와 후무스(hummus), 피타빵(pita)이 나오는데 피타빵을 후무스와 타히니(tahini)에 찍어 먹는다. 포도잎에 쌀을 싸서 찐 돌마(dolma)와 피망 같은 채소에 속을 채운 사르마(sarma), 미트볼인 코프테 등이 메제로 자주 상에 오르는 메뉴이며, 치즈, 요구르트, 가지 퓌레(eggplant puree) 등 다양한 음식이 메제로 제공된다.

로 이 지역에서는 쌀처럼 이용한다. 병아리콩은 후무스hummus로 만들어 피타빵pita에 찍어 먹는다. 양고기가 가장 널리 쓰이며 낙타고기도 먹는다. 육류는 미트볼인 코프테kofte, 케밥 혹은 키베kibbeh 등 중동 특유의 방법으로 요리한다.

채소는 익혀서 먹는 것만큼이나 생것이나 피클로도 먹으며, 이 지역 음식은 많은 종류의 소스를 자랑하기보다는 허브와 향신료, 그리고 재료의 신선함에 초점을 둔다.

(3) 중동의 식사

중동의 식사는 일상식과 라마단 기간에 대한 식사로 나눌 수 있다.

① 일상식

아침식사 차와 빵과 잼, 유제품으로 구성된 간편한 식사이다. 그리고 사우어크림처럼 신맛의 요구르트인 랍네labneh와 크림을 가장 많이 사용하며, 대부분의 중동 가정들은 피타빵과 후무스와 팔라펠falafel을 먹는다.

가장 보편화된 아침식사는 홀 무담미스ful medames이다. 대중적이어서 집에서 만들기보다는 시장이나 행상에서 사먹는다. 골목마다 "훌, 훌"이라고 외치며 다니는 행상들을 볼 수 있다. 홀 무담미스는 화바콩fava bean을 목이 좁고 몸통이 불룩한 질그릇 안에 넣고 하룻밤 내내 삶은 것으로 아마인 기름과 레몬주스를 조금 넣어 먹는다.

점심식사 전통적으로 점심을 그날의 주식사로 여기며, 정오에 드리는 기도 후에 먹는다. 샐러드와 메제mezze가 먼저 제공된다. 주식사는 고기, 가금류 또는 생선, 쌀, 콩lentils, 빵 또는 베이글bagel 그리고 메제와 샐러드에 있는 신선한 음식 외에 익힌 채소로 구성된다.

대부분의 가정은 곡류 음식이 있어도 빵을 내놓는다. 음료는 음식과 함께 필수적으로 제공하지는 않지만 과일주스뿐만 아니라 많은 종류의 음료가 있다.

도시에서는 대개 점심으로 간단한 샌드위치를 먹는다. 그 중에서도 가장 대표적인 것이 샤와르마shawarma이다.

저녁식사 전통적으로 아랍인들의 고정된 관념은 저녁식사를 기본으로 생각하기도 하지만, 이른 오후 시각, 뜨거운 태양열 때문에 사무실 문을 닫고 오후 일과를 보지 않는 여름철이나 더운 날씨가 계속되는 지역의 도시에서는 대개 한낮의 중간 시간인 2~4

시경에 주식사를 한다. 이런 경우 저녁식사 시간은 늦어져 밤 9~10시경이 되며, 낮에 먹다 남은 음식을 가볍게 먹거나 과일 같은 것으로 대신하기도 한다. 그러나 최근에는 라이프스타일이 바뀌면서 점차 저녁식사도 중요하게 여기고 있다.

② 라마단 음식

단식 성월인 라마단Ramadan은 이슬람력으로 9번째 달에 해당한다. 라마단 기간 동안 무슬림 성인 남녀는 음식과 음료 일체를 먹지 않으면서 육체와 정신을 깨끗이 하며, 금식은 일출시부터 일몰시까지로 일몰 후에야 식사를 한다. 동틀 무렵 새벽 예배 직전 단식을 시작하기 전에 가벼운 음식을 소량 먹는다. 그리고 하루 단식이 끝나는 순간 "비스밀라(알라의 이름으로)!"라고 말하면서 잘 익은 대추야자를 먹거나 포도 같은 과일이나 요구르트, 빵조각을 먹기도 한다. 그리고 나서 가족들과 본격적인 저녁식사를 하게 되는데, 이를 이푸타르iftar라고 하며, 수프와 육류요리, 생선요리, 밥, 샐러드, 단과자 등 일상 때보다 푸짐하게 준비하여 먼저 수프를 먹어 속을 풀어주고 나서 다른 음식을 먹는다.

한 달간의 단식이 끝난 것을 축하하는 축제일을 '이드 알 피트르'라 한다. 이때는 모스크에 가서 축제 예배를 드리고, 가족들과 친구들 사이에는 선물을 주고받으며 가난한 사람들을 위해 자카트 알 피트르(축제 때의 구빈종교세)를 낸다.

이 축제 때의 상차림은 연중 가장 푸짐한 성찬이다. 부유층 가정에서는 통째로 양이나 닭을 굽고, 쌀밥, 샐러드와 함께 적어도 6가지 이상의 주요리들을 마련한다. 축제용 후식과 특별한 당과도 푸짐하게 준비한다. 이라크 사람들은 할라와, 마할레비, 하니니를 먹고, 시리아 사람들은 견과와 꿀로 만든 파이인 나하슈를 먹는다. 쿠나파는 아랍의 어느 곳에서나 인기가 높다. 축제 기간 동안 낙타 경주, 말 경주, 요트 경기 등 여러 축제 행사들이 거행되며 건물과 모스크마다 축제 등을 달아 환하게 밝혀준다.

도살되는 동물은 대개 양이나 염소이고 매우 드물게 낙타를 잡기도 한다. 도살에서 가장 중요한 것은 "비스밀라(알라의 이름으로)!"라고 말하는 것이다. 무슬림들은 평상시에도 이 말을 하지 않고 잡은 동물은 어떤 것도 먹지 못한다. 고기는 똑같이 셋으로 나누어, 첫째 덩어리는 가난한 사람들에게 나누어 주고, 둘째 것은 친척과 친구들에게 보낸다. 그리고 나머지는 식구들을 위한 몫이 된다.

③ 이슬람교와 음식문화

이스라엘을 제외한 중동 지역의 나라들은 이슬람교를 믿고 있다. 이슬람교에서는 음식을 할랄halal과 하람haram으로 나눈다. 할랄은 고기를 도살하는 이슬람교 의식을 뜻하며, 먹어도 되는 식품을 말한다. 하람은 '위법'의 의미로 먹어서는 안 되는 금기식품이다. 소, 양, 닭, 염소, 낙타, 영양 등 발굽이 갈라지고 되새김질하는 동물의 고기 등이 허용하는 식품이며, 금기식품으로는 강과 바다에 있는 것으로 지느러미와 비늘이 없는 것, 돼지고기, 동물의 피, 죽은 짐승의 고기, 질식시키거나 때려서 죽인 짐승의 고기, 제사나 고사 상에 오른 고기, 할랄 의식을 거치지 않고 도살된 짐승의 고기 등이 있다. 먹을 수 있는 음식에 관해 엄격히 규정을 정한 것은 더운 지방이어서 음식의 신선도가 중요했기 때문에 건강을 해치는 음식을 경계하려는 취지에서 비롯된 것으로도 볼 수 있다.

그리고 돼지고기에 대한 금기가 아주 엄격한데 불결하다는 이유로 모든 이슬람교도가 돼지고기를 금기시하는 것으로 보아 종교적인 측면에서 그 이유를 찾아야 할 것으로 생각되나, 마빈 해리스Marvin Harris는 돼지 사육이 중동지방의 기본적인 문화와 자연생태계의 조화로운 통합성을 깨뜨릴 위협이 되었기 때문에 성서와 『코란』이 돼지를 정죄定罪시킨 것으로 보았다. BC 7000~2000년에 걸쳐 중동의 인구는 60배로 증가했으며 숲속의 나무와 초원은 양과 염소떼들로 말미암아 치명적인 손실을 입었다. 이로 인하여 그늘이나, 물 등과 같은 돼지 사육에 필요한 자연조건이 점점 사라졌기 때문에 돼지고기를 먹고 싶은 유혹이 커갈수록 종교적으로 금기의 필요성도 더욱 커졌을 것이다. 다

중동에서의 이슬람 교리에 따른 금기사항

- 돼지고기나 짐승의 피를 재료로 한 음식은 먹지 않는다. 그러므로 그들의 문화를 존중하는 의미에서 식사를 대접할 때 돼지고기나 술을 내놓지 않아야 한다.
- 술과 마약은 정신을 흐리게 하는 것이라고 하여 금기시하고 있다. 일반적으로 음주는 이집트를 제외하고 이슬람에서 금지한다.
- 예배하는 사람 앞을 가로질러 가거나 주위에서 떠든다든가, 라마단 단식기간 중 무슬림 앞에서 식사를 하는 것은 금기사항이다.
- 혼자 식사하는 것을 반대하지는 않으나 가족과 같이 식사하는 것이 더 낫다고 생각한다.
- 왼손으로 음식을 먹거나 물건을 주고받아서는 안 된다.
- 은이나 금으로 된 식기는 금지된다.

시 말해 중동지방은 식용에 충당할 만큼의 돼지를 사육하기에는 생태학적으로 적절하지 못한 지역이었으며, 차라리 돼지고기를 전면 금지하고 다른 가축을 기르는 것이 더 유리했을 것이다.

3) 대표 음식

피타(pita)　중동 지역의 대표적인 빵으로, 둥글고 납작한 밀전병 형태와 빵의 반을 가르면 반달형 주머니 모양으로 가운데 구멍이 나 있는 형태가 있다. 손으로 뜯어 후무스나 타히니를 찍어 먹거나 고기나 채소, 요구르트 등을 납작한 피타에 말아서 먹는다. 가운데 구멍이 있는 반달 주머니 모양의 피타는 속에 팔라펠과 후무스 등을 넣어 샌드위치처럼 먹는다.

후무스(hummus)　병아리콩을 푹 익혀서 곱게 갈아 마늘 양념을 한 것으로 중동식 콩 퓌레로 생각하면 된다.

타히니(tahini)　참깨를 아주 곱게 갈아서 올리브유와 함께 섞은 것으로 피타빵을 찍어 먹거나 양념으로 사용한다.

팔라펠(falafel)　병아리콩을 갈아서 호두 크기의 경단을 만들어 기름에 튀긴 것이다. 반달 주머니 피타에 팔라펠 6개와 후무스를 넣어 먹는다.

케밥(kebab)　간 고기나 네모지게 자른 고기를 꼬챙이에 꿰어 구운 요리를 말한다. 전형적인 케밥요리는 양고기를 갈아 양파, 파슬리 등을 넣고, 양념을 쳐서 잘 주물러 소시지 모양으로 만든 뒤 쇠꼬챙이에 끼워 숯불에 굽는다.

필라프(pilaf)　쌀이나 불가bulgar(통밀을 쪄서 거칠게 빻은 것)를 기름에 볶다가 뜨거운 육수를 넣고 뚜껑을 덮어 지은 밥이다. 각종 육류나 채소를 섞어 만들기도 한다.

바클라바(baklava)　아랍인들이 가장 좋아하는 후식으로 버터를 바른 필로 도우phyllo dough에 피스타치오, 호두, 꿀 등을 층층이 넣어 구운 다음 계피시럽에 담가서 먹는다.

페타(feta)　요구르트로 만든 농도가 짙은 크림치즈인데 흔히 메제로 제공된다. 치즈lebna 종류가 많아서 선택의 폭이 넓다. 리코타치즈와 유사한 유청치즈는 크림 같고 부드러운 맛으로 인기가 있고 꿀이나 설탕과 함께 먹는다. 단단하고 부서지기 쉬운 페타

피타	후무스	후무스
타히니	팔라펠	케밥
필라프	바클라바	페타
쿠스쿠스	쿠스쿠스	

feta 스타일의 치즈는 양이나 염소젖으로 만드는데 염장해서 소금물에 보관한다.

쿠스쿠스(couscous) 북부 아프리카 요리의 필수품인 쿠스쿠스는 낟알 같이 굵고 거친 밀가루이다. 포리지poridge로 만들어 우유와 함께 낼 수 있고, 샐러드로 만들어 드레싱과 함께 낼 수도 있다. 미리 조리되어 포장된 쿠스쿠스는 중동 식품시장과 대형 슈퍼마켓에서 구입할 수 있다.

중동 지역에서 흔히 사용하는 식재료와 향신료

대추(date)

대추야자의 열매로 중동지방이 원산지이다. 대추는 덥고 건조한 기후(아프리카와 중동 근처)에서 자라며, 대부분의 품종이 2.5~5.0 cm 길이의 달걀 모양을 하고 있다.

무화과(fig)

원래 남부유럽, 아시아, 아프리카에서 온 것으로 평화와 번영의 상징이기도 하였다. 수백 종의 무화과가 있으며 대부분 먹을 수 있는 작은 씨가 매우 많이 들어 있고 과육은 부드럽다.

올리브(zaytun)

'식탁의 군주'로 알려진 올리브는 거의 모든 식사에 등장한다. 올리브는 흰 염소 치즈와 함께 고대로부터 농민과 유목민의 생활을 지탱해 왔다. 다양한 요리에 이용되며 메제에 올리브는 빠지지 않는다.

넛멕(nutmeg)

넛멕 나무의 열매를 따다가 세로로 잘라서 레이스 모양의 막에 둘러싸여 있는 씨를 꺼낸 다음, 이 씨를 말려서 갈면 향신료mace가 된다. 딱딱한 달걀 모양의 씨는 회색빛이 나는 갈색이며 길이는 2.5 cm이다. 풍미와 향은 섬세하고 향긋하며 달콤하다. 넛멕은 갈아서 판매하거나 통째로 판매한다. 상업적으로 판매되는 넛멕 가루보다 금방 갈아서 만든 것이 훨씬 품질이 우수하다.

투메릭(turmeric)

생강과 동종인 열대식물의 뿌리인데 인도와 카리브해 지역에서 재배한다. 쓰고 매운맛이 나며 오렌지 빛깔이다. 주로 음식의 풍미와 색을 내는 데 사용된다. 서늘하고 어두운 곳에서 6개월간 저장이 가능하다.

사프란(saffron)

사프란은 세계에서 가장 비싼 향신료이며, 각각의 꽃은 단지 세 개의 암술머리를 내는데, 반드시 조심스럽게 손으로 따서 말려야 한다. 사프란 28.35 g을 얻는 데 작은 암술머리가 14,000개 사용된다. 수천 년 전부터 사프란은 식음료에 향을 내는 것뿐 아니라, 약을 만들거나 옷이나 바디오일을 진한 노란색으로 염색하는 데 사용되어 왔으나, 요즈음은 주로 음식에 향미를 내는 데 사용한다.

4) 식사예절

무슬림들의 식사예법은 코란이나 하디스(무하마드의 언행록)의 가르침과 종교적 습관을 따른다. 식사는 방바닥에 차려지는데 깨끗한 천을 바닥에 펴고 지름이 60~90 cm 되는 큰 쟁반에 음식을 담은 접시를 차려낸다.

① 사회계급이나 지위의 고하를 막론하고 샤리아(이슬람법)가 규정하고 있는 음식 조리법만큼은 의무적으로 꼭 지키려고 노력한다.

② 남자가 먼저 음식에 손을 대고 먹을 것을 선택한다. 전통적 풍습이 비교적 많이 남아 있는 국가(사우디아라비아, 이란, 이라크)에서는 여성이 남자들과 따로 떨어져 식사하는 경우가 많다.

③ 손으로 식사를 하기 때문에 식사하기 전에 반드시 손을 씻는다.

④ 오른손 엄지와 둘째, 셋째 손가락만을 사용하여 먹는다.

⑤ 음식이 뜨거워도 서둘러 먹거나 마시지 않으며, 음식을 식히기 위해 "후후" 불지 않는다.

⑥ 손에 묻은 것을 닦기 위한 작은 수건을 각자에게 따로 나누어 준다.

⑦ 식사 중에 거의 물을 마시지 않고 보통 식사 후에 한꺼번에 많이 마신다. 컵에 입술을 대지 않고 입속에 부어 넣듯이 마신다.

⑧ 손님 접대에 최선을 다한다. 가족이 끼니를 굶더라도 손님을 후하게 대접하는 것이 전통이다.

1. 터키 *Turkey*

- 국가명 : 터키공화국
- 수도 : 앙카라
- 면적 : 약 78만 km^2
- 언어 : 터키어
- 민족 : 터키인, 쿠르드인
- 인구 : 8162만 명(2014)
- 종교 : 이슬람교(회교)

1) 식생활 배경

터키의 위치는 동서양의 접점 지역으로 자연히 동서양의 양쪽 문화를 융합, 조화시켜서 색다른 문화를 창출해 냈다. 이스탄불시가 그리스 쪽으로 유럽과의 경계에 있어서 예부터 문물교류가 활발한 곳인데, 국토의 3%가 유럽이고 나머지가 아시아로 쿠르지아, 아르메니아, 이란, 이라크와 접해 있다. 한반도의 3.5배에 해당하는 국토에 약 8162만명이 살고 있다. 터키는 국민의 99%가 회교도이며, 그 외 아르메니아, 유대교, 가톨릭, 그리스 정교 등이 있으나 종교와 정치가 분리되어 다른 이슬람 국가에 비해 종교적 규율 적용에는 엄격하지 않은 편이다.

국토 내의 풍토는 지역마다 다르고 해안가는 지중해, 내륙부는 기복이 큰 고원으로 구분된다. 지중해에 접한 남서부는 여름에는 덥고 건조하며, 겨울은 따뜻하고 비가 많이 내린다. 그러나 전체적으로 볼 때 여름에는 건조하므로 식사할 때 물을 많이 마시고 종일 진한 홍차를 마신다. 지중해안에서는 주로 채소, 포도, 과일, 올리브가 재배되며 내륙에서는 곡류와 축산물이 생산된다. 국토는 농경지와 목축지로 되어 있으며 농산물로는 밀, 목화, 담배 등이 생산된다. 밀로는 주로 주식인 빵을 만드는데 도시의 빵은 프랑스 빵과 비슷하고 농촌에서는 발효시키지 않고 구운 유프카yufka라는 빵을 먹는데 옥수수로 만들기도 한다.

채소류로는 토마토, 가지, 오이, 양배추, 양상추, 양파, 파, 감자 등을 생산하며, 특히 토마토는 터키 요리에 없어서는 안 되는 채소이다. 각종 콩류와 해바라기 기름이 생산되며 사과와 오렌지도 유명하다. 낙농제품으로는 소, 염소, 양으로부터 치즈나 요구르트를 얻을 수 있고 소고기와 양고기를 좋아한다. 어업은 흑해와 서부에서 주로 앤쵸비, 고등어, 참치가 잡힌다.

터키인들은 식사는 단지 밥을 나누는 것만이 아니고 그들의 마음과 삶을 공유하는 것이라고 여겼다.

2) 식생활 문화

(1) 일반적 특징

터키 요리는 프랑스, 중국 요리와 함께 세계 3대 요리로 꼽을 정도로 맛과 다양함을 자랑한다.

① 유목민들에게 빵이 편리한 음식이었기 때문에 터키인들은 아직도 빵을 많이 먹는다.
② 터키에서는 요리에 돼지고기를 사용하지 않으며, 가장 즐겨 먹는 고기는 양고기이다.
③ 양이나 소의 젖을 발효시킨 요구르트를 수프, 샐러드 드레싱, 음료 등에 다양하게 사용한다.
④ 스파이스와 허브를 많이 사용하여 맵고 자극적이다.
⑤ 올리브 오일을 많이 사용한다.
⑥ 굽는 요리를 좋아하고 육류를 많이 먹는다.
⑦ 대부분의 이슬람 문화권 나라와는 달리 비교적 음주에 관대하여 자유롭게 술을 마시는 편이다. 그러나 대부분 정해진 장소에서 마시고 과도한 음주는 삼가는 편으로 한두 잔 즐기는 정도이다.

(2) 터키의 식사

① 일상식

아침식사 터키인들은 간단한 아침식사를 선호한다. 전형적인 터키의 아침식사는 치즈, 버터, 올리브, 달걀, 토마토, 오이, 잼, 꿀, 그리고 달걀과 함께 먹을 수 있는 파스트르마pastirma, 보렉börek, 시미트simit와 수프를 먹는다. 아침 특별식으로는 토마토와 피망, 양파, 올리브 오일과 달걀로 만드는 메네멘menemen이 있다. 터키 홍차는 아침식사에 언제나 제공된다. 식당, 노점상이나 상점에서 메제와 라키raki로 구성된 가벼운 식사와 수프를 판매하는데 터키인들은 이런 가게에서 사먹는 것을 좋아한다.

점심식사와 저녁식사 점심이나 저녁에는 전통적인 식사를 하기도 하지만 일상식으로는 이들 중 한두 가지만 먹으며, 메제와 라키만으로 구성된 식사는 라키소프라시raki sofrasi라고 한다.

전통적인 식사는 손님을 대접할 때나 명절에 준비하는데, 터키인들은 손님을 환대하여 가족이 제공할 수 있는 최상의 대우를 한다. 그 구성은 다음과 같다.

첫 번째 코스는 전채요리인 메제로 페타치즈feta cheese, 갓 구워낸 빵, 올리브, 돌마, 파스티르마와 생선알로 만든 타라마tamara, 요구르트 소스의 샐러드, 홍합이나 오징어 튀김, 고등어요리 등 다양한 음식이 포함되며 라키와 함께 먹는다. 두 번째 코스 하므르 이시hamur işi는 뜨겁게 제공하는 음식으로 먼저 여러 가지 소를 넣은 페이스트리에 소스를 얹어 낸다. 다음의 고기코스는 주로 케밥요리와 올리브유를 넣은 찬 채소요리가 나오고, 마지막 디저트 코스에는 우유를 넣은 쌀 푸딩, 페이스트리, 그리고 계절과일과 독특한 향을 가진 진한 터키식 커피가 나온다.

② 라마단 음식

- 대부분의 국민이 이슬람교도인 터키에서 라마단은 가장 큰 종교적 행사로 한 달간 일출에서 일몰까지 완전한 단식을 한다.
- 일출 한 시간 전에 북을 울리고 일몰시에는 대포를 쏘아 단식시간을 알리며 일몰 동안 두 끼의 식사를 한다.
  - 사후르sahur : 새벽에 북이 울릴 즈음에 하는 간단한 새벽식사로 빵과 치즈, 올리브, 보렉, 차 등으로 구성되는데 차가운 음식으로 가볍게 먹는다.
  - 이프타르iftar : 일몰 후에는 단식을 깨는 뜻의 식사로 올리브나 대추야자, 물 등으로 먼저 단식을 깨고 난 후에 수프를 먹는다. 그 다음 각종 음식과 라마단 빵인 라마단 피데시를 먹고, 과일과 달콤한 후식을 먹고 난 뒤에는 차나 커피를 마신다.
- 라마단의 마지막은 각종 행진과 전시회, 어린이들을 위한 행사가 펼쳐지며 가족 모임을 갖고 긴 시간에 걸쳐 전통식사를 즐긴다.

터키식 커피

커피는 에티오피아가 원산으로 1555년 시리아 상인이 이스탄불에 커피를 들여온 이후 커피는 독특하게 터키의 음료문화로 자리 잡았다. 커피콩을 미세한 분말로 갈아 설탕과 함께 끓여 먹는 터키식 커피는 커피를 갈 때 카다몬(cardamon)을 넣기 때문에 독특한 향을 갖고 있다. 커피잔도 이탈리아의 에스프레소 잔만큼이나 작은데 아주 진하게 끓여 먹기 때문에 물과 함께 나온다. 터키식 커피는 제스웨(cezve)라고 불리는 특수한 커피주전자에서 끓이는데 원두를 곱게 갈아 인스턴트 커피처럼 거르는 작업이 없다. 커피를 마실 때는 잔을 완전히 비우지 않으며 손님은 커피를 마신 후에 커피잔을 받침 위에 엎어 놓는다. 이것이 식으면 주인은 남은 것이 흘러서 생긴 흔적을 가지고 운수를 보아주는 관습이 있다.

커피하우스는 오스만시대에 남자들이 정치를 의논하는 등의 중요한 사회적 장소였으며, 오늘날에도 이러한 관습은 계속되고 있다.

3) 대표 음식

케밥(kebab) 메인요리 중 가장 유명한 요리인 케밥은 고기를 뜻하는 터키어로, 종류가 수백 가지에 이른다고 한다. 대표적인 것으로는 되네르케밥döner kebab(얇게 썬 양고기 또는 소고기를 봉에 감아 회전시키며 불에 구운 것), 이스켄데르케밥ishkender kebab(되네르케밥에 요구르트와 토마토소스를 첨가한 것), 시시케밥shish kebab(양고기 또는 소고기 등을 덩어리째 꼬챙이에 끼워 불에 구운 것) 등이 있다.

코프테(kofte) 다진 고기에 양념과 다진 채소 등 여러 가지 식재료를 섞어 적당한 형태로 만든 다음 구운 요리이다. 터키는 일반적으로 굽는 요리가 발달해 있는데 코프테도 이에 속하며, 물녹말과 고추기름을 넣어 맵고 걸쭉하게 만들어 먹기도 한다.

피데(pide) 밀가루를 사용하여 빈대떡처럼 얇고 둥글넓적하게 구운 빵으로 라마단 기간 동안 해가 지고 나면 피데를 먹는다.

돌마와 사르마(dolma & sarma) 사르마는 토마토나 피망 등의 채소에 속을 채운 음식이고, 돌마는 포도잎에 쌀을 싸서 찐 음식으로 메제로 자주 상에 오르는 메뉴이다.

파스트르마(pastirma) 소고기나 양고기에 후춧가루와 체맨çemen 등의 향신료를 뿌

케밥

피데

파스트르마

코프테

돌마

사르마

라키

려 소금에 절인 다음 햇볕에 말린 식품이다. 장기간 보관하기 쉽고 운반하기에도 편리하여 터키 민족이 유목 생활을 하던 때 애용하였던 식품으로 여겨진다.

라키(raki) 아니스anice 향이 나는 터키의 토속주이다. 물을 타면 우유빛으로 변하기 때문에 '사자의 젖'이라고 불리기도 한다. 메제에 곁들여 먹는 라키는 일반적으로 얼음을 넣어 차게 마신다.

4) 식사예절

① 식사 때 어른들을 특별히 배려하여 어른보다 먼저 음식을 먹어서는 안 되며, 음식을 먹을 때는 오른손을 사용하여야 한다.

② 음식에 코를 대고 냄새를 맡거나 음식을 식히기 위해 입으로 불지 않는다.

③ 숟가락이나 포크를 빵 위에 놓거나, 음식을 그릇에 남기지 않도록 주의하여야 한다.

④ 식사 중에 환자에 대해서 얘기하지 않는다.

⑤ 음식을 가려먹거나 음식에 대하여 불평하는 행위를 좋지 않게 여긴다.

⑥ 과식을 하지 않도록 금언을 통하여 식사행위에 대해 주의를 준다.

⑦ 종교성이 강한 집에서는 식전처럼 식후에도 기도를 한다.

⑧ 음식을 마련한 노고에 감사한다. 식사가 끝난 뒤에 음식을 준비한 주부에게 "당신의 손에 축복이 임하기를"이라는 감사 표현을 한다.

2. 이스라엘 *Israel*

- 국가명 : 이스라엘국
- 수도 : 예루살렘
- 면적 : 약 2만 km²
- 언어 : 히브리어, 아랍어
- 민족 : 유대인(80%), 비유대인(20%)
- 인구 : 782만 명(2014)
- 종교 : 유대교, 이슬람교, 기독교

1) 식생활 배경

이스라엘의 지형은 북쪽의 레바논산맥과 갈릴리고원으로 이루어졌으며, 갈릴리고원의 동쪽은 요르단 계곡, 서쪽은 지중해 연안 평야, 남쪽은 에스드렐론평야의 세 방향으로 경사를 이루며 이어진다. 에스드렐론평야는 요르단 계곡에서 하이파 부근까지 매우 비옥한 곡창지대를 이루며, 에스드렐론평야의 남부는 160 km에 이르기까지 평평한 1,000 m 높이의 고원지대로 뻗어 있다. 고원의 북부는 강수량이 적당하여 많은 계곡을 이루고 있지만, 그 가운데는 비옥하지 못한 평야도 있다.

이스라엘은 특정 지역을 제외하고는 전형적인 지중해성 기후로 여름은 건조하고 기온이 30℃ 이상에 달하는 반면 겨울에는 강수량도 많고 온화한 기후가 된다.

이스라엘 음식은 그들의 역사와 떼어놓고 생각할 수 없다. 로마, 그리스, 터키, 유럽 십자군, 회교도들이 역사를 통해 고대 이스라엘 음식에 자취를 남겨 동양과 서양의 음식이 자연스럽게 조화를 이루면서 오늘날의 이스라엘 음식이 형성되었다고 할 수 있다. 중동의 교통 요지에 위치하여 3000년 이상 여러 대륙과 제국으로부터 정복자, 교역자, 식민지 관리 등이 이스라엘에 들어오고, 이들이 각종 음식문화와 맛을 함께 가져와 조화를 이루게 된 것 또한 이스라엘 음식문화의 배경이다. 그리고 유대인들의 민족주의 운동인 시오니즘zionism에 따라 오랜 유랑 끝에 이스라엘로 돌아오는 유대인들은 그들이 살던 나라의 음식문화도 함께 들여오면서 이스라엘 음식에 세계의 다양한 음식들이 모여 영향을 미쳤다고 볼 수 있다. 유대인들은 그들이 정착했던 나라에서 그들의 사회를 구성할 때마다 카슈르트Kashruth라는 기본 규범은 항상 지키면서 그 나라의 음식을 받아들여 왔기 때문에 다시 조국으로 돌아왔을 때 이스라엘 음식으로 받아들여지기에

용이했다고 볼 수 있다.

더운 지역이라 자극적 맛을 내는 향신료나 조미료, 올리브 기름은 음식에서 빼놓을 수 없는 요소이다. 이스라엘 어디에나 올리브나무가 있으며 수천 년 이상 수명을 유지하고 있는 나무도 많다고 한다. 산악 구릉지대에 각종 향신료 식물들이 야생하며 이로 인해 한때는 중요한 향신료 무역의 중심지이기도 하였다.

극히 서민적이고 소박하게 발전되어온 이스라엘의 음식들은 육류와 유제품을 함께 먹지 못하는 카슈르트 규율에 따라 기름지고 풍부한 소스를 사용하기보다는 그릴요리 또는 음식물 고유의 즙과 신선한 향신료 및 채소를 이용하는 음식이 대부분이다. 예를 들면 닭고기를 올리브 기름과 향신료에 재워 굽는 요리도 유명하다. 또 돼지고기의 요리가 금지되어 있는 만큼 다양한 생선요리가 많다. 디저트로 꿀과 너트, 신선한 과일을 주로 먹는다. 와인 등 각종 주류도 품질이 우수하다.

2) 식생활 문화

(1) 일반적 특징

① 이스라엘은 각국으로부터 건너온 유대인에 의해 형성된 나라이므로 중동식 음식에 세계 각 지역의 음식이 혼합된 형태이다.

② 유대인의 식사규범인 카슈르트를 엄격히 지키므로 고기와 유제품을 동시에 먹지 않는다.

③ 카슈르트 율법에 따라 먹을 수 있는 음식(코셔kosher)과 먹을 수 없는 음식(테레파terefah)이 구분되어 있어 돼지고기는 금지되고, 주로 먹는 육류는 소고기, 양고기, 닭고기와 칠면조 등이다. 한편 양고기가 비싸므로 생선을 즐겨 먹는다.

④ 베이글, 부풀리지 않는 빵 맛초트matzah, 피타빵 등의 다양한 빵을 볼 수 있다.

⑤ 향신료와 조미료, 올리브 기름은 이스라엘 음식에서 빼놓을 수 없는 요소이다.

(2) 이스라엘의 식사

① 일상식

아침식사 요구르트, 여러 종류의 치즈, 다양하게 조리한 달걀, 생선, 콩요리와 따뜻한 곡물 음식 등으로 풍성한 아침식사를 한다.

점심식사 하루 중 가장 푸짐한 식사를 한다. 전채, 고기와 채소 수프를 먹고, 과일 스튜나 푸딩을 후식으로 먹는다.

저녁식사 평상시 저녁에는 달걀 또는 치즈요리와 샐러드, 빵을 차 또는 커피와 먹는 가벼운 식사를 하지만, 안식일에는 가족이 함께 모여 성대한 식사를 한다.

② 특별식

유월절(Pesach) 무교병 축제라고도 하며 4월의 14번째 되는 날(유대력 1월 15~21일)로 8일 동안 축제 기간이다. 유월절은 하나님의 소명을 받은 모세가 파라오Pharaoh에 의해 속박과 고난에 빠진 이스라엘을 구원한 출애굽을 기념하는 축일이다. 이날 유대인들은 기도와 연회를 즐기며 누룩이 없는 밀가루 반죽으로 구운 빵인 무교병(맛초트matzah)을 먹는다. 이집트에서 가나안 땅으로 탈출할 때 밀가루 반죽을 발효시키지 않고 그대로 구워 먹었던 것을 기념하기 위함이다.

맛초트

안식일(Shabbat) 매주 토요일은 안식일로 금요일 저녁 일몰부터 시작된다. 안식일에는 노동을 금지하고 기도와 성경 공부를 하며 가족과 함께 보내므로 음식은 전날 준비한다. 흰 식탁보를 깔고 촛불을 켜고 기도하고 포도주로 축성의식을 한 후 안식일 빵challah으로 저녁식사를 한다. 안식일에는 아침 예배 후에 콩으로 만든 캐서롤을, 저녁에는 찬 생선요리와 빵, 포도주를 먹는다.

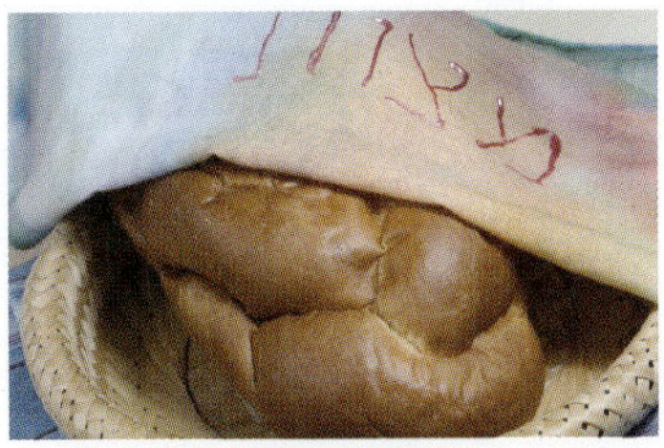

할라빵

3) 대표 음식

베이글(bagel) 도넛을 크게 만든 것과 비슷한 빵으로 참깨가 붙어 있어 냄새가 좋고 맛도 고소하다. 보통 25 cm 정도이며 큰 것은 70 cm인 것도 있다. 이 빵을 살 경우 신문지에 향료도 함께 싸서 준다.

베이글	샤와르마
할라빵	하누카
할라빵	촐런트

샤와르마(shawarma) 양고기 기름과 칠면조를 겹겹이 쌓아 케밥처럼 꼬챙이에 꽂아 돌려가며 굽는 요리를 말한다. 가게에서 주문하면 돌고 있는 그릴의 고기를 잘라 피타에 넣어주는데, 여기에 감자튀김과 채소 샐러드를 함께 넣어준다. 먹는 방법은 팔라펠과 비슷하다.

할라빵(challah) 샤밧Shabbat 기도문을 암송한 후에 소금을 뿌려 먹는다. 사람이 팔짱을 끼고 쉬는 모습으로 예수님을 상징하고, 안식일 저녁식사에서 절대로 빠져서는 안 되는 귀한 빵이다.

촐런트(cholent) 소고기 덩어리와 뼈를 콩과 함께 끓인 후 파프리카로 맛을 낸 요리. 끓이는 냄비요리에는 다양한 요리법이 있다. 이 요리에는 세파르디(스페인 또는 포르투갈계 유대인) 통달걀이 더해진다.

하누카(hanukkah) 명절에 먹는 달콤한 도넛이며 이스라엘에서는 유월절 때만 빼고 다른 명절에는 달콤한 빵을 먹는다.

4) 유대인의 식사규범 카슈르트(Kashruth)

코셔 소금과 코셔 마크

카슈르트란 유대인의 식사규범인 코셔를 준수하는 것을 말한다. 모세오경의 레위기Leviticus에서 처음으로 언급되었으며 이 법이 유대인의 식생활에 지대한 영향을 미쳤다. 돼지고기를 금기시하는 것과 육류와 유제품을 동시에 먹지 않는 것이 코셔의 중요한 특징이다. "너희는 새끼 염소를 그 어미의 젖에 담그지 말지어다."라는 성경의 해석에 따라 육류와 유제품은 철저히 분리하여 취급하여 한 끼에 같이 먹지 않는다. 규정상 최소 6시간의 간격을 두고 먹어야 한다. 율법을 철저히 지키는 유대교인들은 그릇이나 조리기구 등을 육류용과 유제품용으로 구분하여 갖추고 사용한다.

카슈르트에 의한 식품의 분류는 다음과 같다.

① 파러버(Pareve)

- ‘중립적’이라는 뜻으로 육류와 유제품 어느 쪽에도 속하지 않는 것을 말한다. 곡식, 과일, 채소, 생선, 조미료, 유제품을 사용하지 않은 음료 등이 해당되며 이러한 식품은 고기나 우유와 함께 먹을 수도 있다.
- 포장이나 가공된 식품에는 ‘pareve’라고 표시한다.

② 코셔(Kosher)

- ‘합당한’의 뜻으로 먹기에 합당한 음식을 의미한다. 소, 양 등 되새김질을 하고 발굽이 갈라진 동물의 고기, 집에서 기르는 가금류, 지느러미와 비늘이 있는 어류 등이 해당된다.
- 특별한 처리과정을 거쳐서 코셔가 되는 것을 말한다.
- 발굽이 갈라지고 되새김질을 하는 동물도 코셔가 되려면 랍비에 의하여 도살할 자격을 허락받은 사람shochet에 의해 율법에 따라 도살된 후, 찬물에 반시간 담갔다가 소금에 절여 경사진 판 위에서 피가 흘러나오도록 하고, 다시 물에 헹구어 처리한다.

③ 테레파(Terefah, Trief, Treifa)

- ‘금지된’이라는 뜻으로 코셔가 아닌 것을 말하며, 돼지고기, 갑각류, 비늘이나 지느러미가 없는 어류, 발굽이 갈라지지 않거나 되새김질을 하지 않는 동물의 고기 등이 해당된다.
- 식품 포장에 K, U, COR 등 국제적인 표기방법을 사용한다.

2 남아시아

남아시아는 인도, 파키스탄, 방글라데시, 스리랑카, 네팔, 부탄, 몰디브를 포함하는 아시아의 한 지역으로 인도 아대륙으로도 불린다. 아프가니스탄의 일부 혹은 전체가 남아시아에 포함되기도 한다.

1. 인도 *India*

- 국가명 : 인도공화국
- 수도 : 뉴델리
- 면적 : 329만 km^2
- 언어 : 힌두어, 영어
- 민족 : 인도-아리아족, 드라비다족, 몽고족 및 기타
- 인구 : 12억 3634만 명
- 종교 : 힌두교, 이슬람교, 기독교

1) 식생활 배경

정식 명칭은 인도공화국이며, 힌디어(語)로는 바라트Bharat라고 한다. 중동아시아와 동남아시아를 연결하는 중간 위치로 히말라야산맥 남쪽에 위치하는 남부아시아로 아라비아해와 벵골만을 접하고 있으며, 동쪽으로 방글라데시, 미얀마와 북동쪽으로 중국, 네팔, 부탄, 서쪽으로는 파키스탄과 국경을 접하고 있다.

인도는 위도 상으로 아열대에서 온대기후이지만, 히말라야산맥이 장벽을 이루어 전체적으로 열대몬순(계절풍)기후를 나타낸다. 남인도의 경우 일년 내내 열대기후를 보이고, 북쪽 히말라야 지방의 경우는 일년 내내 추운 편이다. 인도의 계절은 계절풍의 변화를 바탕으로 3월에서 5월에 이르는 건조혹서기와 6월에서 10월 상순에 걸친 습윤고온기, 그리고 10월에서 2월에 이르는 건조한랭기 등의 세 계절로 되어 있다.

넓은 국토와 다양한 지형적 환경, 지역에 따라 각기 다른 민족으로 구성되어 있어 다양한 언어를 사용하며, 힌두교와 불교를 포함한 여러 종교의 영향 및 과거의 계급제도인 카스트제도 등으로 인해 인도의 음식문화는 다양하게 발전해 왔다.

인더스강 유역을 중심으로 한 인도 문명의 발상지로서 과거부터 브라만교, 불교, 힌두교, 이슬람교 등의 종교적인 이유로 채식을 선호하거나 특정 육류의 섭취를 기피하고, 유제품 및 각종 향신료를 식재료로 많이 이용하고 있다. 17세기 이후 유럽의 침입을 받기 시작하였고, 18세기 후반 영국의 지배를 받기 시작해 1947년 독립하였으며, 많은 인종과 종교, 언어의 차이로 인도 사회계층 간에 차이가 심한 편이다.

2) 식생활 문화

(1) 일반적 특징

넓은 국토와 다민족으로 구성된 인도는 지역과 종교에 따라 다양하게 발전되어 왔다. 종교적인 이유로 힌두교인들은 소고기를 먹지 않아 대부분 채식주의자들이며, 이슬람교인들은 돼지고기를 먹지 않으나 시크교도, 기독교도들과 더불어 채식주의자는 아니다. 단백질은 곡물과 콩, 다양한 유제품으로 섭취하고 있다. 인도의 식사는 모든 음식이 한꺼번에 차려져 개인별로 제공되며, 다양한 향신료를 사용하고 약한 불에서 장시간 은근하게 가열하여 깊은 맛과 복합적인 향신료 맛이 나는 것이 특징이다.

① 마살라(Masala, 향신료) 문화

인도의 향신료는 종류가 매우 다양한데 두 가지 이상 섞은 혼합 향신료를 '마살라 Masala'라고 부르며 모든 인도 요리에 빠지지 않고 들어간다. 마살라는 혼합하는 재료에 따라 종류가 매우 많으며, 가장 대표적인 것이 인도의 기본양념이라 할 수 있는 가람 마살라Garam Masala이다. 가람 마살라는 '매운 혼합물'이라는 뜻으로 계피, 카다몬 cardamon, 커민, 후추를 기본으로 하나, 지역과 취향에 따라 여러 가지 향신료를 첨가하여 다양한 맛으로 조합시킬 수 있다. 거의 모든 인도의 음식에 향신료가 사용되기 때문에 인도의 음식을 향신료 문화라고 할 정도이다.

② 정(淨)·부정(不淨)의 식문화

식재료의 의례적인 분류법의 토대가 정·부정의 개념으로 안느anna와 팔phala로 나눈다. 원래 안느는 곡물을, 팔은 과일이나 열매를 뜻하는 말이나, 의례적인 분류에서 안느는 농사라는 과정을 거쳐 생산된 쌀, 보리, 밀, 콩류이며, 팔은 경작하지 않은 자연상태에서 자란 곡류, 채소, 과일 등을 말한다. 인간의 손을 거치지 않은 것을 신성한 것으로 보기 때문에 팔을 '정'한 것으로 여겨 길한 의식에 사용한다.

③ 깟차와 빡까의 식문화

우유나 유제품의 사용 여부에 따라 음식을 구분하는 식문화이다. 깟차는 '설익은', 빡까는 '익은'의 사전적인 뜻이 있다. 의례적으로 사용될 때는 깟차 음식은 기ghee, 버터나 유제품이 들어 있지 않거나, 불완전한 식품으로 오염되기 쉽고 부정해지기 쉬운 음식이며, 빡까 음식은 기나 유제품이 들어 있는 완전한 음식이다.

(2) 지역별 특징

인도는 남부와 북부의 음식문화의 차이가 크다. 북인도는 무굴제국의 영향을 많이 받아 육류를 먹지만, 남인도는 전통적으로 채식을 고집한다.

① 북부 인도

이란과 아프가니스탄 음식의 영향으로 난, 차파티 등의 빵을 주식으로 하며 채식주의자가 많고, 이슬람교의 영향으로 돼지고기를 기피한다. 금속제 식기를 사용하고, 향신료로 커민, 고수, 계피, 카다몬 및 이를 배합한 가람 마살라 등을 이용해 약하게 조미한 음식이 많으며, 우유와 요구르트의 일종인 다히, 정제버터인 기 등을 많이 사용한다. 화덕에 구운 탄두리 치킨이 유명하다.

② 남부 인도

주식으로는 북부의 찰기가 많은 쌀 대신 찰기가 적은 쌀로 지은 쌀밥을 많이 먹는다. 유제품보다 코코넛 밀크를 많이 사용하고, 튀긴 음식이 많은 것이 특징이다. 채식주의자가 많은 관계로 채소와 콩요리가 발달하였고, 힌두교의 영향으로 소고기를 기피한다. 간혹 생선을 사용한 음식도 있으며 음식이 매운 편이다. 북부 인도만큼 오일을 사용하지 않기 때문에 요리는 비교적 담백한 편이며, 바나나 잎을 식기로 사용하고 일반적으로 방바닥에 앉아 먹는다.

(3) 인도의 식사

① 일상식

아침식사의 비중이 크며, 북부에서는 우유, 홍차 등의 음료와 차파티, 푸리 등의 빵에 샐러드와 과일을 먹으며, 남부에서는 쌀이나 콩으로 만든 '도사'나 '이도리'를 먹는다. 점심으로는 커리와 탄두리 음식, 요구르트, 감미 음료 등을 먹고, 저녁식사는 비교적 가볍게 하는 편으로 푸리, 채소 커리, 스낵, 요구르트 등을 먹는다.

인도인의 일반적인 식사는 주식(로티나 쌀밥)에 한두 가지 달과 커리를 곁들여 먹는 것으로 밥, 차파티, 달, 커리 등이 탈리라고 하는 인도의 전형적인 밥상에 차려진다. 우리의 부식에 해당하는 것으로는 달, 커리, 아차르 등이 있다. 달이라는 음식은 우리의 국, 서양의 수프에 해당하는 국물요리로 콩, 팥, 녹두 등의 곡물을 오래 끓여 마살라 등을 가미한 것이며, 밥이나 차파티에 섞어 먹는 것이 인도 식사의 기본이다. 커리는 양고기, 닭고기, 생선 등의 육류와 토마토, 감자, 양파 그리고 요구르트 등 3~10가지 재료에 향신료를 섞어 만든 음식으로 우리에게 카레로 알려져 있으나 우리나라의 카레와는 많이 다르고 각 지방마다 맛이 독특하고 다양하다.

인도인들은 저녁식사를 비교적 늦게 시작하는데, 예를 들어 초청받은 시간이 7시라고 하더라도 그때 음식이 나오는 것이 아니고 먼저 음료나 술을 마신 후 저녁은 9시 이후가 되어야 제공한다. 인도에서 귀한 손님을 초청할 때 "몇 시까지 오라고 하면 실례"라는 말이 있는데 이는 손님이 오고 싶을 때 오면 된다는 의미이다.

오늘날에는 점점 의미가 없어져 가고 있지만, 아직도 인도는 채식주의자들을 위한 메뉴가 매우 다양하고, 식당도 채식주의자 식당과 비채식주의자 식당으로 나누어져 있거나, 일부 식당은 좌석을 따로 배치하고 있다.

② 축제음식

홀리(Holi, हन्दि) 본래는 힌두교의 축제이나 종교를 넘어서 남아시아 전역에서 행해진다. 겨울을 지나 봄을 알리는 축제로 '색채의 축제'라고도 한다. 축제 기간 동안에는 인도인들은 인도의 카스트제도에 따른 계급, 성별, 지위, 나이, 인종 등의 사회적 제약을 잊어버리고 서로에게 색색가지의 염료가루나 물감을 뿌리며 즐긴다. 대마초잎 성분인 뱅bhang을 음료나 과자, 빵에 넣어 먹기도 한다.

두세라(Dussehra 또는 Daserra, दशहरा/महा नव) 비자야사미Vijayadashami로 알려진 두세라는 악의 세력에 대항해 선이 승리하는 것을 상징하는 축제로 10일에 걸쳐 계속된다. 사람들끼리 과자나 선물을 교환하며 축제를 보내며, 가장 마지막 날이 축제에서 가장 중요한 날이 된다. 평평하고 납작하게 만들어 튀긴 빵의 일종인 루치luchi와 매운 향신료로 맛을 내고 기름에 튀겨낸 알루돔alur dom이라는 감자음식을 먹는다.

디왈리(Diwali, दीपावल) 힌두교를 기원으로 하는 디왈리 축제는 홀리, 두세라 축제와 더불어 인도의 3대 축제이다. 매년 10월 말에서 11월 초 사이에 5일간 열리며 악함을 극복한 선함을, 어둠을 이겨낸 빛을 상징하므로 '빛의 축제'로 불릴 정도로 기름램프 등과 화려한 조명으로 집안을 장식하고 폭죽을 터트린다. 디왈리에는 각지에 흩어졌던 가족이 모여 맛있는 음식을 먹는데 특히 미타이mithai라고 부르는 디저트와 과자의 중간 형태인 단 음식을 먹는다. 미타이의 종류는 매우 다양하며 남아시아 전역에 걸쳐 먹는 음식으로 방글라데시, 네팔, 파키스탄, 스리랑카에서도 먹는다. 설탕, 밀가루, 우유 및 유제품, 각종 채소와 씨앗류, 과일 및 과일 가공품 등이 사용되며, 그 종류와 조리법이 다양하다.

3) 대표 음식

탈리(thali) 힌디어로 '큰 접시'를 뜻하며, 금속으로 된 큰 쟁반에 밥이나 빵을 가운데 놓고 작은 그릇에 달, 커리, 다히 등의 부식을 함께 담아내는 인도식 상차림이다.

커리(curry) 인도 요리의 기본양념으로, 다양한 향신료를 넣어 만든 음식이라는 의미인 '카리kari' 라는 남인도 단어가 기원이다. 커큐민, 강황, 후추, 계핏가루, 겨자, 생강, 마늘, 박하 잎, 칠리 페퍼, 정향 등을 섞어 만든 혼합 향신료로 집집마다 그 배합이 다르다.

채소와 고기에 다양한 향신료를 넣고 걸쭉하게 끓인 음식을 모두 커리라고 하며, 매운맛이 강하고 자극적이지만 버터를 넣어 깊은 맛이 있다. 밥에 얹어 먹거나 차파티 또는 난과 함께 먹는다.

달(dhal) 밥이나 차파티를 먹을 때 빠지지 않는 인도 식사의 기본 구성 중의 하나이다. 부드럽게 삶은 콩에 혼합 향신료인 마살라를 가미한 수프의 일종으로 콩의 종류에 따라 맛과 모양이 다르다.

차파티(chapati) 북인도 빵의 총칭을 로티roti라 하며 차파티, 난, 푸리 등을 말한다. 차파티는 밀가루 반죽을 얇고 평평하게 한 뒤에 둥글게 모양을 만들어 간을 하지 않고 화덕에 구운 것으로, 싱겁고 담백한 맛이 나는 인도의 대표적인 주식이다.

난(nan) 발효시켜 만든 빵의 일종으로 차파티보다는 크고 도톰하며, 인도 전통 진흙 화덕인 탄두르tandoor에서 구워 낸다. 여러 과일이나 곡물 등을 섞어 굽기도 한다.

파라타(paratha) 인도식 무쇠팬인 따와tawa에 기름을 둘러 구워 낸 빵의 일종으로 차파티와 비슷하며, 곡물과 양념을 가미하기도 한다.

<table>
<tr><td>탈리</td><td>커리</td><td rowspan="2">커리</td></tr>
<tr><td>차파티</td><td>달</td></tr>
<tr><td>난</td><td>파라타</td><td>푸리</td></tr>
<tr><td rowspan="2">도사</td><td>풀라우</td><td>탄두리 치킨</td></tr>
<tr><td>비리야니</td><td></td></tr>
</table>

사모사

다히

파니르

기

짜이

라씨

푸리(puri) 주로 남인도에서 아침식사용으로 많이 먹는 빵의 일종이며, 기름에 튀겨서 부풀린 작은 빵이다.

도사(dosa) 콩과 쌀가루를 반죽해서 철판에 얇게 구운 남인도 음식으로 가볍게 먹을 때 적당하며, 다양한 내용물을 넣고 굽기도 한다.

풀라우(palau, pulao) 향료인 마살라를 넣어 만든 볶음밥이다.

비리야니(biriyani) 향신료와 과일, 채소, 육류 등을 다양하게 섞어 만든 인도식 고급 볶음밥으로 지역마다 사용하는 식재료가 광범위하기 때문에 다양한 맛을 지닌다.

탄두리 치킨(tandoori chicken) 닭을 요구르트와 여러 가지 향신료에 재웠다가 쇠꼬챙이에 꿰어서 탄두르에 넣어 구운 요리로, 향신료가 속까지 잘 배어서 맛이 향기롭다. 인도 펀자브 지방의 전통요리로 인도 전역에서 먹는다.

사모사(samasa) 밀가루피에 으깬 감자와 향신료를 혼합한 소를 넣고 삼각형 모양으로 튀긴 인도식 만두의 일종이다. 인도의 전통적인 대중음식이며, 전채요리, 주식, 후식, 간식 등 다양한 형태로 먹는다.

다히(dahi) 인도의 걸쭉한 요구르트로 밥이나 빵에 곁들여 먹기도 한다.

파니르(paneer) 숙성시키지 않은 인도식 치즈. 끓인 우유에 식초를 넣고 걸러 응고시킨 것으로 인도 채식주의자의 단백질 공급원이다.

기(ghee) 주로 물소의 젖으로 만든 인도의 정제 액체버터로 마칸을 가열하여 만들며, 힌두교에서 신성한 식재료로 여긴다.

짜이(chai) 홍차에 카다몬(혹은 생강)을 넣고 물을 부어 끓인 다음 우유와 설탕을 넣어 마시는 인도의 대중적인 차로 지역에 따라 다양한 향신료가 첨가된다.

라씨(lassi) 걸쭉한 요구르트에 물, 향신료, 과일 등을 섞어 만든 인도의 대중적인 음료수로 지역에 따라 맛이 다양하다.

4) 식사예절

인도의 식사예절은 대부분 힌두교의 전통예절을 따른다. 낮은 의자를 사용하거나 동쪽이나 북쪽으로 향해 바닥에 앉아서 식사를 하는데 이는 서서 먹는 것은 예절에 어긋나는 것으로 생각하기 때문이다. 식사는 오른쪽에 주인, 왼쪽으로 가면서 나이순으로 앉아 먹으며 노인과 소년, 소녀는 조금 떨어져 앉는다. 성인이 되면 여자는 남자와 함께 식사를 할 수 없고 남자의 시중을 든다.

보통 음식을 손가락으로 집어 먹기 때문에 식사 전에 반드시 물로 손을 씻는다. 그러나 음식이 뜨거운 경우는 나무스푼을 사용하기도 한다. 오른손만을 사용하여 식사를 하며 왼손을 사용하는 것은 부정하다고 생각한다. 음식을 만진다든지 물건을 건네줄 경우에는 반드시 오른손을 사용하도록 한다.

물을 마실 때 컵을 입에 대지 않도록 하여 입안에 부어넣고, 식사를 마치고 나면 물로 입안을 헹군 다음 양치한 물은 뱉어 버린다. 식사 중에 대화하는 것을 무례하다고 여기므로 식사가 끝나면 손을 씻고 양치한 후에 이야기를 시작한다.

06 유럽의 식문화

CHAPTER 06

유럽의 식문화

유럽은 위치에 따라 서유럽, 동유럽, 북유럽, 남유럽으로 구분할 수 있다. 프랑스, 영국, 독일, 오스트리아 등이 서유럽Western Europe에 속하며, 이 지역은 해양성 기후에 속해 위도에 비해 온난한 편이며, 적당한 강수량과 평야가 넓어 농·축산물이 풍부하다. 뿐만 아니라 대륙을 둘러싸고 있는 해양에서도 풍부한 수산자원이 제공되므로 음식문화가 발달할 수 있는 자연조건을 지니고 있는 곳이다. 서유럽에 속하는 국가들은 경제적, 문화적으로 유럽을 대표하는 곳이며 오랜 역사와 전통이 함께 하여 세계를 선도하는 음식문화가 발달한 곳이기도 하다. 동유럽Eastern Europe은 서유럽의 동쪽으로 발트해에서 발칸반도에 이르는 유럽의 동부 지역을 의미하며, 대체적으로 예전 냉전시기의 동구권 국가들을 이른다. 위도가 높아 한랭건조하여 농작물이 잘 자라지 않으므로 음식문화가 서유럽에 비해 덜 발달하였다. 하지만 대서양 연안지역이나 발트해 연안은 그 중에서도 따뜻한 곳으로 농업, 목축업, 수산업 등이 발달하였다. 남유럽Southern Europe은 지중해 연안국으로 이베리아반도권의 스페인, 포루투갈 등과 이탈리아반도권의 이탈리아 그리고 발칸반도권의 슬로베니아, 그리스, 알바니아 등의 국가가 포함된다. 북유럽은 노르웨이, 스웨덴, 덴마크 등의 스칸디나비아 3국과 핀란드, 아이슬란드 등의 국가를 포함한 노르딕 국가, 그리고 에스토니아, 리투아니아, 라트비아의 발트 3국이 있으며 러시아 등의 나라가 포함된다.

1 서유럽

1. 프랑스 *France*

- 국가명 : 프랑스공화국
- 수도 : 파리
- 면적 : 55만 km^2
- 언어 : 프랑스어
- 민족 : 켈트족, 라틴족, 슬라브족
- 인구 : 6626만 명(2014)
- 종교 : 가톨릭교, 이슬람교, 개신교, 유태교

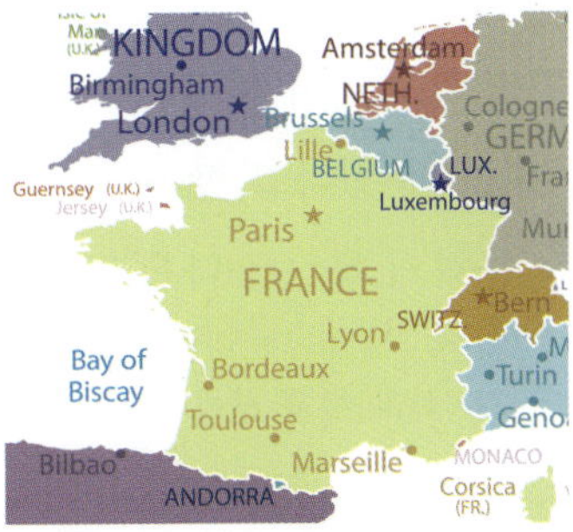

1) 식생활 배경

프랑스는 유럽에서 세 번째로 큰 나라로 전체적으로 6각형의 모양을 하고 있다. 이탈리아, 스위스, 독일, 룩셈부르크, 벨기에, 스페인과 국경을 접하고 있으며, 영국과는 북서쪽으로 영국해협을 건너 마주하고 있다.

연평균 기온은 10~15℃ 전후로 온화하며, 넓은 평지와 적절한 강수량으로 인해 다른 유럽 국가에 비해 농업이 발달하였다. 노르망디와 산지를 중심으로 목초지가 많아 목축업도 성하다. 또한 지중해와 대서양에 면하고 있어 농산물, 수산물, 임산물 등 요리에 필요한 재료가 풍부하다. 프랑스는 유럽 최대의 농업생산국가로 주요 생산물은 밀, 보리, 귀리, 옥수수, 사탕무, 와인, 낙농제품 등이며, 포도는 거의 전국에서 생산되고 질적으로나 양적으로 세계 제1위이다.

프랑스의 민족은 남쪽의 스페인인, 서쪽의 켈트족, 북쪽의 러시아인 등 다양한 인종으로 이루어진다. 언어는 프랑스어, 종교는 천주교가 우세하다. 프랑스는 음식 맛이 거친 골gaule족이 살던 곳이었으며, 후에 프랑스인이 이주하면서 로마와 게르만의 영향을 받았다. 프랑스의 음식문화는 16세기 초반까지 다른 유럽국과 큰 차이가 없었으나, 1533년 이탈리아 메디치가의 카트린느와의 결혼으로 이탈리아의 고급 식문화가 전해져 발달하기 시작하였다. 서유럽의 음식문화는 중세에서 르네상스까지 융성했던 이탈리아와 그 이후에 주도권을 잡았던 프랑스를 중심으로 이루어졌다고 볼 수 있다.

2) 식생활 문화

(1) 일반적 특징

프랑스 요리의 특징은 재료를 충분히 살리고 고도의 조리기술을 구사하여 섬세한 맛을 내는 데 있다고 할 수 있다. 요리의 맛과 멋, 다양함으로 세계적으로 유명한 프랑스 음식문화의 특징은 다음과 같다.

① 다양한 식품재료

프랑스는 기후가 온화하고 지중해, 대서양 등 바다와 접해 있어 농산물과 수산물이 풍부하고 축산업과 어업, 낙농업 등이 고루 발달하여 요리에 좋은 재료를 다양하고 풍부하게 구할 수 있다. 특히 대부분의 프랑스 요리에는 생크림과 버터를 다양하게 이용한다.

② 다른 나라의 음식문화를 수용하면서 발달

중세 프랑스는 음식문화가 그리 발달한 편은 아니었지만 앙리 2세와 카트린느와의 결혼으로 이탈리아의 음식문화를 받아들이게 되면서 프랑스 요리가 발달하기 시작하였다. 그 후 프랑스의 다양한 식민지로부터 많은 식품과 조리법이 도입되어 요리에 이용하는 식품의 수와 조리법이 다양하게 되었다.

③ 맛 외에도 시각적인 면을 중시하여 조화의 미를 추구

프랑스 요리가 유명한 것은 요리의 맛도 훌륭하지만, 테이블 셋팅, 격식 있는 식사예절 등도 함께 하기 때문이다. 예전에는 음식의 양이 많고 잘 어우러진 음식을 선호하였으나, 점차 요리에 미각뿐 아니라 시각적인 효과를 매우 중요시하여 음식을 예술로 여기고 있다. 이러한 경향은 1980년대 시작된 누벨 퀴진nouvelle cusine에서 최대화되고 있어 음식의 색, 모양, 양에 영향을 끼치고 있다.

④ 여유로운 식사시간

프랑스인들의 식사시간은 길고 여유 있다. 하루 세 끼 정해진 식사시간을 지키며 아침식사시간을 제외한 점심식사와 저녁식사는 기본 1~2시간에서 손님과 함께 할 경우 최대 4시간까지 이어진다. 프랑스인의 점심식사 시간은 12시에서 2시까지 2시간일 정도로 식사시간을 중요하게 생각한다. 이는 전채, 주요리, 샐러드, 치즈, 후식 등이 차례로 나오기 때문이기도 하지만 무엇보다 프랑스인들이 토론을 즐기기 때문이다. 이처럼 식사시간에 먹는 것 이상의 가치를 부여하고 있다.

⑤ 다양한 소스와 향신료

프랑스 요리는 소스가 중요한 역할을 한다. 기본적인 소스를 응용하여 수백 가지 소스로 만들어 다양하게 활용한다. 요리에 사용하는 스톡(육수)은 색깔에 따라 화이트와 브라운으로 나눠지며, 사용하는 재료도 소고기, 닭고기, 생선, 채소 등 다양하다.

또한 향신료로는 후추, 셀러리, 넛멕, 사프란, 타임, 로즈마리, 정향, 후추, 월계수잎 등을 다양하게 사용하며, 이를 두서너 가지씩 혼합 사용하여 미묘한 맛을 창출한다. 부케가르니라는 향신료 다발을 이용하여 잡내를 제거하고 향을 돋운다.

⑥ 와인, 빵, 치즈 등 세계적으로 유명한 가공품의 발달

프랑스에는 전 세계적으로도 유명한 식품이 많이 있는데 와인, 치즈 등이 대표적이다. 프랑스 제일의 특산물인 와인은 산지에 따라 맛, 빛깔, 향기 등이 다르고 종류도 수없이 많은데, 생산, 제조, 유통에 이르기까지 적절한 관리가 잘 이루어지고 있어 맛과 품질이 훌륭하다. 와인은 마시는 목적 외에 요리의 맛을 돋우고 부드럽게 하기 위한 조미료로도 이용된다.

⑦ 와인의 문화

프랑스는 기후와 토양 등 다방면에서 포도재배에 이상적인 조건을 갖추고 있으며 프랑스 와인은 고급 와인의 대명사일 정도로 품질이 뛰어나다. 이는 긴 세월 동안 포도 품종의 개량과 와인 제조 방법에 대한 연구를 지속하였을 뿐 아니라 국가 제도(AOC 제도)로서 산지관리를 철저하게 하여 이루어진 결과이다. AOC 제도란 Appellation(명칭), d'Origine(원산지), Controllee(규제)의 약자로, 포도의 원산지, 품종과 재배 방법, 와인 제조 방법 및 수확, 수율 규제, 최소 알코올 농도 등을 관리하는 품질관리체제이다.

프랑스 와인의 등급은 4단계로 분류되며 AOC 등급이 가장 우수한 품질의 와인이다. 뱅 데리미테 드 칼리테 슈페리어Vin Delimite de Qualite Superieure, 뱅 드 페이Les Vins de Pay, 뱅 드 타블르Les Vins de Table의 순으로 품질이 낮아진다. 뱅 데리미테 드칼 리테 슈페리어는 뱅 드 페이와 AOC 등급의 중간 단계이고, 뱅 드 페이는 지방명 와인VDP들로 원산지를 표기할 수 있다. 반면, 뱅 드 타블르는 테이블 와인으로 원산지 표시를 할 수 없으나 일반적으로 늘 같은 품질을 유지하고 있다.

포도의 품종은 레드 와인으로, 카베르네 소비뇽cabernet sauvignon, 메를로merlot, 말벡malbec, 등이, 화이트 와인으로 소비뇽sauvignon, 뮈스카델muscadelle 등이 있다.

프랑스의 주요 와인 생산지는 보르도Bordeaux, 부르고뉴Bourgogne, 알자스Alsace, 루아르Loire, 론Rhone, 상파뉴Champagne 등으로 구분할 수 있으며, 산지에 따라 서로 다른 풍토와 햇빛으로 인해 각기 개성이 뚜렷하여 맛, 색, 향기 등이 다르다.

색깔에 따라 크게 레드 와인, 로제 와인 및 화이트 와인으로 구분하는데, 일반적으로 화이트 와인은 생선요리에, 레드 와인은 고기요리에, 중간색인 로제 와인은 양쪽 요리에 모두 사용한다. 대표적인 와인 사용 음식으로 코코뱅coq au vin(수탉을 포도주로 찐 것), 뵈프 부르기뇽boeuf bourguignon(소고기를 레드 와인으로 찐 것) 등이 있다. 포도주로 식초를 만든 것이 발사믹 식초balsamic veneager이다.

표 6-1 프랑스 와인의 종류와 특징

지역	분류	특징
보르도 (Bordeux)	레드 와인	보르도는 Au Bord de l'eau(물가)란 말에서 유래하였으며, 프랑스 남서부 지역에서 생산되는 와인이다. 와인의 등급을 가장 먼저 제도화한 지역이기도 하다. 메독(Medoc), 소테른(Sauterne), 생테밀리옹(Saint Emillion), 포므롤(Pomerol)이 대표 생산지이다. 와인의 여왕으로 불리는 프랑스 대표 와인이다.
부르고뉴 (Bourgogne)		보르도와 함께 프랑스를 대표하는 와인 산지로, 부르고뉴를 영어로 버건디(Burgundy)라고 한다. 프랑스에서 가장 오래된 포도원 중 하나로 2000년이 넘는 오래된 역사를 가진 포도원들이 있다. 이 지역에서는 단일 품종으로 다양한 와인을 만드는데, 레드 와인은 피노 누아(pinot noir)를, 화이트 와인은 샤르도네(chardonnay)만을 사용한다. 남쪽의 보졸레에서는 가메(gamay)만을 사용하여 맛과 향이 다른 와인을 만든다. 보르도산은 2종류 이상의 포도를 섞기 때문에 복잡섬세한 반면, 단일 품종으로 만드는 부르고뉴 와인은 단순하면서도 우아하고 가볍다.
보졸레 (Beaujolais)		쏜(Saone)강 왼편의 넓은 계곡을 향한 동남서 지역의 경사진 언덕 지역이다. 가메 한 가지 품종만 생산된다.
프로방스 (Provence)	로제 와인	프랑스에서 가장 오래된 포도원으로 BC 600년경부터 그리스인들에 의해 로제 와인을 생산하고 그 후 로마인들이 대규모 포도원을 조성하였다고 한다. 토질은 배수가 잘되고 자갈이 많아 포도 재배에 적합하며 지중해성 기후이다. 지금도 여전히 로제 와인이 생산량의 70%를 차지할 만큼 비중이 크다.
루아르 (Loire)	화이트 와인	프랑스 제1의 강인 루아르강 유역에 위치하며, 강을 따라 4개의 재배 지역으로 나뉜다. 동부의 낭트(Nantes), 앙주와 소뮈르(Anjou & Saumur), 투렌(Touraine)과 중부 지역으로 구분할 수 있다. 이 지역의 와인들은 풍미가 신선하게 입안을 자극하며 과일향이 향기롭고 맛이 진하지 않다.
알자스 (Alsace)		프랑스의 보쥬산맥의 동쪽 라인강의 서쪽에 위치한 지역이다. 이 지방은 3분의 1이 숲으로 덮여 있으며, 비교적 기온이 낮아 화이트 와인 품종을 주로 재배하고 있다. 프랑스의 와인명이 주로 생산 지역의 이름을 따르는 데 비해 알자스 와인은 포도 품종으로 와인 명칭을 정하는 것이 특징이다. 게뷔르츠트라미너(gewürztraminer), 머스캣(muscat), 피노 그리(pinot gris), 피노 누아(pinot noir), 피노 블랑(pinto blanc), 리슬링(riesling), 실바네르(sylvaner) 등이 주요 품종이다.
상파뉴 (Champagne)	샴페인	17세기 말, 와인을 병에 넣은 후에 이듬해 봄에 날씨가 더워지면 와인에서 거품이 생긴다는 사실을 알게 되었다. 한 수도원에서 이 발포 방법을 완성하여 샴페인(상파뉴)이 탄생하였다.
론 (Rhone)		북쪽은 대륙성 기후가 뚜렷하며, 가파른 경사면에서 포도나무를 심는다. 남부 지역은 지중해성 기후이며, 토양은 조그마한 조약돌처럼 되어 있어 낮에는 태양열을 흡수하고 밤에는 다시 포도에게 그 열을 돌려준다. 보르도나 부르고뉴와는 다른 품종인 쉬라(syrah), 또는 쉬라즈(shiraz) 품종으로 와인을 만들며 매콤한 향과 진한 과일의 맛을 낸다.

⑧ 빵의 문화

'빵'은 프랑스인에게 한국의 김치와 같은 중요한 위치를 차지한다. 식사 때마다 먹는 빵은 집에서 만들기보다는 근처 빵집에서 사다가 먹는데, 아침에 일어나서 바게트빵과 크루아상을 사러 나가는 것이 주부 일과의 시작일 정도이다. 가정에서 식사할 때나, 레스토랑에서도 빵 바구니를 제공하여 테이블에 앉자마자 빵 바구니를 갖다 놓거나 처음부터 놓여 있기도 하다. 프랑스에는 대략 70여 종의 지역 특산 빵Pains regionaux들이 있으며 각 지역마다 독특한 맛과 모양을 가지고 있다. 특히 바게트는 프랑스를 대표하는 빵으로 문화유산으로 지정하여 법률로 보호하고 있다. 이 법률에 의하면 프랑스 빵은 오직 밀가루, 물, 소금으로만 만들어야 하며 자연발효를 거치거나 이스트를 사용해야 한다. 완성된 반죽에는 일체의 첨가물과 색소가 포함되어서는 안 되고, 냉동 과정을 거쳐서도 안 되며 고유의 반죽 그대로를 구워내야 한다고 명시되어 있다.

⑨ 치즈의 문화

'치즈가 없는 식사는 한 눈 없는 미인과 같다'는 말처럼 프랑스의 식문화에서 치즈는 빠지지 않는 메뉴이다. 400여 종이 넘는 치즈가 존재하며 요리나 디저트, 와인 안주로 널리 이용된다. 우유 외에도 양, 염소젖 등을 이용하여 각 지방마다 맛과 향, 질감이 독특한 치즈가 생산된다. 와인과 마찬가지로 같은 원료를 사용해도 생산 방법에 따라 결과가 다르고 원산지 통제 명칭제도(AOC 제도)가 적용되어 AOC 등급을 받은 치즈만 32종이나 된다.

치즈는 음식을 만들 때 이용하거나, 메인 요리를 먹고 난 후 디저트를 먹기 전에 식사의 일부로 먹는다. 보통 커다란 나무도마 위에 각종 치즈를 얹어 돌리면, 본인이 원하는 것들을 잘라서 덜어간다. 프랑스에서는 귀한 손님이나 중요한 모임을 갖는 자리에서는 적어도 3종류 이상의 치즈를 내어놓는다. 하지만 이 자리에서 치즈를 너무 많이 먹게 되면 그날 식사가 부실했음을 의미하므로 치즈는 적당히 먹는 것이 예의이다.

가난한 집안에서는 숙성 기간이 짧은 신선한 치즈를 내었고, 부유한 집안에서는 대부분 6개월 이상 숙성된 치즈를 먹었기 때문에 치즈는 곧 계급을 상징하기도 하였다.

(2) 지역별 특징

① 일드 프랑스(Ile de france) 지역

이 지역은 파리를 중심으로 하는 프랑스 중앙부로서 문화의 중심이므로 각 지방의 음식문화가 섞여 있다. 베샤멜 소스bechamel sauce, 크렘 샹티creme chantilly, 생토노레Saint honore 등이 유명하다.

② 리옹, 부르고뉴(Lyon, Bourgone) 지역

부르고뉴 지역은 유명한 와인 생산지이며, 보졸레Beaujolais, 코트도르Côte-d'Or, 샤블리Chablis 등은 와인과 더불어 요리로도 유명한 지역이다. 부르고뉴와 보졸레 지방은 와인과 더불어 질 좋은 육류가 생산되며, 특히 디종 지방에서는 겨자, 버섯 등이 유명하다. 대표적인 요리로, 포도잎을 먹고 자란 달팽이요리 에스카르고escargo, 프랑스 대표 닭요리인 코코뱅Coq au vin, 디종 머스터드dijon mustard 등이 있으며, 이 지역의 대표도시 리옹Lyon은 미식 도시로 유명하다.

③ 노르망디(Normandie) 지역

프랑스 서해안 지방으로 해산물(특히 갑각류) 요리가 발달하였으며, 넓은 초원지역에서는 낙농이 발달하여 우유, 크림, 버터, 치즈 등 유제품의 생산도 많으며, 카망베르 치즈가 유명하다. 축산업도 성하여 오리, 닭, 새끼양, 돼지고기가 많이 생산되며, 사과 생산량이 많아 사과주인 시드르cidre와 이를 증류하여 만든 칼바도스calvados가 유명하다.

④ 알자스(Alsace) 지역

독일과 인접한 지역으로, 화이트 와인이 주로 생산되며 돼지고기 가공품이 발달하였다. 겨울에 즐겨 먹는 양배추 절임사워크라우트, sauerkraut과 햄, 소시지 등의 돼지고기 가공품을 함께 어우러지게 끓인 슈크르트choucroute라는 요리가 유명하다.

⑤ 프로방스(Provence) 지역

남쪽의 지중해안 지방으로 기후가 따뜻하여 과일, 채소, 향신료 등이 대량으로 생산되고 마늘, 올리브유, 토마토를 많이 사용한다. 해안지방으로 해산물 요리도 발달하였으며 마르세이유의 생선탕인 부이야베스bouillabaisee가 유명하다.

⑥ 브르타뉴(Bretagne) 지역

프랑스 북서쪽 해안지대로 해산물 요리가 발달하였고, 양 위주의 목축업과 낙농업이 발달하였다. 삶은 돼지고기 요리인 덤플링, 치즈, 햄, 달걀을 넣은 크레이프crepe 등이 대표적인 요리이다.

(3) 프랑스의 식사

① 일상식

아침식사(프티 데죄네, petit-d'ejeuner) jeûner(죄네)는 '굶는다'는 의미이며 déjeuner(데죄네)는 '굶는 것을 면한다'는 뜻으로 프랑스의 아침식사는 간단하다. 버터나 잼을 바른 바게트나 크루아상과 커피, 우유를 넣어 만든 카페오레café au lait를 마신다. 아이들은 카페오레 대신 코코아를 마신다. 하루 세끼 식사 중 가장 비중이 적다.

점심식사(데죄네, d'ejeuner) 저녁식사처럼 전채요리, 주요리, 샐러드, 치즈, 후식, 커피까지 정식 상차림으로 차려 먹는다. 식사시간이 2시간 정도로 비교적 식사를 여유 있게 할 수 있다.

저녁식사(디네, dîner) 프랑스인들에게 가장 중요한 식사로서 하루의 식사 중 가장 풍성한 식사이다. 정식 상차림에 와인까지 곁들인 식사가 대부분이며 식탁에서 미식의 즐거움을 만끽할 수 있다. 보통 저녁 8시에 시작해 1~2시간, 손님 초대의 경우 약 4시간 동안 여유 있게 식사하기도 한다.

② 명절음식

가톨릭 국가인 프랑스에는 종교적인 명절과 비종교적인 명절이 있다. 부활절, 예수 승천절, 성모마리아 승천일, 만성일, 크리스마스 등이 종교적 명절이고, 비종교적인 명절로는 정월 초하루와 노동절, 바스티유 감옥 탈취 기념일, 제1차 세계대전 휴전 기념일, 제2차 세계대전 승전 기념일 등이 있다.

주현절(Fête des Rois) 1월 6일 주현절은 공휴일은 아니고 친구 간에 우의를 다지는 날이다. 갈레트라고 불리는 납작하고, 케이크보다 약간 딱딱하며 노르스름한 빵을 나누어 먹는다. 이 빵 안에는 사기로 된 조그만 인형이 들어 있어 이를 발견하는 사람은 그날의 왕이 되어 금색으로 칠한 종이 왕관을 머리에 쓰고 가족들의 축하를 받기도 한다.

프랑스 요리 제공 순서

요리를 제공하는 순서를 코스(course)라고 한다. 프랑스에서 정찬 코스는 오르되브르에서 음료까지 재료와 색, 맛 등에 변화를 주면서 전체적으로 균형 있게 제공된다. 그 제공 순서는 다음과 같다.

① 오르되브르(hors-d'œuvre) : 서양 요리의 전채에 해당된다. 식사 전에 먹기 좋고 주 요리에 균형이 잡히도록 하는 것이며, 짠맛이나 신맛을 주어 위액의 분비를 촉진시킨다. 보통 차게 제공된다.
② 수프(soup) : 콩소메와 포타주의 2종류로 구분할 수 있는데, 전자는 맑은 수프, 후자는 걸쭉한 수프를 의미한다.
③ 생선 요리(poissons) : 수프 다음에 내놓는 요리로서 바다 생선, 물고기, 갑각류, 패류 등 여러 가지를 사용하고, 식용 개구리를 이 생선 코스에서 제공하기도 한다. 생선요리에는 홀렌다이즈 소스(hollandaise sauce), 모네 소스(mornay sauce), 타르타르 소스(tartar sauce) 등을 곁들인다.
④ 앙트레(entrée) : 생선요리 다음으로 나오는 것으로서, 식사의 두 가지 코스 사이에 나오는 요리라는 의미에서 미들 코스라고도 한다. 샤토브리앙(chateaubriand), 필레미뇽(fillet mignon), 설로인 스테이크(sirloin steak) 등의 육류요리가 제공되며, 베샤멜 소스(bechamel sauce), 벨루테 소스(veloute sauce), 알망드 소스(allemande sauce) 등과 같이 제공된다.
⑤ 로스트(roast) : 앙트레 다음으로 내놓는 요리다. 보통 샐러드를 따로 접시에 내서 제공한다.
⑥ 채소 요리(salads) : 시원한 채소요리로 상추, 앙디브, 양배추, 오이, 토마토, 샐러드 등은 날것으로 사용하고, 감자 등은 삶아 익혀서 사용하며, 마요네즈 계통과 식초 계통의 드레싱을 사용한다.
⑦ 디저트(dessert) : 디저트의 종류로는 달콤한 것과 치즈, 치즈요리를 주로 한 세보리(savoury)가 있다. 또한 바바루아(bavarois), 샤를로트(charlotte), 무스(mousse) 등의 차가운 후식이 있다.
⑧ 음료 : 식후의 마지막 코스에 제공된다. 대개 커피로 하지만, 코코아, 홍차 등을 마음대로 선택하도록 한다.

자료 : www.france.co.kr

성촉절(La Chandeleur) 2월 2일은 성촉절이라고 부르는 축일이다. 유대교 율법에 따라 성모마리아가 예수님이 태어난 지 40일만에 정결예식을 치르고 하느님께 봉헌하기 위해 예루살렘 성전에 간 것을 기념하는 축일이다. 이날은 전처럼 넓게 부친 크레이프를 먹는다. 이때가 밀의 파종을 시작하는 시기이므로 밀가루로 크레이프를 만들어 다가오는 한해의 운을 점쳤다고 한다.

부활절(Paque) 예수의 부활을 기리는 날로 달걀이 듬뿍 들은 부활절 과자를 먹는다.

크리스마스 크리스마스에는 칠면조 혹은 닭고기에 밤을 넣어 오븐에 쪄낸 요리가 대표적이다. 푸아그라foie gras, 석화(굴), 통나무 모양의 크리스마스 케이크인 뷔슈-노엘bûche de Noël 등을 먹는다.

3) 대표 음식

(1) 빵

바게트 빵(baguette de pain) 또는 바게트(baguette) 바게트는 막대기, 지팡이라는 뜻으로 프랑스의 대표적인 빵이다. 길고 가느다란 모양의 빵으로 껍질은 매끈하고 단단하지만 속살은 쫄깃하면서도 부드럽고 담백한 맛을 낸다. 바게트는 밀가루, 소금, 물, 이스트만으로 만드는데 이러한 재료의 제한은 프랑스에서 식품법으로 규정되어 있다. 바게트를 오븐에 굽기 전에 칼금을 넣고 물을 뿌리는데, 칼금을 넣으면 반죽이 부풀며 불규칙하게 터지는 것을 방지할 수 있으며, 물을 뿌리면 수분이 증발하며 겉이 딱딱해진다. 구울 때 오븐 안에 뜨거운 증기를 분사하면 빵 표면에 바게트 특유의 바삭한 질감이 만들어진다.

크루아상(croissant) 버터를 많이 사용한 파삭파삭한 페이스트리로, 초승달crescent 모양에서 유래되었다. 지방이 많으면서도 짭짤하고 담백하여 유럽에서는 아침식사로 많이 이용된다. 들어가는 재료에 따라 여러 종류의 크루아상을 만들 수 있다. 1683년경에 헝가리에서 오스트리아로 전해졌고 루이 16세의 왕후가 된 오스트리아의 마리 앙투아네트에 의해 프랑스에 전해졌다는 설이 있다. 1683년 오스트리아의 수도인 빈을 포위하였던 터키군의 침공 정보를 탐지한 빵 기술자가 이 사실을 제보하여 터키군을 물리

바게트 빵 | 크루아상
브리오슈 | 마들렌

쳤을 때 빈의 사람들이 그 사실을 기념하여 터키 국기에 그려져 있는 초승달 모양의 빵을 만든 것이 처음이라는 설이 있다.

브리오슈(brioche) 버터와 달걀을 충분히 넣어 부드럽고 특유의 고소한 맛을 내는 빵으로 버터와 설탕이 귀했던 예전에는 귀족들만 먹을 수 있었던 빵이다. 모양에 따라 이름이 다양한데, 가장 일반적인 눈사람이나 오뚜기 모양의 브리오슈 아 테트brioche a tete, 축제일에 먹는 왕관 모양의 브리오슈 쿠론brioche couronne, 원통 모양의 브리오슈 무슬린brioche mousseline이 그것이다. 아침식사용 빵으로 크루아상, 토스트 그리고 브리오슈를 즐겨 먹는다.

마들렌(madeleine) 마들렌은 조개 모양으로 된 작은 케이크로 버터와 레몬 맛을 풍부하게 느낄 수 있다. 프랑스 북동부의 뫼즈 지역의 코메르시Commercy라는 곳에서 유래한 전통적인 과자로 가장 유명하다. 프랑스의 루이 15세가 폴란드 왕의 딸 마리 레슈친스카를 왕비로 맞아들이면서 장인에게 잘 보이기 위해 빵을 만들어 왕비의 이름을 붙였다고도 한다.

(2) 치즈

프랑스의 치즈는 생산 과정별로 생치즈, 흰색 피막의 연질 치즈, 껍질을 닦은 연질 치즈, 반경질 치즈, 경질 치즈, 블루 치즈, 염소젖 치즈와 가공 치즈로 구분할 수 있다.

생치즈(fromages frais) 수분함량이 많은 촉촉하고 순한 풍미의 치즈로, 부드럽고 시큼하게 톡 쏘는 신선한 맛이다. 쉽게 변질되므로 빨리 먹는 것이 좋다. 프로마쥬 블랑fromage blanc과 크림 타입의 치즈인 세르벨 드 카뉴cervelle de canut가 있다.

흰색 피막의 연질 치즈(pâtes molles à croûte fleurie) 표면에 흰 솜털(곰팡이)로 덮여 있으며 속은 부드럽고 말랑말랑한 질감을 가지는 치즈이다. 카망베르camembert, 브리brie, 샤오스chaource, 뇌샤텔neufchâtel, 쿨로미에coulommiers 등이 있다.

껍질을 닦은 연질 치즈(pâtes molles à croûte lavée) 껍질은 미끈하고 반짝거리며 말랑말랑하고 오렌지색을 띠고 있는 반면 치즈 속은 아이보리색이다. 특유의 강한 냄새가 있다. 만드는 과정에서 미지근한 소금물로 씻거나 솔질을 하는데 이 과정에서 짙은 농도와 강한 맛을 지니게 된다. 마루아유maroilles, 랑그르langres, 에프와스epoisses, 뮝스테르munster 등의 치즈가 있다.

반경질 치즈(pâtes pressées non cuites) 우유나 양젖으로 만들며, 겉은 호두껍데기 같이 딱딱하지만 속은 부드럽다. 약 30여 종의 반경질 치즈가 있으며 대부분은 그 치즈가 탄생한 수도원의 이름을 그대로 붙인 것이 많다. 미몰레트mimolette, 라클렛raclette, 생 넥테르saint-nectaire 등의 종류가 있다.

경질 치즈(Pâtes pressées cuites) 알프스 고산지대 목장에서 유래한 것으로, 주로 크기가 크고 노란색 껍질을 갖고 있으며 구멍이 뚫려 있다. 사이즈나 형태도 다양하며 부드럽고 폭신한 치즈부터 단단한 치즈까지 여러 종류가 있다. 에멘탈emmental, 콩테comté, 그뤼에르gruyère 등의 치즈가 있다.

염소젖 치즈(chèvres) 염소젖 특유의 맛을 내며, 제조 과정에 따라 생치즈에서 경질 치즈에 이르기까지 다양하다. 100% 염소젖으로 만든 순 염소 치즈와 우유와 반반씩 섞어 만든 반염소 치즈 두 종류로 나눌 수 있다. 풀리니 생 피에르pouligny Saint Pierre, 샤비슈 뒤 푸아투(chabichou du poitou), 생트모르 드 투렌sainte-maure de touraine, 로카마두르rocamadour 등의 종류가 있다

블루 치즈(pâtes persillées, bleus) 치즈에 푸른색 대리석 무늬를 내는 곰팡이 덕분에 붙여진 이름이다. 양젖으로 만드는 로크포르roquefort를 제외하고, 모두 우유로 만들며 주로 산간지방에서 생산된다. 강하고 진한 맛을 내며, 호두나 건포도가 들어간 빵과 곁들여 먹으면 좋다. 샐러드, 수플레, 키쉬 등 여러 요리에도 활용된다. 블뢰 도베르뉴bleu d'Auvergne, 로크포르, 블뢰 데 코스bleu des causses 등의 종류가 있다.

가공 치즈(fromages fondus) 치즈를 녹이거나 여러 치즈를 섞어 만들거나 다른 종류의 유제품을 첨가하거나 천연향, 건조과일, 햄, 마늘 및 향신료를 첨가하여 만든다. 자연 치즈와 달리 유통기한이 비교적 길다. 여러 종류의 치즈에 향신료를 더하여 다양한 맛으로 즐기는 치즈인 프로마쥬 아로마티제fromages aromatisés, 크렘 드 그뤼에르crème de gruyère, 퐁뒤 오 누와fondus aux noix, 큐브cubes 등의 종류가 있다.

카망베르(camembert) 노르망디 지역에서 생산되는 흰 곰팡이 치즈이다. 겉은 흰 곰팡이가 펠트felt 모양으로 자라고 단단하지만 속은 크림색의 반숙 상태로 부드럽다. 조리하기보다는 향을 즐기는 편이며, 애피타이저나 디저트로 많이 먹는다. 프랑스 혁명

중에 영국으로 피신하던 사제가 노르망디를 지나다가 머물던 농가에서 브리 치즈의 제조법을 전수받아서 만든 노르망디화한 브리 치즈이다.

브리(brie) 파리 근교의 마른Marne과 센Seine 지역에서 만들어진 프랑스 대표 치즈로 '치즈의 왕'으로 불리는 우유로 만드는 표면에 솜털이 난 것 같은 하얀색의 연질 치즈이다. 카망베르 치즈와 비슷하다. 구워 먹거나 바게트 샌드위치, 볶음밥, 튀김용으로 적합하며, 커피나 와인과 잘 어울린다.

로크포르(roquefort) 프랑스에서 가장 역사가 오래되었으며 샤를마뉴 대제가 애용하는 치즈로 유명해졌다고 한다. 양젖에 푸른곰팡이를 접종하여 만든 것으로, 세계 3대 블루 치즈의 하나로 강한 냄새가 있으며 드문드문 푸른곰팡이가 보인다.

염소젖 치즈(fromages de chevre) 아랍인들의 유럽을 침입했을 때 처음 소개되었다. '샤비chabi'에서 파생된 '샤비슈'는 아랍어로 '염소'를 뜻한다. 비가열 치즈, 연질 치즈, 비가열 압축 경질 치즈 등 다양한 종류가 있으며, 숙성 기간에 따라 신선한 치즈, 연질 치즈, 반경질 치즈, 혹은 경질 치즈가 된다. 모양은 원반형, 원통형, 피라미드형 등 다양하다.

카망베르	브리	로크포르
염소젖 치즈	에멘탈 치즈	

에멘탈(emmental) 치즈 흔히 생각되는 노란색 껍질과 구멍 뚫린 모양의 치즈이다. 겉면은 단단하고 매끈하며 고소한 견과류 맛이 난다. 스위스의 대표 치즈이지만 프랑스 소비량은 스위스와 맞먹는다. 이 치즈의 구멍을 치즈 아이cheese eye라고 하는데, 많을수록 더 좋은 치즈로 여겨진다. 먹을 때는 잘게 갈라 먹거나 슬라이스로 조각내어 샌드위치에 넣어 먹는다.

(3) 대표 음식

에스카르고(escargot) 프랑스어로 달팽이 또는 나사 모양을 뜻한다. 달팽이들이 포도나무 잎을 좋아하기 때문에 와인으로 유명한 지역의 달팽이가 맛이 좋은 것으로 알려져 있다. 고대 로마시대부터 미식(美食)의 하나로 여겨졌고 이것이 전해져 프랑스의 에스카르고 요리가 되었다. 프랑스에서는 20가지 이상의 조리법이 알려져 있으며, 만드는 데만 3~4시간이 걸리기도 한다. 문화에 따라 혐오 식품으로 느껴질 수도 있다.

푸아그라(foie gras) 프랑스어로 '살찐 간'이라는 뜻이다 프랑스 북동부의 알자스와 남부 페리고르 지방의 특산품이다. 지방함량이 높아서 맛이 풍부하고 매우 부드럽다. 가격이 비싸므로 보통 크리스마스 등 명절에 먹는다. 간을 그대로 굽기도 하고 토스트

푸아그라	에스카르고	송로버섯
	부이야베스	샤토브리앙

위에 얇게 바르거나 수프에 넣어 먹는 등 다양한 요리법이 있다.

살찐 간을 얻기 위해 거위를 움직이지 못하게 고정시키고 한 달간 약 300g의 사료를 하루에 3번씩 강제로 먹여 사육하는데 이 과정을 가바주gavage라고 한다.

송로버섯(truffle) 식탁 위의 다이아몬드라 불릴 정도로 귀한 식품이다. 떡갈나무 땅속에서 자라 숲과 흙의 그윽한 향이 배어 있다. 땅속에서 자라므로 냄새에 익숙한 돼지가 채취할 곳을 알려주는데 요즘은 개를 훈련시켜 알아낸다. 송로버섯은 고급 요리에 사용된다.

부이야베스(bouillabaisse) 프랑스 남쪽 항구도시 마르세유 지방의 음식으로 생선 매운탕과 비슷한 음식이다. 양파, 마늘, 대파, 감자, 토마토 등을 올리브로 볶다가 여러 가지 생선, 게 새우, 가재 등을 넣고 오래 끓인 후 수프와 생선을 따로 제공한다. 사프란을 곁들인 노란 수프를 큰 포트에 담고 다른 접시에 빵을 담아서 나오면 여기에 수프를 붓는다. 먼저 수프와 수프를 부운 빵을 먹은 다음에 생선을 먹는다. 무채에 홍고추를 섞은 것과 비슷한 '루이외'라는 양념을 넣어 먹는데 감칠맛을 낸다.

샤토브리앙(chateaubriand) 소에서 가장 고급 부위인 안심 부위를 사용하여 만든 스테이크이다. 먹을 때는 디종 지방의 매콤한 겨자, 감자튀김을 곁들인다. 또한 소고기, 뼈, 각종 채소를 넣고 푹 고아 만든 포토프pot au feu도 즐겨 먹는다.

4) 식사예절

프랑스인들은 타인에 대한 배려로서 예절교육을 중요하게 여기며, 식탁은 단순히 식사의 공간을 넘어 사교의 공간이기 때문에 식탁에서의 예절을 아주 중요하게 여긴다. 대표적인 식사예절은 다음과 같다.

(1) 초대한 측의 예절

① 손님을 초대했을 때는 부엌의 가족 식탁이 아닌 거실이나 따로 마련된 식당을 이용한다.

② 식탁에는 반드시 식탁보를 깔고, 접시를 중심으로 포크는 왼쪽, 나이프는 오른쪽에 두고, 윗쪽에 찻숟가락을 놓는다. 그 앞쪽에는 잔들을 놓는데, 일반적으로 물잔

이 가장 크고, 화이트 와인잔, 레드 와인잔의 순서로 놓는다.

(2) 초대받은 측의 예절

① 초대를 받으면 특별한 이유가 없으면 거절하지 않는다.

② 초대를 수락하였으면 가능하면 취소해서는 안 되고, 초대받지 않은 동반자는 동행하지 않는다.

③ 주인이 손님 맞을 준비를 방해하지 않기 위해 정해진 시간보다 너무 일찍 가지 않는다.

④ 초대받은 모임의 성격에 맞는 복장을 한다.

(3) 식사예절

① 손님들은 집주인이 안내하는 자리에 앉고, 식탁에 앉을 때는 여성이 먼저 앉은 다음에 남성이 앉는다.

② 자리 배치는 상석인 남자 주인의 오른편에 주빈이나 최연장자가 앉으며, 남녀가 번갈아 앉는다.

③ 식사시간은 1~2시간 정도로 긴 편이다. 와인을 마시면서 대화를 많이 하므로 동참하여 분위기를 맞춘다. 그러나 입에 음식이 있을 때는 이야기하지 않도록 한다.

④ 앉을 때는 의자의 왼쪽에서 앉고 식탁과 너무 멀리 떨어지지 않으며, 등받이에 기대지 않는다.

⑤ 냅킨은 요리가 나오기 시작할 때 펴고, 냅킨의 안쪽을 사용하여 손이나 입을 닦는다. 식사 후 커피를 마실 때까지 무릎에 두며, 다 사용한 후에는 접시 왼쪽에 가볍게 접어둔다.

⑥ 안주인이 먼저 시작한 후 먹기 시작하고 모든 사람이 끝날 때까지 식사를 한다.

⑦ 포크와 나이프는 바깥쪽부터 좌우 한 개씩을 사용한다. 사용 중인 나이프는 칼날 부분을 아래로 두고 포크와 팔(八)자로 걸쳐 놓는다. 식사가 끝나면 포크는 위를 향하게, 나이프는 칼날을 안쪽으로 하여 접시 중앙의 오른편에 나란히 놓는다.

⑧ 샐러드는 한입에 들어갈 정도로 떠서 먹는다. 샐러드를 나이프로 잘라서 먹지 않는다.

⑨ 수프는 스푼을 자기 앞쪽에서 반대쪽으로 향하게 해서 떠서 먹는다. 수프가 조금 남으면 접시 앞쪽을 들어서 살짝 기울인 다음 떠먹는다.

⑩ 빵은 요리와 함께 먹으며 손으로 떼어서 먹는다.

⑪ 생선요리는 뒤집지 않는다. 윗면의 살을 먹은 다음 뼈를 발라 제거한 후에 먹는다.

⑫ 와인은 식사와 함께 마시는데, 보통 화이트 와인은 생선요리에, 레드 와인은 고기요리에 제공된다. 레드 와인과 같이 차갑게 마시는 경우에는 잔의 목 부분을 잡는다.

⑬ 핑거보울이 나오면 손가락 서너 개를 물에 담갔다가 냅킨으로 닦은 후, 과일이나 케이크를 먹는다.

2. 영국 *United Kingdom*

- 국가명 : 영국연합왕국
- 수도 : 런던
- 면적 : 24만 km²
- 언어 : 영어
- 민족 : 앵글로색슨족, 켈트족
- 인구 : 6374만 명(2014)
- 종교 : 성공회, 개신교

1) 식생활 배경

영국은 유럽 대륙 서북쪽에 있는 섬나라로 북대서양과 북해 사이에 위치하며, 프랑스 북서쪽에 자리잡고 있다. 그레이트브리튼Great Britain섬(잉글랜드England, 스코틀랜드Scotland, 웨일스Wales)과 아일랜드섬 북쪽의 북아일랜드Nothern Ireland 이렇게 4개 국가가 통합된 연합왕국이다. 영국의 위도는 50~60°로 우리나라보다 높지만 편서풍과 걸프만류 때문에 온난 다습하다. 일반적으로 여름에 선선하고 겨울에 따뜻한 해양성 기후이지만 매우 변덕스러운 날씨를 보인다. 날씨와 토양이 좋지 않아 프랑스나 남유럽처럼 식재료가 다양하지 못하여 영국의 음식은 다른 유럽 국가에 비해 비교적 간소한 편이다. 남부에서는 목축업이 발달하여 양고기가 주된 육류 급원이며 돼지고기는 베이컨, 소시지의 형태로 섭취하고, 섬나라이기 때문에 생선요리와 저장 가공기술이 발달하였다.

영국은 입헌군주국이며, 켈트족, 이탈리아의 로만족, 앵글로색슨족, 노르만족 등 다양한 인종으로 구성되어 있다. 민주주의의 기본이 완성된 나라이며, 종교는 5세기경 로마에서 천주교가 도입되었으나 16세기에 성공회가 영국 국교가 된 후 지금에 이른다. 스코틀랜드는 개신교가 국교이다.

2) 식생활 문화

(1) 일반적 특징

영국의 음식에 대해 '영국의 식탁에는 테이블 세팅과 매너뿐이다' 또는 '혀에 대한 테러' 라는 말이 있듯이 영국은 유럽대륙과는 다른 식문화를 가지고 있다. 대체적으로 영국 요리는 단순하고 가짓수가 다양하지 않은 편이다. 이는 1750년경 영국에서 일어난 산업혁명으로 인해 시간이 오래 걸리는 전통 조리법들을 간소한 요리들로 대체하였고, 제1, 2차 세계대전의 발발로 식량과 자원을 줄여야 했기에 더욱 더 빠르고 간소한 요리들이 많은 독특한 식문화가 형성되었기 때문이다. 또한 이러한 역사적 배경과 더불어 날씨와 토양이 좋지 않아서 프랑스나 남유럽처럼 식재료가 다양하게 발달하지 못하였다.

① 단순하고 자연스러운 음식

영국 요리는 자연스러움을 강조하여 음식 자체의 맛과 향을 중요시하므로 유럽의 다른 나라들처럼 향신료를 많이 쓰지 않는 편이다. 아름답고 먹음직스럽게 담은 프랑스 요리와는 달리 영국 요리는 단순하고 자연스럽다.

② 푸짐한 아침식사

영국은 산업혁명을 거치면서 바쁜 일과로 긴 점심식사 시간을 갖는 것이 힘들었기 때문에 아침식사를 푸짐하게 먹게 되었다. 버터 바른 토스트와 다양한 형태의 달걀요리, 베이컨, 소시지 등을 포함하며, 훈제 청어, 구운 토마토, 블랙푸딩black pudding, 하기스haggis 등의 여러 가지 재료들과 다양한 방식이 동원된 매우 푸짐한 아침을 먹는다. 이러한 영국식 아침식사는 잉글리시 블랙퍼스트English breakfast라 하여 간단한 대륙식 식사Continental breakfast와 대비된다.

③ 차(tea) 문화의 발달

홍차는 17세기 중반 영국에 전래되어 처음에는 궁중과 귀족과 같은 상류 사회에서 주로 마시다가 18세기 산업혁명을 통해 중산층에 퍼지고 이후 서민들에게도 널리 퍼져, 오늘날 홍차는 프랑스의 와인, 독일의 맥주와 함께 영국의 정체성을 나타내는 대표적 음료가 되었다.

영국은 세계 최대의 홍차 소비국으로, 오늘날 홍차는 영국인들의 식생활에서 빠질 수 없는 것이다. 영국인들은 아침에 일어나 마시는 얼리모닝 티부터 시작해서 '일레븐스 티', '런치 티', '애프터눈 티', '애프터디너 티', '나이트 티' 등 다양한 명칭의 차를 매일 하루에 5~6잔 정도를 마시는데, 진하게 우려낸 홍차에 우유와 설탕을 함께 넣어 마시는 밀크티milk tea가 일반적이다.

1820년 영국 베드포드 공작부인이 차와 더불어 샌드위치나 스콘 등의 가벼운 식사거리를 준비하여 초대해 티파티를 열었던 것이 에프터눈 티의 시초가 되었다. 점심 이후 늦은 저녁시간까지의 긴 시간의 배고픔을 잊게 해 준 애프터눈 티는 이후 집 밖에서 은으로 만든 차도구와 간단한 식사를 제공하는 사교모임으로 자리 잡게 되었고 영국 고유의 문화로 자리 잡게 되었다. 즉 영국에서 차의 의미는 단순한 티타임 외, 가벼운 식사나 사교적인 음식 대접의 의미를 가지고 있다.

영국인의 Tea Time

① 얼리모닝 티(Earlymorming tea)나 베드 티(Bed tea)
아침 5시쯤 졸음을 확 몰아내도록 진한 홍차에 밀크를 넣어서 마신다.
추운 겨울 아침, 진한 홍차에 밀크를 넣어 마시면 몸이 따뜻해지므로 기분 좋게 하루를 시작할 수 있다. 보통 남편이 부인에게 만들어 주는데, 이것이 애정의 정도를 나타낸다는 말도 있다.

② 블랙퍼스트 티(Breakfast tea)
아침식사와 함께 마시는 홍차로 부담 없고 깔끔한 맛의 실론이나 아셈을 주로 마신다.

③ 일레븐 티(Eleven tea, elevenses)
오전 11시경 오전 가사일 중간에 한숨을 돌리며 마시는 차로, 영국의 티타임 중에는 가장 가볍다.

④ 미드 데이 티(Mid day tea)
점심식사 후 기분 전환 겸 가볍게 마시는 차로. 즐거운 기분을 유도하는 목적으로 약간의 향이 들어간 차나 과일 홍차, 꽃차 등을 주로 마신다.

⑤ 애프터눈 티(Afternoon tea)

오후 4~5시 사이에 스콘, 케이크 등과 함께 마시는 것으로 영국인들이 가장 즐기는 티 타임이다. 주부들은 이 시간에 사람을 초대해 맛, 향이 뛰어나고 가격도 다소 비싼 다즐링을 마신다.

⑥ 하이 티(High tea)

퇴근 후에 즐기는 차로, 저녁식사 메뉴 속에 차가 있어서 저녁부터 밤에 걸쳐 편안하고 자유롭게 즐긴다. 노동자계층에서 시작하여 대중화된 티타임이다.

⑦ 애프터 디너 티(After diner tea)

저녁식사 후의 여유 시간에 초콜릿 등 단 과자를 곁들여 먹는다.

⑧ 나이트 티(Night tea)

잠들기 전에 우유와 함께 마시는 차이다.

④ 베이킹 파우더로 부풀린 쇼트브레드가 주된 빵의 형태

영국의 빵은 유럽의 다른 나라와 달리 베이킹 파우더나 소다를 이용하여 부풀린 쇼트브레드 형의 빵이 주가 된다. 영국도 발효를 이용한 빵의 문화가 있었으나 프랑스나 이탈리아가 음식문화에 비중을 둔 반면, 영국은 주거문화를 더 중요시하게 여겨왔으며, 산업혁명과 세계대전 등의 전쟁을 겪으면서 빵의 질보다는 양을 더 우선으로 하는 경향이 두드러졌다. 또한, 토양과 기후에 맞는 감자 농사가 활성화되자 빵 대신 감자가 보편화되어 빵 문화가 사라지게 된 것으로 보인다. 하지만 최근 들어 대형 슈퍼마켓이 전국적으로 생기고 거기에서 프랑스와 이탈리아의 빵 문화가 소개되면서 수입 빵 외에 각 지역의 특징을 지닌 빵의 문화가 살아나고 있다.

⑤ 다양한 감자요리의 발달

영국의 기후조건에서는 유럽의 다른 여러 나라처럼 달고 맛있는 과일은 별로 생산되지 않는 반면 감자 농사가 발달하여 거의 대부분의 요리에 사용된다. 감자는 스튜와 파이shepherd's or sottage pie, 팬케이크, 튀김, 으깬 감자 등으로 다양하게 이용되며, 메인요리로서 빵보다 감자가 차지하는 부분이 크다.

⑥ 대중의 음식점 펍(Pub)

영국인의 음주 문화는 '펍'이라 불리는 투박한 영국식 주점에서 시작된다. 여행객들이 묵는 숙소Inn에서 '에일Ale'이라는 술을 만들어 판 것이 시초로 보이며, 지금과 같은 형태의 펍이 유행한 것은 약 100년 전부터로 보인다. 처음에는 여자들은 출입금지였고, 노동자와 화이트컬러 계층과의 차이가 있었으나 지금은 연령 제한을 제외하고는 국적, 직업, 성별에 관계없이 모든 사람들이 자유롭게 드나들 수 있다. 펍은 최신 뉴스나 여론, 가십거리를 논하는 정치의 장이기도 하며, 스포츠를 관람하는 장소이기도 하다. 펍에서 많이 팔리는 것은 맥주이며, 피시 앤 칩스를 비롯한 영국의 대중음식도 먹을 수 있을 뿐 아니라 고급 펍에서는 영국 전통 코스요리가 나오기도 하며, 고급 와인도 준비되어 있다.

(2) 지역별 특징

① 스코틀랜드 지역

스코틀랜드는 영국의 북단에 위치하고 있어 기온이 차고 땅이 척박하여 농작물 재배가 어렵고, 높고 험한 산으로 인해 외국과의 문물 교류가 드물어 식문화가 그리 발달하지 못하였다.

따라서 스코틀랜드 전통음식은 섬세하기보다는 단순하고 투박한 편이다. 해안선이 16,000 km에 달해 연어, 가재 등 어패류가 다양하고, 딸기류strawberry, raspberrie, 소고기, 우유, 달걀, 치즈 등의 낙농제품이 주생산품이다. 밀보다는 오트밀oatmeal을 이용한 식품이 많으며, '스코틀랜드 사람들은 모든 음식을 튀겨서 먹는다'는 말이 있을 정도로 튀긴deep-fried 음식이 많다. 위스키와 하기스haggis가 대표적인 음식이다.

② 웨일스 지역

웨일스 지방은 소떼 방목을 많이 하기는 하지만 양고기를 전통적으로 많이 먹는다. 20개 이상의 토착맥주가 있다.

③ 북아일랜드 지역

아일랜드는 섬나라이므로 해산물을 이용한 음식이 많다. 대구와 연어를 가장 많이 이용하며 최근 들어 조개류와 굴의 소비가 많이 늘고 있는 추세이다. 주로 양고기와 고기류에 감자튀김과 샐러드를 곁들인 것을 선호하며 외식문화가 발달하였다.

세계적으로 유명한 기네스 흑맥주의 원산지로서, 기네스 흑맥주는 아일랜드의 국민주라고 할 수 있을 정도의 위상을 갖고 있다 .

전통음식으로 아이리시 블랙퍼스트Irish breakfast, 피시 앤 칩스fish & chips, 기네스 스테이크 & 버섯파이Guinness steak & mushroom pie 등의 세 가지를 들 수 있다.

아일랜드의 아침식사Irish breakfast는 빵, 햄, 소시지, 달걀 프라이, 토마토, 베이컨, 푸딩 등으로 이루어진다. 피시 앤 칩스는 생선튀김을 아일랜드식 전통 딥소스, 감자튀김과 함께 제공하며, 기네스 스테이크 & 버섯파이는 버섯 모양의 파이 속에 소고기가 들어 있는 음식이다.

(3) 영국의 식사

① 일상식

아침식사 영국의 아침식사는 다른 유럽 국가들과는 달리 푸짐한 편이다. 과일주스와 시리얼, 베이컨 또는 소시지, 달걀과 토마토, 훈제한 청어와 구운 토마토, 토스트와 요구르트, 과일과 커피 또는 홍차 등을 먹는다.

점심식사 주요리main dish와 후식의 두 코스로 구성되는 간단한 식사로서 주요리로 육류와 생선에 감자와 채소를 먹는다. 직장이나 학교에서 점심을 먹을 때는 간단한 식사를 하며, 후식으로 푸딩 종류나 타르트tart를 먹는다.

차 오후 3시 반과 4시 사이에 애프터눈 티를 마시며, 간단한 간식으로 비스킷과 케이크를 함께 먹고, 5시경 하이 티를 마신다

저녁식사 서퍼Supper와 디너Dinner가 있다. 서퍼는 점심을 정찬으로 먹고 하이 티를 먹은 경우를 말하고, 디너는 점심을 간단히 먹고 애프터눈 티를 먹은 경우를 말한다.

② 명절음식

크리스마스 칠면조나 거위의 내장을 꺼내 손질한 후 빈 뱃속을 소시지, 으깬 빵 등으로 채워 통째로 구워내는 칠면조구이가 가장 핵심적인 음식이다. 그 외에 크리스마스 푸딩이 빠지지 않고 나오는데 밀가루 반죽에 여러 가지 과일, 견과류와 브랜디를 넣고 만든 것으로, 식탁에 낼 때 럼주나 코냑을 뿌리고 불을 붙여 낸다. 그리고 민스 파이

mince pie를 후식으로 먹는데, 이 음식은 부푼 페이스트리 안에 과일과 향료를 넣어 조리한 다진 고기를 넣고 가장자리를 붙여 만든 파이이다.

부활절 부활절은 춘분 다음 첫 번째 만월 후의 일요일로 부활절 달걀(Easter egg)이라고 불리는 초콜릿 달걀을 선물로 교환한다. 생명을 품고 있는 달걀은 다산의 상징을, 눈을 뜨고 자는 토끼는 죽음의 잠을 이기고 부활한 그리스도의 상징으로 달걀과 토끼 모양의 초콜릿을 선물로 교환한다. 아이들은 집안에 숨겨진 초콜릿 달걀을 찾는 놀이를 하는데 이를 'Easter egg hunts'라고 한다. 이날 이들은 크리스마스의 음식 외에 계피향을 넣은 밀가루 반죽으로 십자가를 만들어 빵을 장식하여 구운 핫 크로스 번즈hot cross buns를 먹는다.

스코틀랜드의 기념일 번스 나이트(Burns Night) 1월 25일로, 스코틀랜드 민족시인 로버트 번스(Robert Burns)의 생일을 기념하는 날이다. 양을 비롯한 동물의 염통, 간, 허파, 양파, 오트밀, 양고기의 지방으로 양의 위를 채워서 오래 끓여 만들고 그 즙에 조리한 채소를 곁들여 내는 하기스haggis라는 음식을 만들어 먹는다.

3) 대표 음식

로스트비프(roast beef) 소고기를 큰 덩어리로 썰어 통째로 구운 요리이다. 전통적인 소고기 요리로서 안심 부위의 고기 덩어리를 굵은 실로 감아 오븐에서 노릇노릇하게 구운 다음 gravy 소스(육즙으로 만든 영국풍의 엷은 맛 소스)을 뿌리고 호스래디시(서양고추냉이)를 곁들여 먹는다.

요크셔 푸딩(yorkshire pudding) 로스트비프에는 흔히 요크셔 푸딩을 곁들인다. 요크셔 푸딩은 밀가루, 달걀, 우유로 묽게 반죽하고 로스트비프에서 나온 육즙을 부어 구워낸 푸딩이다. 푸딩요리의 대표격으로는 스테이크 앤 키드니steak and kidney 푸딩을 꼽는다. 드라이 후르츠(말린 과일)가 가득 들어간 브랜디 맛이 나는 크리스마스 푸딩은 과자의 일종이다.

피시 앤 칩스(fish and chips) 영국의 대표적인 생선요리로, 대구나 명태와 같은 흰살 생선을 기름에 튀긴 것과 감자튀김을 뜻한다. 테이크 어웨이 음식의 대표이며 펍의 점심 메뉴에도 등장하는 서민적인 요리이다. 따듯한 튀김 위에 소금과 식초를 알맞게 뿌

로스트비프		피시 앤 칩스
		하기스
요크셔 푸딩	요크셔 푸딩	하기스
코니시 페이스트리		

려 먹는다. 전문 음식점에 가면 생선 종류도 대구 외에 오징어, 상어 등 다양하다.

하기스(haggis) 양의 내장을 잘게 다져서 곡물과 섞은 것을 양의 위장에 채워서 삶은 음식으로 향신료를 듬뿍 사용한다.

코니시 페이스트리(cornish pastry) 다과용으로 많이 이용하는 음식으로, 잉글랜드 남서부에 위치한 콘월Cornwall 지방에서 유래하였다. 고기, 양파, 감자, 과일 등으로 페이스트리 속을 풍성하게 넣은 다음 구워내 따뜻할 때 먹는다.

4) 식사예절

① 영국에서는 식사예절을 매우 중요시 여겨 아이들에게도 제대로 된 식사예절을 지키도록 요구한다.
② 대부분의 음식을 나이프와 포크를 활용하여 먹지만 샌드위치, 감자튀김, 양파칩 같이 바삭한 음식이나 옥수수, 과일은 손으로 먹어도 된다.
③ 칼에 묻은 음식은 그대로 입으로 먹거나 빨지 않고 포크를 사용하여 옮겨 먹는다.
④ 음식물이 입에 있을 때는 말하지 않고 소리 내어 씹지 않는다.
⑤ 냅킨은 입을 닦는 정도로만 사용한다. 코를 풀거나 수건의 용도로 사용하지 않는다.
⑥ 빵을 손으로 먹기 때문에 손을 청결히 하고 손으로 입, 코, 머리 등을 만지지 않는다.
⑦ 음식을 먹을 때 상체를 지나치게 숙이지 않는다.

영국의 술

영국인들이 일반적으로 많이 마시는 음료로는 맥주와 위스키이다. 아일랜드에서는 스타우트(stout)란 맥주를 가장 좋아한다. 맥주는 보통 흑색이며 매우 농후하고 맥주의 열량도 많다. 영국의 대중 술집에서는 역시 흑갈색의 호프 냄새가 강한 비터(bitters)란 맥주를 흔히 마신다. 그 외에 마일드(mild)라 하면 이름대로 좀 순한 맛의 맥주를 가리키며 색은 연하지만 알코올 도수가 높고 탄산이 많이 들어 있는 페일 에일(pale ale)과 알코올 도수가 높고 개성적인 맛을 가지는 스트롱 에일(strong ale)도 즐겨 마신다.

영국의 위스키는 전 세계적으로 유명하다. 아이리시 위스키는 보리를 발효시켜 만든 증류주이지만 스코치 위스키는 보리에 싹을 틔워 발효시킨 증류주이다. 그 외에 진, 포트(port wine : 포르투갈에서 만든 브랜디를 섞은 와인), 세리주(sherry : 스페인으로부터 온 와인) 등도 즐겨 마신다.

3. 독일 *Germany*

- 국가명 : 독일연방공화국
- 수도 : 베를린
- 면적 : 36만 km^2
- 언어 : 독일어
- 민족 : 게르만족, 터키인
- 인구 : 8099만 명(2014)
- 종교 : 가톨릭교, 개신교, 이슬람교

1) 식생활 배경

독일은 유럽 대륙의 중심부에 위치하고 있으며, 폴란드, 체코, 프랑스, 벨기에, 오스트리아, 덴마크 등과 접하고 있다.

알프스산맥을 끼고 있어 남쪽으로 갈수록 고도가 높아져 남북 간의 기온 차가 많지 않은 편이다. 북부는 평야, 중부는 고원, 남부는 산악지방의 3지역으로 구분된다. 북부지역은 농업(특히 곡물 재배)·낙농·가축사육에 매우 적절하다. 중앙 고지대는 산림자원이 풍부하며, 산악지방에도 구릉지대와 평야가 있어 농업이 이루어진다. 어업은 연안어업 외에 북해, 북극해에서 조업하며 주로 청어나 대구 등이 많이 잡힌다.

기후는 서유럽의 해양성 기후와 동유럽의 대륙성 기후의 중간형으로, 서쪽은 해양성, 남동쪽으로 가면서 대륙성으로 바뀌고 전체적으로 온난한 편이다. 멕시코 난류의 영향으로 혹독한 추위가 장기간 계속되는 경우는 드물며 강우량이 풍부하여 농작물 재배에 이상적인 조건을 갖추었지만, 프랑스보다 다소 춥고 강수량은 서부와 남부에 많다. 햇볕은 매우 적은 편으로 라인강변의 한정된 지역에서만 포도를 재배한다.

식재료의 종류가 다양한 편이 아니고, 화려하거나 특별한 것이 없어 주변 국가들의 음식이 자연스럽게 유입되었지만, 자신들만의 독특한 식문화는 아직도 뚜렷히 살아있다.

역사적으로도 독일은 프랑스, 오스트리아, 네덜란드 등과 같은 강대국과 인접해 있어 문화적으로 많은 영향을 받았으며, 특히 이웃국가들의 식습관을 모방하면서 자신들의 것으로 정립하였다.

2) 식생활 문화

(1) 일반적 특징

독일의 음식문화는 주변국인 이탈리아, 프랑스 등의 화려한 음식문화에 비교한다면 그리 발달되어 있지 못한 편이지만, 돼지고기와 빵, 소시지, 감자 등을 주식으로 먹는 검소하고 전통적인 전원음식문화를 갖고 있다. 또한 독일은 원래 점심식사를 중심으로 하는 식사문화인데 커피나 차, 음료수를 선호하게 되면서 18세기 후반부터는 저녁식사를 중심으로 하는 식사문화가 시작되었으며, 한 접시로 모든 음식을 해결하기 때문에 상차림이 번거롭지 않고 매우 실용적이다. 이러한 독일 음식문화의 일반적인 특징은 다음과 같다.

① 주식인 감자의 다양한 이용

감자는 19세기에 들어 독일 인구수가 급격히 늘어나면서 식량부족이 우려되었던 시기에 독일인들의 생명을 지켜주었던 작물이다. 또한 빵만큼이나 중요한 독일인들의 탄수화물 공급원으로 그 요리법도 다양하다. 대개는 으깨어 요리에 사용하지만, 삶은 후 버터를 듬뿍 넣어 굽거나, 감자를 썰어서 기름에 튀기는 등 다양한 조리법을 활용하고 있다. 감자요리로는 매시드 포테이토, 프렌치프라이, 크뇌델(감자를 으깨어 치즈를 넣고 경단 모양으로 만든 것) 등이 있다.

② 소시지와 햄의 문화

독일의 햄과 소시지는 우리나라의 김치와 같아서 보통의 독일 가정이라면 식탁에 하루도 빠지지 않고 늘 오르는 음식이다. 강우량이 적으면서 겨울이 길고 땅이 척박하여 곡물이 부족한 독일에서 사육 기간이 짧은 돼지는 가장 적절한 식량 공급원이었기 때문에 소고기보다 돼지고기를 선호한다.

돼지고기의 가공기술이 뛰어나 독일의 소시지와 햄은 맛과 질이 세계 최고로 인정받고 있으며, 종류도 다양하고 지방마다 제조 방법도 달라서 1,500여 종류가 있다. 소시지 wurst는 긴 겨울 동안의 저장음식으로 개발된 것으로, 뉘른베르크, 뮌헨 등 지역별로 유명한 소시지가 있다. 햄과 베이컨도 수백 종류가 있다.

③ 맥주의 나라

'독일 사람들은 물 대신 맥주를 마신다'는 말이 있을 정도로 맥주를 즐긴다. 맥아용 보리와 호프를 재배하기에 최적의 기후를 갖춘 독일은 석회질이 많은 물 대신 맥주를 음료수처럼 즐기며, 전 세계에서 맥주 소비량이 최고이다.

일반적으로 맥주라고 하는 것을 독일에서는 필스너Pilsner, pils라고 하며 북부 지역에서 생산되는 맥주가 유명하다. 프랑스의 '까페'처럼 독일인들은 '비어가르텐biergarten'에서 이 맥주를 마신다. 독일의 맥주는 생맥주가 가장 비싸고 캔이나 병 맥주는 이보다 싼 편이다.

④ 따뜻한 음식을 선호

독일 사람들은 찬 음식보다 따뜻한 음식을 즐긴다. 주로 점심식사 때 수프를 비롯한 고기, 감자, 채소 등으로 만든 아인토프eintopt를 먹는데 이는 영양면에서도 좋고 근면 검소한 독일인에게 잘 맞는다.

⑤ 호프식 식사예절

귀족층에서 시작한 독일의 호프식 식사예절은 초기에는 매우 사치스러웠으나, 현재는 많이 없어지고 일부의 식사예절만 지켜지고 있다. 음식을 소리 내어 먹거나, 트림, 헛기침, 방귀 등 소리를 내서는 안 되며 식사 자세도 딱딱한 의자에 등을 곧게 붙이고 앉아야 한다. 특히 귀족들은 자녀를 교육시킬 때 식사예절을 가장 중요하게 생각한다.

⑥ 환경을 중시하는 식습관

독일인은 근면, 검소하고, 환경보호에 앞장서는 국민이라 할 수 있다. 이런 특성은 음식문화에서도 잘 나타난다. 즉 식료품은 과대포장 대신 포장을 최소화하고, 포장 재료도 환경 친화적인 것을 사용하며, 장바구니를 항상 휴대한다. 육류는 생산과정에서 환경 파괴를 초래하므로 가능한 제한하여 적게 먹고자 하며, 식사할 때 접시는 1인당 1개씩만 사용하여 여러 음식을 담아 먹고 끝내는 간편한 식습관이 정착되었다.

⑦ 독일의 빵

독일인은 감자와 함께 빵도 많이 먹는데 흰 빵보다는 호밀, 귀리, 통밀, 오트밀, 참깨, 견과류로 만든 다양한 종류의 빵을 즐겨 먹는다. 가정에서 많이 먹는 빵은 프랑스의 시

그림 6-1 프레즐

그림 6-2 호밀로 만든 흑빵

골 빵처럼 생긴 것으로 속도 검은색을 띠고 있다. 프레즐pretzel은 남부 독일이 원산지로 반죽을 가늘게 뽑아 독특한 모양으로 만들고, 소다에 담갔다가 굵은 소금을 위에 뿌려 구워 먹는 것으로 짙은 갈색을 띠며, 반질반질하면서 짭짤한 맛을 낸다.

⑧ 화이트 와인

독일은 유럽에서 와인을 생산할 수 있는 북방 한계지역으로 단맛이 강하고 향기가 좋은 화이트 와인이 많이 생산된다. 대표적인 품종은 리슬링riesling으로 단맛이 적고 향이 진하다. 대표적인 생산지로 아르, 미텔라인, 모젤 자르 루버, 라인가우, 라인헤센, 나헤, 라인팔츠, 프랑켄, 뷔르템베르크 등이 있다. 대표적인 와인은 아이스바인(eiswein)과 트로켄베렌아우스레제(trockenbeerenauslese, TBA)이다.

아이스와인(Ice wine)

독일어로 아이스바인(eiswein)이라 한다. 완숙한 포도를 수확하지 않고 계속 나무에서 말린 다음 건포도 형태가 된 후 영하 8~10℃로 떨어져 포도가 얼은 후 수확하게 되면 당도가 보통 포도의 2~3배로 증가하고, 향이 아주 풍부한 와인를 만들 수 있게 된다. 리슬링 품종으로 만들며, 18세기에 처음 생산되기 시작하여 지금은 미국 북부, 뉴질랜드, 캐나다 등에서도 만들어진다. 포도주의 당도에 따라 카비넷(kabinett), 슈페트레제(spatlese), 아우스레제(auslese), 베렌아우스레제(beerenauslese), 트로켄베렌아우스레제(trockenbeerenauslese)로 분류된다.

아이스와인에 사용하는 포도

카비넷은 정상 시기에 수확한 포도를 이용하여 만들고, 슈페트레제는 좀 더 늦게 수확한 것을 이용하여 단맛을 강화시킨다. 베렌아우스레제는 잘 익은 포도만 골라서, 트로겐베렌아우스레제는 귀부병이 걸린 포도와 잘 익은 포도를 이용하여 최고의 자연 당도를 얻을 수 있다.

세계 3대 귀부 와인으로 프랑스의 소테른(sauternes) 와인, 헝가리의 토카이(tokaji) 와인, 독일의 트로겐베렌아우스레제가 있다.

⑨ 독일 식문화의 역사

독일 음식문화의 역사적 발전을 절대주의 이전, 절대주의 시대, 시민혁명 및 산업혁명기, 현대로 나누어 살펴보면 다음과 같다.

절대주의 이전 중세 후기 이전에는 게르만족의 야성미 있는 식문화를 보인다. 짐승을 통째로 구워서 칼로 썰어 손으로 먹으며, 포크는 고기를 고정시키는 용도였고 주된 식사도구는 칼이었다. 이후 16세기부터 이탈리아의 포크를 사용하는 것과 정립된 식사예절이 상류층에 도입되었다.

절대주의 시대 귀족들이 포크를 사용하는 식문화는 평민들의 식습관과 구별되는 식사예절이었고, 이는 궁정(Hof)식 식사예절로 정립되었다. 프랑스, 이탈리아의 음식문화(과식, 정교한 요리, 포크 및 식탁보 사용, 냅킨 사용 및 이들을 잘 사용하는 기술 등)를 모방하는 일종의 특권층 문화로, 질적으로는 프랑스와 이탈리아에 미치지 못한 사치스럽고 긴 식사시간 등 낭비의 절정기였다. 이러한 호프식 식사예절은 신흥 부르주아들에 의해 모방되었으며, 이것이 마음에 걸린 귀족들은 더 많은 요리와 식사예절을 개발하려 함으로써 요리기술과 식사예절이 발전되기도 하였다.

시민혁명 및 산업혁명기 호프식 식사로 귀족들은 밤늦게까지 먹었기 때문에 식욕이 없어 아침은 물론 점심에도 커피만 마시는 것처럼 간단하게 먹는 문화가 저소득층에까지 급속히 퍼져 나갔다. 그러나 산업화, 도시화가 진행되면서 장시간의 노동을 견딜 수 없었으므로 점심에는 푸짐하고 따뜻한 식사를 하게 되었다. 1700년경 등장한 채소, 콩, 감자, 고기를 냄비에 넣고 끓인 아인토프eintopf가 대표적이다.

또한 산업혁명 이전에는 신맛을 내는 음식이 대부분이었으나 산업화되면서 긴 노동시간의 피로를 풀기 위한 단 음식을 선호하게 되었다. 고기요리를 바나나와 파인애플과 함께 먹고, 빵 위에 단것을 올려 먹는 것, 버터 바른 빵 위에 단것을 올려 먹는 것 등이 그 예이다.

시민혁명기를 거쳐 산업혁명기에 들어서면서 시민들에게도 귀족, 부르주아의 호프식 식사예절이 전파되었다. 계급을 초월한 평등화가 음식문화에서 이루어지기 시작한 것이다.

현대 현대의 독일인들은 맥주, 소시지와 햄, 감자를 즐겨 먹으며, 저장음식으로는 아이스바인과 사워크라우트가 있다.

(2) 지역별 특징

① 중부 지역

중부 지역은 베를린을 중심으로 브란덴부르크, 작센-안할트, 튀링엔 주 등이 해당한다. 베를린은 예로부터 독일의 수도였으나 음식문화는 수수하여 매우 단순하며 만들기 쉬운 요리들이 주를 이룬다. 베를린의 요리의 주재료는 육류로 돼지와 오리고기를 많이 이용하며, 대표 요리는 삶은 돼지족발인 아이스바인eisbein이다.

브란덴부르크는 기후가 쌀쌀하고 토양이 척박하여 곡물을 재배하기 힘들고 기독교 특유의 수수한 식문화가 겹쳐 매우 단조롭고 실용적인 식문화를 가지고 있으며 가정식 위주의 소박한 식단이 주류를 이룬다. 주재료로는 감자, 양배추, 콩, 순무 등의 채소를 많이 이용한다. 갖은 재료를 넣고 끓여 만드는 스튜인 아인토프eintopf는 베를린-브란덴부르크 지역에서 유래된 음식이다.

작센-안할트 지역은 토양이 비옥하고 기후가 좋아 작물을 재배하기 좋은 곳이다. 감자를 비롯해 양파, 당근, 완두, 콩, 아스파라거스, 꽃양배추, 양배추 등이 생산되며, 육류 중에서는 돼지고기를 가장 많이 사용하는데 주로 소시지 재료로 이용된다.

튀링엔 지역은 예로부터 농업, 광업, 임업 등의 힘이 드는 일을 많이 하였기에 고열량의 푸짐한 식사가 발달하였고, 육식주의자들의 천국이라 할 정도로 고기요리가 발달하였다. 지리적 표시 보호제로 보호받는 명물 소시지인 튀링어 브라트부어스트Thüringer Bratwurst), 그리고 감자로 만든 완자 튀링어 클뢰세Thüringer Klöße가 대표 음식이다.

② 동부 지역

오스트프로이센, 슐레지엔 지역이 해당된다. 오스트프로이센은 제2차 세계대전으로 폴란드와 러시아에 할양된 독일 최동단 지역이며, 전형적인 독일 요리에 동유럽의 요리 양식이 섞인 식문화를 보인다. 주식인 감자를 비롯해 육류의 섭취가 많으며, 발트해의 청어나 연어를 비롯한 생선도 주된 재료이다. 또한 단 음식도 많이 먹는 편이다. 육류와 생선을 고루 섞어 만드는 미트볼인 쾨니히스베르거 클롭세königsberger klopse, 러시아 요리인 보르시인 베텐바르츠치beetenbartsch 등이 대표음식이다

슐레지엔 지역은 브란덴부르크 남동부 인접하고 있으며, 인근의 폴란드, 체코의 슬라브계 요리와 오스트리아 요리의 영향을 많이 받았다. 감자가 주된 재료이며, 양배추, 사탕무, 붕어, 송어, 돼지고기를 보편적으로 사용한다.

③ 북부 지역

폼메른, 메클렌부르크-포어폼메른, 니더작센, 슐레스비히-홀슈타인 지역이다. 북부 독일의 거칠고 습하며 추운 기후에 맞는 식문화가 발달하였다.

폼메른 지역은 브란덴부르크 북부에 위치하며, 어자원이 풍부해 해산물의 섭취 비율이 높은 편이다. 즉 발트해와 내륙의 호수, 강에서 잡히는 장어, 연어, 송어, 청어, 넙치, 농어, 대구 등의 해산물을 주로 이용한다. 하지만 육류, 채소, 유제품, 곡류 등을 고루 활용하여, 소박하면서도 다양하고 풍성한 면을 가지고 있다. 스웨덴 요리의 영향을 받았다. 감자, 호밀이 주요 농작물이다.

메클렌부르크-포어폼메른도 전형적인 북부 독일 요리에 폼메른의 영향을 받았다. 니더작센지역은 토속적이고 간소하며 향토 재료를 많이 쓴다. 국경을 마주하는 네덜란드의 영향을 받았다.

슐레스비히-홀슈타인은 독일 최북단의 주로 북해, 발트해와 직접 만나는 곳이어서 넙치, 청어, 대구, 게와 같은 각종 해산물을 많이 사용하며, 곡물로는 호밀과 메밀이, 고기는 소고기와 돼지고기가 주로 쓰이는 편이다. 덴마크의 영향을 받았다. 이 지역의 식문화는 향토재료를 주로 사용하며, 건강한 느낌을 준다.

④ 서부 지역

베스트팔렌, 라인란트, 헤센 지역이 이에 속한다. 베스트팔렌 지역은 전형적인 내륙 지역의 식문화로 해산물은 거의 없고, 농축산물을 주재료로 사용하여 감자, 콩, 완두, 케일 등의 채소와 돼지고기를 많이 이용한다. 또한 이 지역은 산업화 이후 급격히 광공업화되어 고된 육체노동을 견딜 수 있는 육류 위주의 고열량의 푸짐한 식사가 주종을

이룬다.

헤센 지역은 중심도시인 프랑크푸르트의 영향이 크다. 다른 독일 지역과 같이 풍성하고 토속적이며, 지역 농부들이 키워낸 제철 재료들을 많이 쓴다. 빵, 감자, 사과, 양배추, 콩, 부추, 쇠고기, 돼지고기 등을 주재료로 사용한다. 프랑크소시지로 잘 알려진 프랑크푸르터frankfurter가 유명하다.

라인란트 지역의 식문화는 근처의 프랑스나 벨기에의 영향을 받았고, 또한 청어를 즐겨먹으며 네덜란드 요리와 조리법이 유사하다. 주재료로 제철 재료인 감자, 양배추, 당근, 부추, 셀러리, 시금치, 양상추, 오이나 사과 등을 즐겨 사용한다. 또한 라인강에서 잡히는 민물고기와 북행의 청어나 홍합도 주로 사용한다. 육류는 다른 지역에 비해 적게 먹는 편이다.

또한 아르, 모젤-자르-루베르 지역 등이 독일의 주요 와인 산지로 유명하다.

⑤ 남부 지역

자를란트, 슈바벤, 호엔촐레른 지역이 이에 속한다. 자를란트는 독일 남서부의 작은 주로, 주된 재료는 감자, 양파, 부추, 콩, 양배추 같은 지역 채소들이며, 사워크라우트sauerkraut를 많이 이용한다. 이 지역은 전통적으로 제조업과 광업이 주된 곳이어서 고된 노동 강도를 견디기 위해 고열량 식사가 필요하고, 또, 넉넉지 않은 노동자들에 맞게 간단한 재료로 만든 값싸고 푸짐한 음식이 특징이다. 또한 인근의 프랑스 영향을 받아 정교하고 세련된 요리가 조화를 이루고 있다. 감자요리가 많다.

슈바벤은 남부 독일의 뷔르템베르크Württemberg, 바이에른Bayern, 스위스 일대의 슈바벤 공작령 지역을 포함하며, 프로이센의 호엔촐레른Hohenzollern 지역도 이에 속한다. 이 지역은 토양이 척박하여 작물재배가 어려워 토속적이고 투박한 면이 있다. 감자, 밀이 주된 식재료였으며, 육류도 비교적 값이 싼 내장 부위의 이용이 많았다. 슈바벤을 대표하는 요리로는 마울타셴maultaschen이라는 슈바벤식 만두가 있다.

(3) 독일의 식사

① 일상식

아침식사 독일의 아침식사는 대개 빵에 버터나, 마가린을 바른 후 그 위에 꿀, 과일잼을 바르거나 혹은 햄이나 슬라이스 치즈를 올려서 먹고 커피, 주스 등을 곁들여 먹는다.

특히 삶은 달걀은 아침 식단에서 빠지지 않는다. 삶은 달걀을 먹을 때는, 달걀형 용기에 달걀을 세워놓고 티스푼으로 윗부분을 쳐서 껍질을 제거한 후 소금을 뿌려가면서 먹는다.

점심식사 독일인들은 하루의 식사 중 점심을 가장 중시한다. 이는 산업혁명기에 노동시간이 길어지면서 점심을 따뜻하게 만든 요리로 제대로 먹어야 했기 때문이다. 이는 점심식사보다 저녁에 큰 비중을 두는 주변의 다른 국가들과는 다른 특징이다.

점심에는 불을 이용하여 조리한 음식을 먹기 때문에 '따뜻한 음식warmes essen'이라고 한다. 육류로 된 주요리에, 감자, 쌀, 국수 그리고 채소 샐러드 등을 부식으로 하여 식사를 한다.

저녁식사 흰 빵보다 여러 가지 잡곡을 넣은 빵을 먹는다. 빵에 소시지, 햄, 치즈 등의 가공식을 함께 먹기 때문에 '찬 음식kaltes essen'이라고 한다.

② 명절음식

12월 31일 양배추로 만든 김치인 사워크라우트를 먹는다. 식사하기 전 탁자에 둘러앉아 먹으며 무수한 양배추 조각만큼이나 행운과 부귀가 깃들기를 기원한다. 또 잉어, 연어, 굴 등의 수산물도 먹는다. 생선의 비늘을 지갑에 붙여 놓거나 집 안에 두면 돈을 많이 벌 것이라는 믿음이 있다. 가금류는 복이 날아간다고 하여 먹지 않는다.

옥토버페스트(Octoberfest) 세계에서 가장 오랜 역사와 전통을 가진 최대 규모의 맥주축제 '옥토버페스트'가 9월 마지막 주에서 10월 첫째 주까지 2주에 걸쳐 열린다. 1810년부터 뮌헨 서부의 테레지엔비제Theresienwiese에서 열리며 이 축제는 전 세계 맥주 애호가들을 비롯하여 여러 인종의 남녀가 맥주를 주제로 하나가 되는 열정의 장이다. 매년 600만 명 이상이 찾는 세계 최대 규모의 민속 축제로 맥주 500만 리터와 소시지 20만 개 이상이 순식간에 소비되는 엄청난 규모의 축제이다.

3) 대표 음식

사워크라우트(sauerkraut) 사워크라우트는 한국 김치와 같이 신맛이 나게 발효시킨 양배추 김치로, 피클과 함께 대표적인 채소 저장 음식이다. 겨울의 효과적인 채소 공급원으로, 양배추를 바람이 잘 통하는 곳에 얼마간 두어 시들게 하거나 가볍게 소금에 절인 후, 먹기 좋게 썰어서 소금을 뿌리면서 통에 차곡차곡 쌓아 발효한 음식이다.

독일의 주식인 돼지고기와 잘 어울리고 소화를 도우므로 육류를 가공할 때, 또는 스튜나 샌드위치에 넣기도 하고 소시지, 햄 등과 함께 기름에 볶기도 한다.

사워크라우트의 재료인 양배추의 푸른 잎사귀가 지폐를 상징하기 때문에 새해 첫날에 꼭 먹는 음식이다.

슈바인학세(schwein haxe) 독일식 전통 족발요리로 돼지고기를 맥주와 향신료에 재워 고온에 구워 낸 음식이다. 높은 온도의 오븐에서 2시간 이상 구워내기 때문에 겉은 바삭하고 속은 부드럽다. 맛을 보면 진한 향내가 풍기는데 이는 족발을 이틀 이상 '예거 소스'에 절여 놓았다가 구웠기 때문이다.

아이스바인(eisbein) 독일식 족발요리이다. 독일의 보존식품 중 하나로, 소금에 절인 돼지 뒷다리를 맥주에 푹 삶아 향신료를 약간 첨가한 후 차게 해 뼈째로 슬라이스하여 낸다. 맥주에 삶아서 돼지고기 특유의 누린내를 없애고 육질을 부드럽게 해서 먹는 맛있는 음식이다.

사워 크라우트	슈바인학세	크뇌델
사워 크라우트	아이스바인	

크뇌델(knödel) 독일의 기후에서 잘 자라는 감자를 삶아서 으깨어 여러 재료를 넣어 완자로 만든 것이다.

맥주순수령(Reinheitsgebot)

16세기 이래로 지금까지 엄격하게 지켜지는 것으로 독일에서는 맥주를 만들 때 맥주의 주원료인 보리, 호프, 효모, 그리고 물 이외에는 어떤 것도 넣어서는 안 된다는 법률이다.

4) 식사예절

① 식사를 할 때는 음식을 씹고 있는지 안 씹고 있는지 구분이 안 될 정도로 소리를 내지 말아야 하며 커피나 홍차 같은 뜨거운 음료도 조용히 마시는 것이 예의이다.

② 식사 후 트림을 하는 것은 금기인 데 반해 식사 중이나 식사 후에 코를 푸는 것은 당연하게 받아들인다.

③ 독일인은 문화에 관해서 프랑스나 이탈리아 등 다른 유럽 국가에 비해 다소 열등감을 가지고 있으므로 대화할 때 주의해야 한다.

④ 감자와 생선을 자를 때 나이프를 사용해서는 안 된다.

⑤ 식사 중에는 가급적 말을 하지 않고, 먹을 때는 가능한 빨리, 남김없이 먹어야 한다. 독일 가정에서는 식사시간에 누가 조용히, 빨리, 자신의 접시를 비우는가에 따라 아이들에게 '오늘의 식사왕'이라는 타이틀을 붙여주기도 한다.

⑥ 식사시 팔꿈치를 식탁에 괴지 않는다. 포크와 나이프를 들지 않은 상태에서도 팔꿈치를 식탁에 괴고 있으면 예의에 어긋난 것으로 본다.

⑦ 상대방이 원하기 전에는 이름을 부르지 않는다.

⑧ 주인의 식사초대에 화답하기 위해 꽃을 선물할 경우, 꽃은 포장하지 않으며 짝수 송이로 선물하지 않는다. 단, 13은 불길한 숫자이므로 13송이는 피한다.

⑨ 고마움의 표시를 적극적으로 하여 사소한 일에도 "당케Danke(감사합니다)!!"라고 한다. 식당에서 물 한잔을 갖다주어도 "당케!"라고 인사하는 것이 예의이다.

2 동유럽

1. 헝가리 *Hungary*

- 국가명: 헝가리공화국
- 수도 : 부다페스트
- 면적 : 9만 km^2
- 언어 : 헝가리어
- 민족 : 마자르족
- 인구 : 992만 명(2014)
- 종교 : 가톨릭교, 개신교

1) 식생활 배경

헝가리는 중부 유럽의 내륙국가로 우크라이나와 루마니아, 오스트리아, 세르비아, 슬로바키아 등과 접하고 있다. 카르파티아산맥 근처에 위치하여 있고 도나우Donau강이 국토의 중앙부를 가로질러 헝가리를 크게 두 지역으로 구분하고 있다. 지중해와 대서양의 영향을 받은 온화한 대륙성 기후로 남부 일부 지역은 지중해성 기후를 나타낸다. 겨울은 춥고 흐리며 습하고, 여름은 그리 덥지 않은 편이다. 5, 6월과 11월은 우기로 동부보다 서부의 강수량이 많으며 연평균 기온은 10℃이다.

헝가리 평원으로 불리는 광대한 평원이 있어 좋은 품질의 농산물을 생산하는 전통적인 농업국이다. 옥수수, 밀, 보리가 많이 재배되며, 사탕무, 감자, 포도, 해바라기씨, 토마토, 후추, 양파, 서양자두, 수박 등도 주요 작물이다. 또한 국토의 1/8이 목초지로 돼지, 소(40%가 젖소), 양 등의 가축사육업이 이루어지며, 양봉업도 활발하여 유럽의 주요 벌꿀 생산국이기도 하다.

헝가리는 마자르족과 이민족의 다양한 문화가 어우러진 나라로 동구권과 서구권을 연결해 주는 관문 국가로써의 기능을 오랫동안 수행해 왔다. 예부터 다양한 민족이 침입하여 정착하였다. 터키와 오스트리아 합스부르크 왕가의 지배를 오래 받았으며, 그동안 이민족의 요리 방식을 자신들의 방식으로 변형시켜 수용하여 그들만의 독특한 음식문화를 만들어 왔다. 근대에 들어 제1차 세계대전의 패배와 1956년 대규모 반공시위에 이르기까지 고난의 시대를 겪으면서 가난과 직면하였으므로 헝가리의 요리는 소박하면서도 서민적이다.

2) 식생활 문화

(1) 일반적 특징

헝가리는 이질적이고 다양한 문화적 전통이 융합된 독특한 음식문화가 있다. 아시아 대평원에서 방목을 하던 동양계 훈족이 조상이며, 이들에 의해서 형성된 음식문화는 오늘날에도 그 흔적이 남아 있다. 몽골 음식이었던 순대, 족발과 말린 파스타 타로니아turhonya가 그 예이다. 또한 외세의 침략이 많았던 관계로 터키, 독일, 오스트리아, 체코, 슬로바키아인들의 영향을 받아 와인, 맥주, 식초 등이 발달하였다. 특히 토카이tokai와 같은 헝가리 와인의 품질은 매우 뛰어나다.

헝가리의 음식은 기름진 고기, 특히 돼지고기와 채소를 많이 사용하는 것이 특징이며, 우리나라의 고추와 비슷한 파프리카 양념을 많이 사용하며, 매운 음식을 즐기는 편이다. 내륙국가로서 소금이 귀한 역할을 하여, 전반적으로 음식은 짠 편이며 지금도 음식에 소금을 많이 사용하여 조리한다. 다른 서유럽 국가들의 음식에 비하여 비교적 우리 입맛에 맞는 편이다.

헝가리 음식의 특징은 다음과 같다.

① 소박함

경제적으로 부유하지 않기 때문에 대체적으로 소박하다. 특별한 날에도 보통의 저녁식사에 정성이 담긴 음식 하나 정도를 더 하는 것이 전부일 정도로 소박한 것이 특징이다.

② 돼지기름의 사용

돼지기름은 열량이 높을 뿐만 아니라 밀가루와 감자 같은 단순한 재료를 사용해서 만들어지는 헝가리 요리에 '맛'을 부여하는 역할도 한다. 시골에서는 아침식사 때 비계로 만든 베이컨을 먹는 사람이 많다.

③ 수프, 스튜

헝가리인들은 수프나 스튜와 같은 국물이 많은 음식을 좋아한다. 스튜는 아시아 유목민들과 마찬가지로 고기와 양념을 기본으로 하여 만든다. 수프나 스튜는 재료를 풍성하게 넣고 되직하게 끓이며, 이 하나로 식사를 대신하기도 한다. 고기, 채소, 파스타, 파프리카를 넣어 칼칼하게 끓인 헝가리식 수프는 우리나라의 육개장과 비슷하다. 대표적인 스튜요리로 구야시gulyás가 있으며, 잉어와 매운 파프리카를 넣어서 끓이는 잉어 매운탕격인 헝가리식 수프인 헐라슬레halászlé와 고기 수프인 후시레비시húsleves가 유명하다.

④ 매운 음식과 후식

헝가리 대표적인 식품인 파프리카로 만든 매운 요리가 많다. 헝가리의 햄, 소시지에는 파프리카를 섞기 때문에 검붉은 색을 띤다. 헝가리 음식은 파프리카, 후추, 양파를 많이 사용하여 음식이 자극적이고 짜므로 후식은 단것을 즐긴다. 대표적인 후식으로는 초콜릿 크림에 캐러멜과 땅콩을 곁들인 케이크 도보스토르타dobostorta와 속을 채워서 먹는 팬케이크 팔라친타palacsinta 등이 있다.

⑤ 헝가리의 음료(와인)

헝가리는 10대 와인 생산국으로 전통과 역사가 있다. 헝가리를 대표하는 와인인 토카이는 최초의 귀부 와인noble wine으로 프랑스, 이탈리아보다 100년 앞서 생산된 것이다. 토카이 화이트 와인이 제일 유명한데 맑은 황금빛깔을 띠며, 과일과 벌꿀향이 적절히 조화된 풍성한 향이 있는 단맛이 나는 와인이다.

헝가리 요리에 빠질 수 없는 파프리카

헝가리 음식에 빠지지 않고 사용되는 것이 우리나라의 고추와 비슷한 파프리카(paprika)이다. 그래서 헝가리 음식은 우리나라 사람들의 입맛에 잘 맞는다. 파프리카는 중앙아메리카가 원산지로 18세기 초 세게드의 한 농부가 재배하기 시작하여 이제는 헝가리 요리에 없어서는 안 될 만큼 중요한 양념으로 '컬로처의 금'이라고도 불린다.

로즈 파프리카(rose paprika)와 더 매운 변종인 코이니그스파프리카(koenigspaprika) 등이 있다. 스페인, 멕시코, 발칸반도의 여러 나라의 요리에도 많이 사용된다. 매우 자극적이고 향긋한 헝가리 스튜 요리인 구야시, 푀르쾰트, 파프리카시, 토카니에 꼭 들어가는 재료이다.

맥주도 오랜 역사를 지니고 있으며, 식사 전에 식욕을 돋우는 술인 팔린카palinka는 살구, 오얏 등으로 만든 브랜디이다.

(2) 헝가리의 식사

① 일상식

농업이 주된 산업인 헝가리 사람들은 많이 먹고 많이 마시는 대식가이다. 점심과 저녁을 푸짐하게 먹으면서 오전과 오후에 새참을 먹는다. 일반적으로 기본 식사는 지방이 많은 돼지고기를 선호한다.

아침식사 대개 과일과 채소, 시리얼, 빵을 먹지만 가끔씩 간단한 고기요리도 먹는다. 하루 일과는 도시에서는 진한 커피로, 시골에서는 독한 술 한 잔으로 시작한다. 아침식사로 식빵에 잼과 꿀, 버터를 발라 먹거나 소시지, 햄과 치즈를 먹는다.

점심식사 하루 중 점심식사를 가장 중요시하며, 육류를 주축으로 한 주요리에는 수프가 따라 나오고, 식사를 마치면 후식이 나오는데 대부분 과일이 나온다.

저녁식사 저녁식사는 보통 7시 이후에 먹는데, 점심에 비해 거의 비중이 없는 편이다. 보통 아침식사처럼 간단하게 채소와 빵, 수프를 곁들여 간단히 먹는다.

② 명절음식

설날 헝가리에서는 설날 전날 닭, 오리 등의 조류를 먹으면 한 해의 행운이 날아간다고 해서 먹지 않으며, 설날 점심에는 콩을 넣은 음식을 먹으면서 부자가 되기를 소망한다.

또한 한 해의 마지막 날을 무척 뜻깊게 생각하여 마지막 만찬으로 헐라슬레를 만들어 즐긴다. 이는 바다가 없는 헝가리에서 잉어를 넣은 헐라슬레를 귀하게 여기는 것이며, 항상 깨어 있고 앞으로만 헤엄치는 물고기가 한 해를 내다보는 지혜와 삶의 향상을 의미하기 때문이기도 하다.

부활절 종교적인 의미 외에도 오랫동안 지켜온 전통으로 음식을 많이 준비하여 가족과 함께 보낸다. 훈제한 돼지고기를 푹 삶은 후 얇게 썰어 매운 소스나 머스터드 소스와 곁들여 먹거나 토끼 모양의 초콜릿 과자 등을 선물로 주고받는다.

크리스마스 헝가리에서는 크리스마스 이브가 24일 아니고 12월 6일이다. 이날을 미끌로쉬Miklosnap날이라 하며, 창문에 부츠를 올려놓으면 산타 모양의 초콜릿을 넣어준다. 유럽의 다른 국가와 같이 칠면조 구이를 함께 먹는다.

3) 대표 음식

구야시(gulyás) 굴라시goulach라고도 한다. 헝가리를 대표하는 가장 전통적인 음식으로 소고기, 채소, 파프리카가 들어간 비프스튜이다. 우리나라 육개장 맛과 비슷하며 한 끼 식사대용이 가능하다. 헝가리 대평원의 목동의 음식에서 비롯되었다.

치르케 파프리카시(csirke paprikas) 닭가슴살을 버터와 파프리카 소스로 볶아 칼칼하게 만든 것으로 헝가리의 대표 음식 중의 하나이다.

헐라슬레(halászlé) 잉어살과 파프리카를 많이 넣어 매운탕처럼 얼큰하게 만든 수프이다.

피테(pite) 헝가리 가정에서 가장 많이 만들어 먹는 파이 케이크이다. 사과, 치즈, 크림, 호두 등 다양한 종류가 있으며, 명절이나 축제에 흔히 만들어 손님을 접대한다.

팔라친타(palacsinta) 속을 꽉 채워서 먹는 팬케이크로 과일, 아이스크림, 잼, 초콜릿 등을 넣어 만든 헝가리식 크레페이다.

토카이(tokaji) 헝가리의 대표 와인으로 루이 14세가 '왕들의 와인, 왕 중의 와인'이라 할 정도로 최고의 품질을 지니고 있다. 프랑스나 이탈리아보다 100년 앞선 역사를 지닌 최초의 귀부 와인이다.

4) 식사예절

① 식사예절이 엄격한 편이다. 음식을 먹을 때 후루룩 소리를 내거나, 음식을 입안에 넣고 쩝쩝거리는 소리를 내지 않는 것이 좋다.

② 포크와 나이프를 사용할 때에도 가능하면 소리가 나지 않도록 하며, 음료수를 마실 때에도 입에 묻은 음식이 컵에 묻지 않도록 한다.

③ 특별한 이유가 없는 한 자리를 뜨면 실례가 된다. 부득이한 일로 자리를 떠날 때는 양해를 구해야 한다.

구야시	치르케 파프리카시 / 팔라신타	헐라슬레
피테	피테	

2. 폴란드 *Poland*

- 국가명: 폴란드 공화국
- 수도 : 바르샤바
- 면적 : 31만 km^2
- 언어 : 폴란드어
- 민족 : 폴란드인, 게르만족
- 인구 : 3835만 명(2014)
- 종교 : 가톨릭교

1) 식생활 배경

폴란드는 유럽의 중앙에 위치하여 동유럽과 서유럽을 잇는 역할을 하며, 유럽에서 6번째로 면적이 큰 국가이다. 우크라이나, 벨로루시, 러시아, 독일, 체코와 접하고 있으며, 전체적으로 네모난 지형을 갖고 있다. 국토의 대부분이 평야로 이루어져 있으며 높은 산지가 적다. 기후는 서유럽의 해양성 기후와 동유럽의 대륙성 기후의 영향을 고루 받아 일교차, 연교차가 심하다.

폴란드 북쪽의 평야에서는 감자가 주로 생산되고 돼지 사육이 발달하였으며, 중앙 지역은 호밀, 보리 등을, 서쪽에서는 감자, 사탕무를, 남쪽에서는 밀, 감자가 주로 재배되며, 비슬라강 주변의 높은 지대에서는 옥수수, 밀, 감자가 생산된다.

인구의 대부분이 슬라브민족인 폴란드인이며, 종교는 대부분이 가톨릭교이다. 종교의 영향으로 보수적이며 정직하고 성실한 편이다. 크리스마스와 부활절 같은 종교행사를 중요하게 여긴다.

폴란드는 외세의 침략으로 인한 고난의 역사를 가지고 있다. 타타르족(12세기), 튜튼족(14세기), 스웨덴(16세기), 터키(17세기)의 침입과 프로이센, 러시아, 오스트리아에 의한 분할통치(18세기) 등으로 국민 대다수가 전쟁, 기근, 전염병으로 고생하였으며 19세기 말에는 2천만 국민 중 1/5이 미국으로 이민을 가기도 하였다.

2) 식생활 문화

(1) 일반적 특징

폴란드 요리는 슬라브족과 유태인 계통의 요리 특징이 한데 어우러져 있으며, 인근 국가뿐 아니라 터키, 독일, 헝가리, 프랑스, 이탈리아 요리의 영향도 많이 받았다. 다른 슬라브 국가들처럼 카샤kasza라고 하는 오트밀과 우유를 섞어 먹는 죽이 있다. 대체적으로 돼지고기와 양배추, 향신료가 많이 들어가는 편이고 육류를 많이 사용한다. 또한 국수나 폴란드식 과일 푸딩도 종류가 다양하다.

폴란드 음식은 재료 본래의 맛을 즐기므로 조미료를 거의 사용하지 않는 편이다. 독일과 러시아의 영향을 받아 돼지고기를 즐기며, 소시지도 발달하였는데, 독일과 달리 매콤하고 붉은 것이 특징이다. 일반적으로 육류는 돼지고기를 선호하며 돼지고기를 햄, 소시지, 통조림 형태로 가공한 것이 많다. 폴란드 음식은 고기로 된 만두나 감자요리가 많고 진하고 걸쭉한 수프와 소스로 되어 있어 기름지고 푸짐한 편이다. 채소는 양배추와 감자를 많이 사용한다. 특히 양배추는 만두소로, 육류요리의 사이드 메뉴로 다양하게 이용한다. 숲과 호수가 많아 나무열매와 버섯을 이용한 요리도 많다. 어류로는 주로 연어를 즐겨 먹으며, 차와 보드카를 매우 좋아한다.

대표적인 음식으로는 저녁식사로 즐기는 다양하고 걸쭉한 수프와 소시지, 돼지고기 커틀렛 등이 있다. 추운 겨울을 견디기 위해서 기름진 육류요리와 쿠키, 사탕, 초콜릿 같은 단 음식을 즐기고 초절임, 소금절임과 같은 저장식품과 젤리, 잼과 같은 당장식품이 많은 편이다.

또한 폴란드의 요리는 가정요리가 주를 이루기 때문에 각 가정마다 만드는 방법이 제각기 다른 특징이 있다.

(2) 폴란드의 식사

① 일상식

폴란드인은 보통 하루 네 끼를 먹는다. 이른 아침식사, 10시경의 간단한 간식 형태인 두 번째 아침식사, 일이 끝난 후의 실질적인 점심식사 그리고 자기 전의 간단한 저녁식사가 그것이다. 이 중 가장 중요하게 여겨지는 것은 오후 1~4시 사이에 먹는 점심식사 Obiad로 푸짐하게 먹는다. 대체로 기본 세 코스로 점심을 먹는데 간단한 수프로 시작하고 청어나 연어를 기름과 크림 등을 곁들인 애피타이저를 먹는다. 또 다른 애피타이저로 고기 절임이나 채소, 생선, 젤리 등이 있다. 주요리로 돼지고기와 양배추를 한데 모아 만들어 먹는 비고스bigos가 있으며, 후식으로 아이스크림인 로디lody, 양귀비씨 케이크 또는 효모 반죽으로 만든 케이크를 먹기도 한다.

저녁식사는 수프 정도로 간단하게 먹는다.

② 후식과 음료

폴란드인들은 다양한 디저트를 먹는다. 크림과 과일이 들어간 아삭아삭한 케이크, 그리고 생크림과 크림이 들어간 치즈 케이크, 양귀비씨로 만든 케이크, 간단한 건포도 롤빵, 과일과 함께 먹는 생크림 등과 제철 과일로 과육이 살아있게 살짝 졸여서 만든 컴포트compote가 있다.

음료수는 홍차, 밀크 코코아, 커피를 주로 마신다.

③ 명절음식

설날　폴란드에서는 새해에 소녀들이 토끼 모양의 옷을 입고, 푸른 채소를 먹으며 한 해의 평안을 소망한다.

크리스마스　국민 대다수가 가톨릭 신자인 폴란드에서는 크리스마스가 매우 중요한 명절이다. 이날은 일체 육류와 기름진 음식을 먹지 않고, 주로 밀가루, 채소, 생선 등으로 만든 요리를 먹는다. 가족끼리 먹는 저녁만찬인 비길리아wigilla를 중요하게 여기는데, 비길리아에는 육류와 지방분이 없는 12가지 음식으로 마련한다. 즉 생선과 땅에서 재배한 과일들로 1년 12개월을 상징하는 12가지 음식을 차리는데, 생선은 주로 잉어구이를 먹는다.

모인 식구들은 1년 동안의 안녕과 행운을 바라는 의미로 차려진 음식을 모두 한 번씩은 맛본다. 크리스마스 전야 만찬은 참석자 모두가 흰 미사빵을 나눠 먹으면서 소원 성취 기원으로 시작한다.

수프의 나라 폴란드

폴란드는 수프의 나라라고 불릴 만큼 다양한 수프가 있으며, 특히 저녁식사에 수프를 먹을 정도로 일반화되어 있다. 대표적인 수프로는 비고스가 있는데, 돼지고기, 소고기에 양배추, 양파 등의 채소를 넣어 끓인 것이다. 지방에 따라 고춧가루 등 매운 소스를 이용하여 얼큰한 맛을 내는 것도 있다. 이때 양배추는 신맛이 나게 절인 것을 이용하는데 고기의 맛과 잘 어우러진다.

러시아의 영향을 받은 바르시치(barszoz)는 비트를 갈아서 끓인 가장 대중적인 수프로 감기에 좋은 효과를 내는 것으로 알려져 있다. 이외에 양배추를 넣은 카푸시니악(kapu niak), 감자가 주원료인 크루프닉(krupnik) 고기 완자가 들어간 로수우(rosu), 면이 함유된 자치에르카(zacierka), 양배추와 버섯이 주원료인 클레비악(kulebiak), 귀리로 만든 시큼한 맛의 쥬렉(zurek) 등 다양한 수프가 있다.

3) 대표 음식

비고스(bigos) 양배추, 고기가 주재료인 폴란드 가정의 요리로, 여기에는 양배추를 식초에 절여서 만든 사워크라우트가 들어간다.

폭찹(pork chop) 돼지고기에 빵가루를 입혀 구운 음식으로 폴란드 전통음식 중 가장 유명하다.

샤수윅(szaszyk) 돼지고기, 소고기, 햄 등을 차례로 꼬치에 꿰어 구운 음식으로서 중앙아시아에서 유래한 음식으로 알려지고 있다.

킬바서(kielbasa) 소고기로 만든 폴란드식 소시지이다.

피에로기(pierogi) 폴란드식 만두로 안에 들어가는 소는 블루베리잼, 치즈, 고기 등 다양하다. 감자, 치즈, 양배추, 곡식 등을 곁들여 먹거나 뿌리채소를 달여 우려낸 바르시치에 담가 먹는다.

카샨카(kaszanka) 돼지창자에 돼지의 피, 채소, 익힌 보리를 넣어 만든 음식으로 우리나라의 순대와 비슷하다.

고웡부키(golabki) 양배추를 넓게 펴서 그 안에 고기와 각종 채소를 갈아 넣고 양배추를 네모로 말아서 삶은 요리이다. 그 위에 약간의 토마토소스를 뿌려서 먹으면 맛이 좋다.

폭찹

비고스

샤수윅

킬바서

피에로기

카샨카

고웡부키

비길리아(Wigilla)에 차려지는 음식과 의미

- 채소만두
- 삶거나 구운 잉어
- 속에 쌀밥과 버섯을 넣은 삶은 양배추요리
- 생선 돈가스
- 절인 양배추 샐러드
- 빵
- 붉은 사탕무 수프
- 양귀비씨앗 비빔 밀가루요리
- 강남콩과 양배추요리
- 삶은 감자
- 말린 자두, 배, 사과로 끓인 과일차
- 과자

붉은 사탕무는 정열의 피를, 생선은 돈, 당근은 행복을 기원한다. 감자는 가난하지 않기를 기원하고, 밀알요리는 가정의 화목을, 강낭콩은 아이들의 건강을 기원한다.

4) 식사예절

① 왼손에는 포크, 오른손에는 나이프를 사용하며, 이를 사용하지 않을 때는 양손을 테이블 위에 가볍게 올려놓는다.

② 모든 사람에게 식사가 제공된 후 주인이 먹는 것을 시작으로 식사하기 시작한다.

③ 파티에 초대되었을 때는 반드시 정장을 차려 입는다.

④ 건배를 할 때는 요리 중간에 나오는 보드카로 하는데 주빈이 먼저 건배를 한다.

3 남유럽

1. 이탈리아 *Italy*

- 공식국가명 : 이탈리아공화국
- 수도 : 로마
- 면적 : 30만 km^2
- 공용어 : 이탈리아어
- 민족 : 라틴족
- 인구 : 6168만 명(2014)
- 종교 : 가톨릭교

1) 식생활 배경

이탈리아는 지중해에 위치한 반도국가로 삼면이 바다로 둘러싸여 있고 육지와 붙어 있는 북쪽 알프스산맥을 경계로 프랑스, 스위스와 오스트리아, 슬로베니아와 국경을 맞대고 있다. 남북으로 긴 장화 모양을 하고 있으며, 고산지대, 평야지대, 해안지대 그리고 섬지방 등 다양한 지형을 갖고 있다. 전체적으로 온난한 지중해성 기후이지만 알프스산맥이 위치한 북부 지역과 섬이 있는 남부 지역 간에는 심한 기후 차이를 보인다. 이러한 자연환경과 오랫동안 여러 개의 작은 공화국으로 나누어져 있었기 때문에 지역마다 음식, 관습, 사고방식에서도 다양성을 보인다.

이탈리아는 예술 및 수많은 기념물과 역사적 건축물, 음식과 와인 등으로 이름난 세계적 문화국가이다. 주요 농산물은 올리브, 포도, 토마토, 밀, 쌀 등이며, 북부는 식재료가 풍부하고 낙농제품이 많이 생산되고 버터를 이용한 요리가 발달하였다. 남부는 올리브와 토마토, 해산물이 많이 생산되고 특히 파스타가 발달하였다.

2) 식생활 문화

(1) 일반적 특징

이탈리아 음식문화는 BC 4세기부터 시작되어 오랜 세월에 걸쳐 발전해 왔다. 식재료가 다양하고 풍부하여 로마시대 이후 이탈리아 요리는 세계적으로 유명해져 음식문화에 대한 민족의 자긍심이 매우 높다.

① 식재료가 풍부하고 육류요리 발달

삼면이 바다로 둘러싸인 지리적 특성으로 해산물이 풍부하고 지중해성 기후에 의한 풍부한 식재료의 공급은 이탈리아 음식을 다양하게 발전시켰다. 이탈리아 음식에 공통적으로 많이 사용되는 식재료는 곡물, 올리브유, 와인이다. 또한 소고기, 돼지고기, 양고기 등을 이용한 다양한 육류요리가 발달하였고, 토마토, 해산물, 치즈 등의 다양한 식재료들이 음식에 사용된다.

② 올리브의 사용이 많음

이탈리아는 올리브유의 최대 생산지이다. 올리브와 올리브유는 다양한 방법으로 음식에 사용되는데 샐러드 드레싱으로 사용하기도 하고, 파스타요리의 소스에도 애용되는 재료이다. 올리브유는 짜내는 단계와 산도에 따라 등급이 나뉘며 가장 먼저 짜낸 순도가 높은 최고급 오일을 엑스트라버진이라고 한다.

파스타(Pasta)

파스타는 밀가루와 물을 기본 재료로 한 밀가루 반죽을 총칭한다. 크게 건조된 면과 생면으로 구분하는데 건면의 파스타는 달걀을 넣지 않고 건조된 상태이므로 장기 보관이 가능하며 주로 남부 지방에서 많이 먹는다. 생면의 경우는 냉장보관해야 하며 단기간 보관이 가능하고, 달걀을 곁들인 음식을 좋아하는 북부 지방에서 많이 먹는다.
파스타의 종류는 매우 다양하며 길이, 너비, 모양 등에 따라 종류가 구분된다.

모양에 따른 분류

- 롱파스타 : 스파게티, 라쟈냐, 키타라, 카펠리니
- 숏파스타 : 펜네, 푸실리, 파르펠레, 리가토니
- 속을 채운 파스타 : 카펠레티, 라비올리, 토르텔리니
- 수프용 파스타 : 스텔리네, 그라미냐

모양별 어울리는 소스의 종류

- 가늘고 긴 파스타 : 가벼운 소스
- 두껍거나 넓은 파스타 : 육류 등을 사용한 무거운 소스
- 가운데 구멍이 있거나 복잡한 모양의 파스타 : 걸쭉한 소스

③ 파스타는 이탈리아 전 지역의 일반적인 음식

파스타는 이탈리아 전 지역에서 즐겨 먹는 일반적인 음식이다. 그러나 지역에 따라 다소 차이가 있는데 북부에서는 보통 달걀을 넣어 만든 편평한 리본 모양인 반면, 농산물이 풍부하지 않은 남부의 파스타는 일반적으로 달걀 없이 만든 마카로니와 같은 튜브형이다. 북부의 파스타는 치즈나 약간의 육류로 속을 채우고 그 위에 크림소스를 끼얹는 형태이며, 남부의 파스타는 속을 채우지 않고 토마토소스를 곁들여 낸다.

(2) 지역별 특징

이탈리아는 모두 20개 주로 이루어져 있고 각 주마다 음식의 특성이 다르다. 지역에 따라 조리법과 식재료가 매우 다양하지만 일반적으로 북부와 남부 지역으로 크게 구분한다. 북부 지역은 경제적으로 풍족하고 농업이 발달하여 쌀이 풍부하고 육류요리가 발달하였으며 버터나 치즈 등의 유제품이 다양하다. 남부 지역은 해산물이 풍부하고 올리브유와 파스타를 이용한 음식이 많으며 육류는 거의 사용하지 않고 콩류와 과일 및 채소의 사용이 많다. 이탈리아 전 지역에서 마늘, 파슬리, 바질 등의 향신료의 사용이 많다.

① 북부 지역

밀라노, 베네치아, 제노바가 대표적인 도시이다. 버터, 치즈, 햄 등을 많이 이용하고 크림소스와 미트소스의 사용이 주를 이룬다. 특히 밀라노는 쌀 생산량이 많아 리소토 risotto와 같은 쌀요리가 발달하였고 베네치아는 해산물요리가 발달하였으며, 마늘, 양파 등의 향신료를 많이 사용한다.

② 중부 지역

로마, 피렌체가 대표적인 도시이며 맛이 진하고 감칠맛이 강한 소스의 사용이 많다. 로마는 다른 지역에 비해 채소와 육류를 이용한 음식이 많고 파스타는 카르보나라가 유명하다. 피렌체는 올리브와 포도 생산이 많다.

③ 남부 지역

남부 이탈리아의 대표적인 지방인 나폴리는 이탈리아 피자와 파스타의 원조이며 최대의 토마토산지이다. 최남부의 섬인 시칠리아는 올리브와 포도재배가 많은 곳으로 해상을 통해 파스타, 와인, 설탕 등이 전래된 중요한 지역이다.

(3) 이탈리아의 식사

① 일상식

아침식사(콜라지오네, colazione) 이탈리아의 전통적인 아침식사는 카페라떼 커피에 빵이나 케이크를 먹는 것이 일반적이다.

아침식사 후 오전 11시경에 빵과 커피로 간단한 간식을 해결하기도 한다.

점심식사(프란조, pranzo) 이탈리아에서 점심은 매우 중요하게 여기는 식사로 느긋하게 정찬코스의 식사를 즐기는 경우가 많다. 오늘날은 식사시간이 줄어든 편이지만 일요일에는 여전히 점심을 길게 먹는 편이다.

간식(메란다, merenda) 이탈리아인은 대부분 오후 3~5시 사이에 간식을 먹는데 피자나 과일, 과자, 케이크 아이스크림 등의 종류가 다양하다.

저녁식사(체나, cena) 점심식사와 비슷하지만 점심보다는 간결한 편이다.

② 정찬 코스

이탈리아의 정찬 코스는 안티파스티(전식) – 일 프리모(첫 번째 식사) – 일 세콘도(두 번째 식사) – 이 돌치(후식)의 순으로 이루어진다.

안티파스티(Antipasti, 전식) 안티파스토라고도 하는 전채요리로 샐러드, 소시지류, 해물, 작은 생선류 등이 제공된다.

일 프리모(Il Primo, 첫 번째 식사) 첫 번째 접시라는 뜻의 프리모 피아토이며 주메뉴 전에 나오는 요리로 주로 여러 종류의 파스타나 리소토가 나오기도 한다.

일 세콘도(Il Secondo, 두 번째 식사) 두 번째 접시라는 뜻의 세콘도 피아토를 말하며 주로 육류가 제공되는 주요리이다.

주메뉴와 더불어 사이드디시를 뜻하는 콘도르니I Condorni가 제공되는데 주로 채소, 샐러드 등이다.

이 돌치(I Dolci, 후식) 식후에는 치즈, 달콤한 케이크나 과일, 아이스크림 등의 디저트를 먹고 진하고 풍부한 향미의 에스프레소로 마무리한다.

젤라토(gelato)

이탈리아어로 '얼었다'라는 의미로 아이스크림을 젤라토라고 한다. 아이스크림이 처음으로 만들어진 곳이 이탈리아이며 그 종류도 많고 맛도 최고이다. 일반적인 아이스크림보다 밀도가 높아 진한 맛이 특징이다.

3) 대표 음식

파스타(pasta) 이탈리아인들의 주식으로 밀가루 반죽과 물을 이용해 만든 국수요리이며 파스타요리의 면을 뜻하기도 한다.

피자(pizza) 그리스의 동그랗고 납작한 빵인 '삐따'에 어원을 두었으며 이탈리아식 피자는 반죽dough이 매우 얇고 화덕에서 직접 구워 맛이 담백하다. 토핑은 요리하고 남은 것이면 되는데 고기류, 토마토, 피망, 햄, 어류, 새우, 게, 치즈 등이 많이 이용된다.

리소토(risotto) 이탈리아 북부의 쌀을 이용해서 만든 전통요리이다. 버터나 올리브유에 쌀을 볶고 파르메산 치즈를 뿌린 다음 해산물을 올린다.

토마토(tomato) 토마토는 이탈리아 요리에서 가장 흔히 사용되는 식재료로서 토마토홀, 펄프, 퓌레, 소스 등 다양한 토마토 가공품이 만들어진다.

치즈(cheese) 이탈리아 음식에는 다양한 치즈가 이용되는데 특히 모차렐라는 이탈리아에서 유래한 치즈로 피자와 파스타에 널리 사용된다.

올리브유(olive oil) 샐러드 드레싱, 찜이나 토스트에 사용하고 각종 향신료를 올리브유에 넣어 향유로 사용하기도 한다.

피자	올리브유
토마토	치즈
파스타	리소토

치즈(Cheese)

이탈리아는 치즈를 생산하는 유럽의 대표적인 나라이다.

이탈리아가 원산지인 파르미자노 레자노(parmigiano reggiano)는 대표적인 경질 치즈로 매우 유명하다. 파르메산 치즈라고 알려져 있으며 숙성기간이 14개월 이상으로 생산 기간이 길어 값이 다소 비싼 편이다.

발사믹 식초(Balsamic vinegar)

이탈리아의 모데나 지방의 전통 식초로 원어는 아세토 발사미코(aceto balsamico)이다. 중세시대부터 만들기 시작하였고 오늘날 다른 나라에서는 이탈리아 식초라고도 한다. 청포도 즙을 졸인 다음 나무로 된 통 속에서 발효시켜서 만든다.

2. 스페인 *Spain*

- 공식국가명 : 스페인왕국
- 수도 : 마드리드
- 면적 : 51만 km^2
- 공용어 : 스페인어
- 민족 : 갈리시아족, 바스크족, 카스티야족
- 인구 : 4773만 명(2014)
- 종교 : 가톨릭교

1) 식생활 배경

스페인 영토는 유럽과 아프리카를 연결하는 이베리아 반도의 약 85%에 해당한다. 대서양과 지중해에 둘러싸여 있고 포르투갈, 프랑스와 접해 있다. 남쪽으로는 지브롤터 해협을 사이에 두고 있어 지정학적으로 아프리카와 유럽, 지중해와 대서양을 잇는 교차점 역할을 하여 다양한 문화가 공존한다.

스페인은 매우 다양한 기후조건을 보인다. 북부 지방은 온화하고 습한 지역으로 안개가 자주 발생하고 이슬비가 자주 내리며, 중앙고원지대인 메세타 지역은 여름과 겨울의 기온차가 심한 대륙성 기후이다. 동쪽과 남쪽의 지중해 지역은 전형적인 지중해성 기후로 겨울에도 비교적 따뜻하다.

스페인은 다양한 기후와 지형으로 인해 음식도 각 지방에 따라 특색 있게 발달하였다. 또한 지형적 이유 외에도 오랫동안 로마, 이슬람 등의 지배를 받아 로마 및 아랍문화의 영향이 많이 남아 있다. 안달루시아 지방의 가스파초라는 찬 수프와 쌀농사를 많이 짓는 발렌시아 지방에서 시작된 볶음밥의 일종인 파에야는 이슬람의 영향을 받은 음식으로, 프랑스와 가까운 카탈루냐 지방은 버터나 기름소스를 많이 사용한다.

2) 식생활 문화

(1) 일반적 특징

스페인은 유럽의 주요 농업국 가운데 하나이며 일조량이 풍부해 올리브, 포도, 감귤의 재배가 풍부하고 프랑스, 이탈리아와 함께 유럽 3대 와인 생산국 중 하나이다. 바다를 끼고 있어 해산물요리가 발달하였고, 지중해 연안을 통한 활발한 교역으로 독특한 요리가 탄생하였다.

① 푸짐하고 소박함

스페인의 음식은 공통적으로 재료가 지닌 순수한 맛이나 특징을 살려 요리하여 푸짐하면서도 소박한 것이 특징이다.

라 토마티나(La Tomatina) 축제

스페인 발렌시아주의 부뇰(Buñol) 지방에서 8월 마지막 주 수요일에 열리는 토마토 축제이다. 1944년경 시작된 것으로 알려지며, 토마토 값 폭락으로 인한 정부에 대한 농민들의 분풀이로 토마토를 던진 것이 시작이라고 하나 정확한 유래는 알 수 없다. 축제기간 동안 전세계의 많은 사람들이 모여 잘 익은 토마토를 던지며 즐기는 세계적인 축제이다.

② 동서양 음식문화의 영향

스페인의 음식문화는 로마, 이슬람, 신대륙 문화권의 다양한 영향을 받았다. 로마의 영향으로 마늘, 고추, 허브 등의 사용이 많아 맛과 향이 강하고 올리브유가 대부분의 음식에 사용된다. 사프란, 후추, 사탕수수 등은 이슬람문화의 영향을 받은 것이며 신대륙 발견의 영향으로 고추, 토마토, 감자, 커피 등의 사용이 많아졌다.

③ 풍부한 낙농제품

우유 외에 양젖, 염소젖 등으로 만든 치즈, 요구르트 등의 유제품을 많이 먹는다.

④ 육식을 즐기고 해산물요리 발달

스페인 사람들은 하몽이나 쵸리소, 새끼돼지구이, 양고기, 곱창 등의 다양한 육류요리를 즐기며, 바다를 끼고 있어 해산물요리 또한 많이 발달하였다.

⑤ 올리브 사용

스페인은 세계 최대의 올리브 생산국으로 샐러드를 포함한 거의 모든 요리에 올리브유를 사용한다.

⑥ 다양한 향신료

스페인 사람들은 마늘을 매우 좋아하며 양파, 고추, 후추, 생강, 사프란, 월계수잎, 커민, 정향, 겨자 등은 스페인 요리에서 빠지지 않는 양념의 재료이다.

⑦ 질 좋은 와인

이탈리아, 프랑스와 함께 세계에서 가장 많은 양의 와인 생산국이다. 많은 종류의 질

올리브유(olive oil)

스페인 음식의 중요한 재료 중 하나는 올리브유이다. 올리브유는 올리브 열매로부터 얻은 식물성 기름으로 지중해 지방이 원산지이며, 주로 남유럽 중 스페인 남부 및 이탈리아 남부, 그리스 등지에서 재배된다. 스페인에서만 세계 전체 올리브의 44%가 생산되고, 특히 스페인 안달루시아 지방에서는 유럽에서 생산되는 올리브 약 1/3의 양이 된다.

좋은 와인를 생산하고 지방음식에 맞는 독특한 와인을 제조한다. 레드 와인은 맛이 진하고 단맛이 강한 것이 특징이며, 특히 리오하 지방에서 생산되는 레드 와인은 맛이 부드럽고 알코올 함량은 낮다.

(2) 지역별 특징

바스코, 갈리시아 등이 포함되는 북부 지역은 생선요리와 조림이나 삶는 요리가 많고, 중앙의 가스디아 지역 등은 구이요리가 유명하다. 남부의 안달루시아 지방은 튀김요리가 많고 다른 지역과 마찬가지로 다양한 타파스가 유명하다. 특히 이 지역의 대표적인 요리는 차가운 수프인 가스파초가 있으며 남부 스페인의 특산주인 셰리주도 안달루시아 지방의 대표 술이다.

곡창지대가 넓은 무리시아를 포함한 동남해안 지방은 쌀로 만든 요리가 풍부하고 발렌시아 지방은 스페인 파에야의 탄생지이자 본고장이다. 파에야는 가장 흔해서 거의 대부분의 가정에서는 일요일에 점심 정찬으로 꼭 먹는 요리이다.

(3) 스페인의 식사

스페인 사람들은 먹고 마시는 것을 상당히 즐겨한다. 하루에 다섯 번의 식사를 하는데 일반적으로 아침은 간편하게 먹고, 점심과 저녁 사이 간단히 바에 가서 음료와 같이 따라오는 타파스나 샌드위치 등을 먹는 경우도 있다.

첫 번째 식사는 데사유노desayuno라고 하는데 아침에 일어나자마자 빵과 커피 혹은 우유, 코코아 등을 마시는 것으로 비교적 간단하게 시작한다. 아침식사는 8시에서 11시 사이에 먹는다. 코미다comida라고 하는 점심식사는 오후 2시경 상당히 푸짐하게 먹는

스페인의 관습 시에스타(La Siesta, 낮잠)

시에스타는 낮 동안에 잠시 일터에서 돌아와 휴식을 취하는 스페인의 고유 관습으로 많은 상점과 박물관조차 이 시간에는 문을 닫으며 거의 대부분의 사업장이 오후 중 두세 시간 정도 문을 닫는다. 낮 기온이 너무나 높기 때문에 생겨난 풍습인데 최근 스페인 의회에서 관공서의 시에스타를 폐지하는 조치를 발표하기도 하였지만 반발도 있어 다시 장려되기도 하였다. 이러한 관습으로 인해 스페인의 저녁식사 시간은 유럽에서도 제일 늦다. 대개 동부 지방에서는 밤 9시, 서부 지방에서는 밤 10시에 저녁식사를 한다.

다. 점심과 저녁 사이에 간식으로 먹는 메리엔다merienda는 보통 오후 6시를 전후로 유제품, 과일, 비스킷류 등을 먹는다. 저녁식사 세나cena는 저녁 9시 전후에 시작하여 11시 넘어서까지 계속된다.

3) 대표 음식

스페인의 대표 음식으로는 토르티야, 파에야, 다양한 종류의 스튜, 미가스, 소시지, 하몽 등이 있다. 바닷가의 경우에는 해산물이 위주이지만 대체로 콩류인 병아리콩, 렌즈콩, 완두콩을 많이 쓰며 빵의 종류도 이웃나라인 프랑스의 영향을 받기도 하고 고유의 특성에 따라 천차만별이다. 주요리인 고기요리에서는 양념이나 재료 등에 따라 차이가 크지만 후식의 경우에는 큰 차이는 없다. 대개 스페인 사람들은 크림 캐러멜, 우유, 푸딩과 프랑스에서 가장 흔한 빵 중 하나인 마들렌 과자를 후식으로 먹는다.

파에야(paella) 주재료는 돼지고기, 소고기, 토끼고기 등의 육류와 오징어, 낙지, 새우, 가재, 게, 생선 등의 해산물 등이다. 쌀과 고기, 여러 가지 해산물, 채소 등을 함께 볶은 볶음밥의 일종으로 스페인 전통요리이다.

가스파초(gazpacho) 토마토, 오이, 피망, 완두콩 등의 여러 가지 채소로 만든 시원한 수프이다. 스페인 남부의 안달루시아 지방에서 유래된 음식으로 가스파초라는 이름은 아라비아어로 '젖은 빵'이라는 뜻이다.

추로스(churros) 밀가루 반죽을 막대 모양으로 만들어 기름에 튀겨 낸 스페인의 전통요리이다. 주로 아침식사나 간식으로 먹으며 추로스와 함께 나오는 초코라떼는 음료가 아니라 추로스를 찍어 먹는 것이다.

하몽(jamón) 돼지 뒷다리를 생으로 소금에 숙성한 것으로 크게 하몽 세라노와 하몽 이베리코로 나뉜다.

하몽 세라노는 하몽 생산의 90%로, 주로 건초와 사료로 키운 피부가 하얀 돼지로 만드는데 숙성 기간은 7~16개월 정도이다. 하몽 이베리코는 이베리아산 토종돼지로 만드는데 산에서 방목하며 주로 도토리와 목초, 건초 등을 먹고 자라며 14~36개월 정도 숙성하며 하몽 세라노보다 고급이다.

상그리아(sangria) 와인에 탄산수, 레몬즙, 여러 가지 과일들을 넣어 차게 두었다가 마시는 음료이다.

파에야	샹그리아
하몽	가스파초
추로스	

4 북유럽

1. 러시아 *Russia*

- 국가명 : 러시아연방
- 수도 : 모스크바
- 면적 : 1710만 km^2
- 공용어 : 러시아어
- 민족 : 러시아인, 타타르인, 우크라이나인
- 인구 : 1억 4004만 명(2014)
- 종교 : 러시아정교, 이슬람교, 기독교

1) 식생활 배경

러시아 연방은 세계 최대의 영토 대국으로 중국의 2배, 한국의 78배 정도이다. 북쪽으로 북극해, 동쪽으로 태평양에 면하고 있는 극동에서 중동부 유럽을 아우르는 국가이다.

러시아의 기후는 대체로 한랭기후이고 겨울이 길며 일조량이 적어 서늘한 여름을 가지는 전형적인 대륙성 기후이다. 툰드라와 타이가 지역은 토양이 좋지 않아 농업이 거의 이루어지지 못하고 남쪽의 혼합림, 낙엽수림지대와 스텝지대에서만 농·목축업이 이루어진다. 서쪽 국경에서부터 동쪽의 시베리아 알타이산맥까지 뻗어 있는 러시아의 스텝 지대는 여름이 온난하고 무상기일이 길지만, 연강수량이 200~500 mm에 불과하다. 따라서 건조한 기후에 잘 견딜 수 있는 곡물을 재배하는 한편 가축을 많이 사육한다. 토양은 흑색의 체르노젬chernozem으로서, 부식질이 매년 쌓이는 반면 거의 용탈되지 않아 토양 속에 석회분이 풍부하고 비옥하다. 이 지대는 러시아의 곡창지대로 밀, 사탕무, 해바라기 등의 농작물이 활발히 재배되지만 러시아 인구에 비하여 많이 부족한 실정이다. 따라서 비옥한 농토를 가졌던 다른 나라들에 비해 음식문화는 매우 소박한 편이다.

13~15세기까지 타타르인, 즉 몽골의 지배하에 놓이게 되는데, 몽골의 침입은 러시아의 음식문화에도 많은 영향을 미쳤다. 양고기를 석쇠에 굽는 요리인 샤시리크, 양배추

소금절이, 요구르트 만드는 방법 등이 러시아에 전파되었다. 17세기 후반 표트르 대제가 유럽의 선진문화를 적극적으로 수용하면서 상류층의 식탁이 서구화되었다. 이때 상류층의 식사에는 고기, 생선, 치즈가 들어 있는 샌드위치가 등장하게 되었고, 햄, 소시지, 청어와 소금에 절인 피클이 후추와 마늘을 듬뿍 넣어 제공되었으며, 캐비어와 철갑상어도 식탁에 오르게 되었다. 이외에도 새로운 과일이 들어 있는 타르트, 가루반죽 과자인 오늘날의 페이스트리, 캔디 등이 개발되었다.

러시아는 지역이 광대하고 다양한 민족이 있어 각 지역마다 다양한 음식문화가 존재한다. 대표적으로 피로시키(빵 종류)와 보르시(수프), 비프 스트로가노프(고기요리), 그리고 우크라이나의 명물인 키예프식 커틀릿(고기요리, 주로 닭고기), 카프카스의 샤실리크(양고기를 네모나게 썰어서 양념하여 쇠꼬챙이에 꿰어 숯불에 구워 먹음), 중앙아시아의 플로프(고기, 채소, 밥이 들어 있는 볶음밥) 등을 들 수 있다.

2) 식생활 문화

(1) 일반적 특징

러시아 음식은 추운 날씨를 잘 견딜 수 있도록 기름진 것이 많으며 동양과 인접해 있어 파, 양파 등을 많이 사용하는 등 동양적인 면을 보인다. 옛날 황제, 귀족, 부유한 유산층 등 특권계층의 요리는 화려하나 서민층으로 갈수록 소박해진다. 전국적으로 생채소가 적어서 저장채소나 염장채소를 많이 사용하고 주로 익혀 먹는다. 육류로는 양고기가 많이 쓰이고 어류는 청어, 연어, 대구를 많이 사용한다.

① 고열량 음식의 소비가 많음

추위를 이기기 위하여 고열량의 음식을 즐겨 먹는다. 기름지고 당분 함량이 높은 음식이나 기름이 많은 돼지고기를 선호하며 치즈, 버터를 많이 사용한다. 조리법은 튀기거나 볶는 등의 기름을 이용하는 방법이 많고 설탕을 많이 사용한다. 추위를 잊기 위해 알코올 함량이 많은 보드카를 선호한다.

② 소박한 식재료

러시아는 남쪽의 일부 지역 외에는 생채소를 구하기 어려우므로 양배추, 토마토, 감자, 양파, 당근, 비트와 같은 저장채소나 염장채소를 많이 이용한다. 생선은 청어, 대구, 연어를 많이 이용하며, 특히 철갑상어의 캐비어는 세계적으로 유명하다.

③ 익힌 채소의 이용

추운 날씨로 인해 채소의 생산량이 많지 않으므로 싱싱한 채소를 이용하는 샐러드는 거의 없으며, 대부분의 채소요리는 익혀서 이용한다. 채소는 수프나 캐서롤에 사용하거나 소금에 절여 피클로 저장한다. 감자는 1891년 기근 이후 주식으로 이용하게 되었으며 제2의 빵으로 불릴 정도로 많이 이용한다.

④ 빵을 주식으로 함

빵은 전통적으로 내려오는 러시아인들의 주식이다. 과거 농촌에서는 '페치카'라고 하는 벽난로가 있어서 빵을 구워 먹었는데, 곡물 또는 빵을 만드는 모든 재료를 흘렙khelb이라고 하며, 밀이나 호밀로 각각 흑빵과 브르치카라는 둥근 모양의 흰빵을 만들어 먹었다.

⑤ 죽과 수프의 발달

죽은 카샤kasha라고 하며, 귀리, 보리, 수수를 사용해서 만든다. "메밀죽은 우리의 어머니, 호밀빵은 우리의 아버지", "죽이 없는 식사는 식사가 아니다"와 같은 러시안인의 표현은 일상식에서 차지하는 죽의 비중을 잘 말해준다. 죽은 러시아인들이 빵과 함께 즐겨 먹으며, 중요한 자리에서는 늘 죽을 대접하여 '우정과 화해'의 의미도 가진다. 결혼식이나 세례식, 추도식 등에서도 죽은 필수 음식으로 준비될 만큼 빵 못지않게 중요하게 여겼다.

'시치'라고 부르는 수프는 고대 러시아에서는 모든 채소국과 수프를 일컬었다. 소고기, 생선, 양배추 등의 채소를 사용해서 만든 것으로 러시아인들에게 가장 기본적인 음식이다.

⑥ 고기, 감자, 유제품 및 아이스크림을 선호

러시아인은 소고기, 양고기 등의 육류를 많이 이용한다. 고기요리는 소금, 후추 정도만 사용하여 고기의 맛을 최대한 살리는 것이 특징이다. 감자는 주식인 빵을 대신할 정도록 많이 먹는다. 감자는 삶거나 튀기고, 다른 채소와 고기요리에 곁들이는 등 다양한 조리법에 이용되는데 고기, 생선, 우유, 채소는 반드시 감자를 함께 곁들여 먹는다.

음식에 치즈, 버터, 버터밀크 등의 유제품을 많이 이용한다. 스메타나라고 하는 사워크림은 만능 조미료라고 할 정도로 다양한 요리에 이용된다. 트바로크(코티지치즈), 케피르(사워밀크), 버터 등도 요리에 많이 사용한다.

아이스크림은 춘하추동, 남녀노소를 불문하고 모든 러시아인이 즐겨 먹는다. 초콜릿을 씌운 에스키모, 과일 맛이 나는 프룩토보에, 요구르트 음료인 케피르 등이 있다.

(2) 러시아의 식사

① 일상식

러시아의 정찬은 전채, 수프, 따뜻한 요리, 후식, 음료수 등으로 구성된다.

전채요리는 각종 차가운 육류, 철갑상어알인 캐비아, 청어절임에 채소샐러드가 곁들여지며, 와인이나 보드카와 같은 알코올 음료도 함께 제공된다. 수프는 양배추를 넣어서 끓인 '시치'와 '시치'에 비트와 토마토소스를 넣어 붉게 물들인 '보르시', 잘게 썬 고기와 채소를 듬뿍 넣은 솔랸카, 생선을 우려낸 우하 등이 제공된다. 따뜻한 요리는 소고기를 크림소스로 끓인 비프 스트로가노프, 양고기를 구워서 만든 샤슬릭 등이다. 후식으로는 아이스크림이나 각종 파이, 케이크와 잼을 곁들인 홍차 등이 제공된다.

주식인 호밀이나 잡곡으로 만든 흑빵 흘렙은 다른 유럽 등지의 검은 빵보다 더 찰지고 신맛이 나는 것이 특징이다.

끼니별 일상식은 서양의 다른 나라와 비슷하다. 아침에는 카샤라고 하는 죽과 밀로 만든 빵에 달걀, 치즈, 소시지 등을 넣은 샌드위치를 주로 먹으며, 차나 커피, 우유를 함께 마시기도 한다. 점심은 정찬으로 먹으며, 전채요리, 수프, 주요리, 후식의 순서로 제공된다. 저녁 또한 점심과 비슷하게 제공된다.

② 축제와 음식

마슬레니차 러시아의 봄맞이 축제로, 유난히 춥고 긴 겨울을 지내고 따뜻한 봄이 오는 날을 기념하는 행사이다. 원래 고대 슬라브인들이 춘분기에 행했던 민간 신앙적인 농업축제로 이날은 즐겁게 먹고 마시며 평소보다 많은 파티가 곳곳에서 열린다. 마슬레니차는 정해진 날이 있지 않고 사순절 직전 일주일이 축제의 기간으로 '흥겨운 포식'이라 부르고 풍요로운, 솔직한, 즐거운 등의 수식어로 불릴 정도로 가장 방탕한 명절 중의 하나로 알려져 왔다.

마슬레니차의 어원은 '버터'라는 뜻의 '마슬로maslo'에서 기인하고 이 기간에는 고기를 먹지 않고 버터를 사용한 빵이나 핫케이크 등을 먹기 때문에 '버터주간'이라는 의미도 있다. 마슬레니차 기간의 일주일은 육류 섭취를 금하고 오로지 유제품과 생선, 달걀만을 허용한다. 주요 메뉴는 블린, 피로그, 칼라치, 꿀술 등으로 이루어진다.

부활절 부활절에는 한밤 중의 촛불행진, 성대한 민속예술 등이 열린다. 부활절에 교회에서 성대한 의식이 거행되고 가정에서는 색칠한 부활절 달걀과 '쿨리치kulich'라고 하는 빵을 만들어 부활절을 축하한다.

3) 대표 음식

러시아의 대표 음식은 보르시, 샤슬릭(고기꼬치), 피로시키(러시아 만두) 등이 유명하다. 자쿠스키는 캐비어를 많이 넣은 러시아식 오르되브르이며, 술은 보드카, 크바스(맥주 비슷한 술), 코냑, 와인이 가장 유명하고, 그 밖에 홍차에 잼을 넣은 것도 있다.

흘렙(khelb, хлеб) 러시아에서 주식으로 먹는 빵으로, 빵의 재료인 곡물을 의미하기도 한다. 밀로 만든 빵은 종종 진미로 이용된다.

블린(blin, блин) 러시아의 핫케이크로 '밀가루 음식'을 의미하는 단어에서 유래하며 이교도 때부터 종교의식에 사용되었다. 가장 경제적인 식품으로 최대한의 액체에 최소한의 밀가루만 있으면 만들 수 있고, 둥글고 얇은 핫케이크에 연어알, 잼, 치즈, 스메타나, 햄, 고기 등을 넣어서 먹는 음식이다.

피로시키(piroschk, пирожки) 러시아 빵의 하나로 러시아 만두라고도 하며, 채소, 고기, 소시지 등을 속으로 넣는다. 러시아의 전통적인 가정 요리인 동시에 패스트푸드점이나 거리에서도 팔리고 있는 일반적인 음식이다. 우크라이나, 라트비아, 폴란드에도 전해져 현재는 세계적으로 유명한 음식이다.

보르시(borshch, борщ) 토마토, 양파, 소고기, 버섯, 감자 등의 재료를 볶은 후에 천천히 삶아서 만든 것으로 채소 수프와 비슷하다. 이외에도 건더기로 소시지, 햄, 베이컨, 닭고기 등의 육류 등을 사용하기도 한다. 지방마다 수십 종류 이상의 보르시가 있지만 모두 사워크림을 쳐서 먹고 사탕무를 원재료로 사용하는 공통점이 있다.

흘렙	블린	비프 스트로가노프
피로시키	보르시	
샤슬릭	자쿠스키	스메타나
차	크바스	보드카

샤슬릭(shashlik, шашлык)　코카서스 동쪽에서 전해진 대표적 러시아 음식으로 러시아인들이 가장 즐겨 먹는다. 보통 나무 꼬치에 꽂아서 굽는 방식으로 샤슬릭의 어원은 '꼬치에 꿴 음식'이라는 뜻이며 원래 양고기를 이용했지만 돼지고기, 닭고기, 연어 등을 꽂아 먹기도 한다.

비프 스트로가노프(beef stroganoff, бефстроганов)　소고기를 얇게 썰고, 양파, 버섯을 버터로 프라이팬에 볶아서 수프에 넣은 다음 약간 삶고, 마무리로 크림수프를 충분히 넣는다. 토마토를 사용하는 경우와 사용하지 않는 경우가 있다.

자쿠스키(zakouski, закуски)　러시아인들이 식전에 먹는 간단한 전채요리이다. 일반적으로 찬 음식으로 이루어지고 호밀빵과 오이피클, 버섯피클, 연어살 또는 청어살 등으로 구성된다.

스메타나(smetana, сметана)　발효시킨 농축크림으로 온갖 음식에 사용되고 약방의 감초와 같이 '보르시, '블린' 등 많은 러시아 요리에 첨가된다.

크바스(kvass, квас)　러시아인의 오랜 사랑을 받는 갈색의 전통음료이다. 호밀이나 보리의 맥아를 원료 효모 또는 발효시킨 호밀빵을 넣어 만든 러시아 특유의 청량음료로 제조법이 간단하여 가정에서도 손쉽게 만들어 마시고 갈증 해소에 매우 좋다.

보드카(vodka, водка)　알코올 성분 40% 이상인 무색무취의 강한 술로, 러시아인들에게 보드카는 추운 겨울을 따뜻하게 이겨내게 하는 친구와 같다. 종류는 80여 종이다.

차(tea, чай)　1689년 중국에서 차 수입이 시작되어 병을 고치는 치료용으로 사용되었다. 차를 마시는 일은 19세기 이후로, 하층민에게도 일상적인 관례가 되었다.

'사모바르samovar'라는 기구를 이용하여 차를 마시는데, 잼이나 각설탕을 따로 먹으면서 차를 마시는 습성이 있다.

2. 스웨덴 *Sweden*

- 국가명 : 스웨덴왕국
- 수도 : 스톡홀름
- 면적 : 45만 km^2
- 공용어 : 스웨덴어
- 민족 : 스웨덴인, 핀란드인
- 인구 : 972만 명(2014)
- 종교 : 복음루터교, 가톨릭교

1) 식생활 배경

스웨덴은 한반도의 약 2배 크기로 노르웨이, 핀란드, 덴마크, 아이슬란드를 포함하는 스칸디나비아반도의 5개 국가 중 가장 큰 나라이다. 인종은 대부분 단일 민족이며 소수의 핀란드인과 라프족이 있다. 스웨덴은 국토의 3/5를 차지하는 산악지방인 노를란드, 산등성이와 호수 대부분이 자리 잡은 스베알란드, 산악지대와 기름진 평야가 있는 고틀란드의 3개 지역으로 이루어져 있다. 스웨덴은 겨울은 길고 추우며 여름은 짧고 시원하다. 위도상 아주 북쪽에 위치하므로 5월 중순부터 6월 말까지는 해가 지지 않고 반대로 12월은 늘 어둡다.

스웨덴의 경제는 서비스업과 중공업, 국제무역에 기반을 두어 중요한 철광석 산지로서 광업, 벌목, 철강, 관광 등이 주요 산업이다. 농산물은 곡류, 사탕무, 감자 등이 주를 이룬다.

2) 식생활 문화

(1) 일반적 특징

스웨덴의 전통적인 조리법은 다른 스칸디나비아 국가와 비슷하게 매우 간단하다. 스웨덴인들은 보통 뜨거운 물에 데치거나 기름에 튀긴 생선을 즐겨 먹고, 특히 절인 청어는 매우 인기가 있다. 채소는 어디에서나 접할 수 있으며, 감자는 스웨덴 사람들에게 없어서는 안 될 주식이다. 으깬 감자와 청어는 스웨덴의 국민요리 중 하나라 할 수 있다. 북구 지역의 계절적 영향으로 여름에는 신선한 해산물을 이용한 생요리와 그릴 요리가 발달하였고 겨울에는 저장음식을 선호한다.

① 음식을 조리할 때 우유, 버터, 크림, 치즈 등을 많이 사용한다.

② 청어, 연어, 가재 등 생선요리가 풍부하다.

③ 고기, 생선 등을 이용한 저장식품이 발달하였다.

④ 감자를 주식으로 이용한다.

(2) 스웨덴의 식사

스웨덴인들의 아침식사는 간단하게 마카macka, 샌드위치, 시리얼 등을 우유나 필묘크, 주스, 커피 등과 함께 먹는다. 점심도 아침처럼 간단하게 먹는 경우가 많은데 이는 겨울에 해가 빨리 지기 때문이며, 대신 저녁을 여유롭게 먹는 편이다. 스웨덴의 점심문화는 산업화가 된 이후 공장이 들어서면서부터 생겼다. 저녁식사는 가장 성대하게 먹는데 이는 점심이 따로 없었던 문화에서 유래한다.

3) 대표 음식

수르스트뢰밍(surströmming) 작은 청어를 소금에 절여 발효시킨 것으로 냄새와 맛이 매우 강하다.

크네케브뢰드(knäckebröd) 딱딱한 과자 같이 생긴 것으로 납작하고 건조하며 바삭바삭한 전통 빵이다.

코르브(korv) 스웨덴의 소시지로 종류와 맛이 다양하다. 블로드코르브blodkorv는 영어로는 블러드 소시지blood sausage로 돼지피 등을 넣어 만든 소시지이다.

필묘크(사워밀크, sour milk) 요구르트보다 농축된 형태의 유제품으로 단맛은 없고 신맛이 난다.

필묘크

수르스트뢰밍

수르스
트뢰밍

크네케브뢰드

코르브

코르브

07 아메리카의 식문화

북아메리카	남아메리카
1. 미국	1. 브라질
2. 캐나다	2. 아르헨티나
3. 멕시코	3. 페루

CHAPTER 07

아메리카의 식문화

1 북아메리카

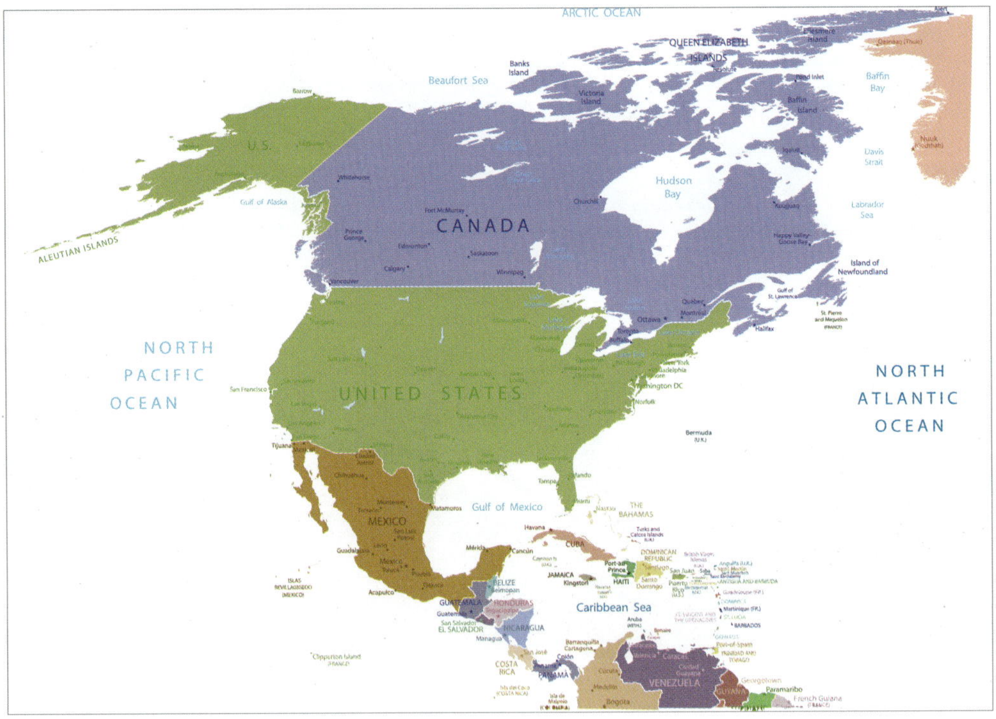

북아메리카 또는 북미 대륙은 3번째로 큰 대륙으로 아메리카 대륙의 북쪽으로 지구의 북반구, 서반구에 위치하며, 면적은 약 24,709,000 km^2이다. 북쪽은 북극해, 동쪽은 북대서양, 남동쪽은 카리브해, 서쪽은 북태평양과 접하고, 남동쪽으로 파나마 지협을 경계로 남아메리카와 연결되어 있으며, 미국, 캐나다, 멕시코와 그린란드가 있다.

1. 미국 *United States of America*

- 국가명 : 아메리카합중국
- 수도 : 워싱턴 D.C.
- 면적 : 982만 km^2
- 언어 : 영어
- 민족 : 백인, 흑인, 아시아인, 인디언 및 알래스카인, 하와이 원주민
- 인구 : 3억 1889만 명(2014)
- 종교 : 개신교, 가톨릭교, 모르몬교, 유대교

1) 식생활 배경

미국은 러시아와 캐나다 또는 중국 다음으로 세계에서 가장 넓은 나라이다. 50개 주와 1개의 특별구로 이루어진 연방제 공화국으로 북동부, 중서부, 남동부, 서부, 남부 등의 5개 지역으로 나누기도 하고 편의상 동부, 서부, 남부로 나누기도 한다.

기후는 북쪽의 습윤 대륙성 기후에서 남쪽의 온대 습윤 기후까지 다양하다. 플로리다 남쪽 끝 지역은 하와이처럼 열대 기후이고, 서쪽의 대평원 지역은 반건조 기후이며, 서부 산맥 상당 지역은 고산 기후를 나타낸다. 남서부의 사막과 대분지의 기후는 건조하고, 캘리포니아 해안은 지중해성 기후를 나타내며, 오리건과 워싱턴주 및 알래스카 남부는 서안 해양성 기후를 보인다.

개척 초기에는 원주민과 서유럽인들이 즐겨 먹던 조개 차우더chowder, 옥수수 수프, 옥수수빵, 포크 앤 빈Pork & bean, 호박파이 등을 주로 먹었다. 개척이 진행되는 시기에는 영국의 음식문화가 미국 음식문화의 기초가 되었다. 음식을 실내에서 조리할 수 있도록 나무와 석탄을 이용한 레인지가 개발되었고 지역에서 생산되는 농산물인 감자, 옥수수, 돼지를 주로 먹었다. 간편하게 음식을 조리할 수 있도록 튀기거나 굽는 방법이 주로 사용되었기 때문에 이 시기에는 채소 섭취가 부족하고 식생활은 열악하였다.

1850년에서 1899년 사이에는 식품 생산, 가공, 저장, 유통 등 음식산업이 발달하였다. 이로 인해 신선한 우유, 과일, 채소의 섭취가 쉬워졌으며, 미국 근대 음식 체계의 기초가 마련되었다. 1890년경에 미국식 음식으로 과일주스와 샐러드가 출시되었고, 제1차

세계대전을 계기로 통조림 및 간편하게 먹을 수 있는 다양한 가공식품도 늘어났다. 제2차 세계대전 후에 현대 미국 음식문화의 기초가 확립되었다. 이때는 설탕, 유지류, 육류, 달걀, 우유, 냉동식품의 소비가 증가하였고, 1940년대에 미국식 패스트푸드 사업이 시작되었다. 1980년대에는 이탈리아 음식문화가, 1990년대에는 멕시코 음식문화가 확산되었다. 최근에는 건강에 대한 관심이 높아지면서 중국, 일본, 태국, 한국 등의 동양 음식문화가 섞여 많은 민족의 음식문화가 모두 존재하면서 혼합되어 있다.

2) 식생활 문화

(1) 일반적 특징

미국 음식문화는 원래부터 미국에 바탕을 두었던 원주민의 식생활 문화와 초기 식민 세력이었던 스페인, 프랑스의 식생활 문화, 그리고 이후 미국의 지배 세력이 된 앵글로 색슨계의 식생활 문화 등이 기초를 이룬 바탕 위에, 다민족 국가인 미국을 이루고 있는 각 민족의 식문화가 혼합되어 있다. 이런 이유로 이탈리아, 그리스, 프랑스, 멕시코, 중국, 일본, 한국 음식 등 다양한 음식을 즐길 수 있다. 또한 풍부한 농산물, 합리적인 가공과 저장, 수송할 수 있는 공업력, 경제 발전으로 인한 구매력 등이 현재 미국 식생활 문화의 기초를 이루고 있다.

미국인은 주로 감자와 빵, 고기를 즐겨 먹으며 편의식품과 패스트푸드가 발달하였다. 간편하게 즐기는 음식으로 스파게티와 피자가 있으며, 집에서 요리를 하거나 전화로 주문하여 먹는다. 미국인의 아침식사 중의 하나인 시리얼은 원래 의사 켈로그가 소화가 잘되는 환자용 음식으로 고안한 것이다. 처음에는 몇 분 정도 가열해서 먹는 따끈따끈한 시리얼이었으나, 후에 있는 그대로 먹을 수 있는 콘플레이크와 같은 차가운 시리얼이 개발되었다. 옥수수, 쌀, 밀 등을 원료로 하는 시리얼의 종류도 많으며, 그 중에서 플레이크 상태로 만든 콘플레이크가 인기 있다.

(2) 지역별 특징

① 동부 지역

미국의 정치, 경제, 사회, 문화 전반에 걸쳐 중요한 위치를 차지한다. 기후는 대서양 연안의 습윤한 온대 계절풍 기후를 나타내지만 내륙으로 갈수록 대륙성 기후를 나타낸

원주민의 식생활

원주민이 좋아하는 식품은 콘브레드, 칠면조, 크랜베리, 블루베리, 호미니(hominy, 묽게 탄 옥수수죽), 무쉬(mush, 옥수수죽)이다. 북아메리카의 요리는 남부나 멕시코 요리와 달리 단순하고 향이 살아 있으며 램프(ramps, 파속 식물), 와일드 진저(wild ginger), 마이너레터스(miners' lettuce), 주니퍼(juniper, 노간주 나무)를 요리의 향미 재료로 사용한다.

램프

와일드 진저

마이너레터스

주니퍼

프라이브레드(Frybread)는 원주민의 대표적인 음식으로 식용유, 쇼트닝이나 라드에 튀긴 납작한 빵이다. 이스트나 베이킹 파우더로 발효하여, 꿀이나 뜨거운 고기 등을 위에 얹어 먹기도 하는 인디언 타코(Indian taco)의 원형이다.

동부 산림지대 원주민의 식품은 메이즈(maize, 옥수수), 콩, 호박이다. 동부와 반대로 서북부 원주민은 사냥을 주로 하였다. 북서부 원주민은 연어와 생선, 해산물, 버섯, 베리와 사슴, 오리, 토끼와 같은 고기를 주로 이용하였다. 럼(rum)은 크리스토퍼 콜럼버스에 의해 서반구가 처음 소개되었을 때 대중적인 음식이었다. 남동부 원주민의 주요 식량은 옥수수로 호미니, 콘브레드, 그리츠(grits, 탄 옥수수)를 만들고 주요 교역품인 위스키를 만드는 데 사용하였다. 남동부의 원주민은 사냥을 하여 고기를 먹었고, 사슴고기가 중요한 식량이었다. 그 외에 토끼, 다람쥐, 주머니쥐, 너구리를 사냥하였다. 감자는 원주민의 식사에 옥수수와 같이 사용되었으며, 원주민이 아닌 남부인들은 시금치, 호박, 콩, 토마토, 후추, 사사프라스(sassafras) 등의 채소를 사용하였다. 남부 원주민들은 무스카딘(muscadine), 블랙베리(blackberry), 라스베리(raspberry), 등의 과일을 이용하였다. 유럽 사람들에 의해 소와 돼지를 키우게 되었고, 고기를 먹을 때 간, 뇌, 장과 같은 장기를 먹는 것은 일반화되지 않았으며, 돼지의 지방은 요리나 튀김에 사용하였다.

다. 많이 재배되는 산물은 블루베리blue berry, 칠면조, 옥수수, 감자, 토마토, 돼지감자, 고추, 오크라okra, 아열대 채소 등이 있다.

② 서부 지역

로키, 시에라네바다 등의 산맥이 뻗어 있고 그 사이에 많은 고원과 분지가 있다. 서쪽으로 갈수록 농사짓기에 적합한 토지가 드물고 비가 적어 초지와 목장이 발달하여 소와 말을 방목한다. 포도, 딸기, 파인애플 등의 과일과 토마토, 사탕수수 등의 채소 및 면화의 생산이 많다. 아이다호주는 통째로 구워 먹는 길쭉한 모양의 아이다호 감자가 유명하고, 콜로라도 덴버나 애리조나와 같이 농경지에 물을 대는 관개가 잘된 지역에서는 과일, 채소, 면화가 많이 생산된다. 캘리포니아주는 겨울에 비가 많이 내리고 여름에 비가 적은 고온건조한 기후 지역이어서 토마토, 샐러드용 채소, 사탕수수, 딸기가 대량 생산되며 캘리포니아 북부의 소노마 지역은 세계 최대 포도생산지이다. 알래스카 지역은 연어와 각종 게가 많이 잡히고, 하와이는 파인애플과 열대성 과일이 풍부하다.

③ 남부 지역

습기가 많은 아열대 지방으로 담배, 쌀, 사탕수수, 면화 등의 농업을 하였다. 지금은 미국의 음식문화가 가장 급속히 발전하고 있는 지역으로 다른 지역보다 생선을 많이 먹는다. 뉴올리언스 지역은 매콤한 케이준요리가 유명하고, 켄터키의 프라이드치킨과 옥수수 위스키인 버본bourbon, 저키jerky, 육포의 일종, 바비큐가 유명하다.

(3) 미국의 식사

① 일상식

아침식사로 토스트와 우유, 베이컨, 달걀 등을 즐겨 먹고, 점심식사는 햄버거나 샌드위치와 같은 편의식품으로 간단히 해결한다. 저녁식사는 돼지고기, 소고기 스테이크, 닭고기, 칠면조 고기 등의 육식과 생선으로 아침과 점심에 비해 푸짐하게 먹는다.

② 명절음식

성패드릭데이(St. Patrick's Day, 3월 17일)　아일랜드 수호성자인 패트릭 성자를 기리는 날로써 뉴욕, 보스턴, 시카고에서 각종 행사와 퍼레이드가 열린다. 이날은 모두 초록색 의상을 입고 초록색 맥주를 마신다.

부활절(Easter)　그리스도의 죽음과 부활을 기념하는 날로 춘분 후 최초 만월 다음에 오는 첫째 일요일(3월 22일부터 4월 25일 사이)이다. 부활과 다산(多産)의 상징인 달걀에 그림을 그려 선물하거나 아이들이 집집마다 돌아다니며 달걀을 얻어 모으기도 한다. 달걀 대신 Easter bunny라는 토끼 모양의 초콜릿을 주고받기도 한다.

할로윈(Halloween)　어린이들이 크리스마스 못지않게 자유로이 즐겁게 놀 수 있는 날이다. 10월 마지막 날 할로윈 의상을 입은 어린이들이 각 가정을 돌면서 "과자를 줄래요? 골탕을 먹을래요? trick or treating" 라고 외치면서 사탕이나 과자를 구하고, 어른들도 분장을 하고 파티를 즐긴다. 이날에는 각 가정마다 사람 얼굴 모양으로 파낸 호박

안에 촛불을 켜서 문 앞에 놓아두고, 아이들의 방문에 대비하여 캔디를 많이 준비해 놓는다.

죽은 자의 날(Full moon, 11월 2일)　멕시코인 공동체가 있는 지역에서 열리며, 죽은 친지들의 넋을 달래는 축제이다. 이 축제에서는 과자와 사탕으로 만든 해골과 뼈를 많이 볼 수 있다.

추수감사절(Thanksgiving Day)　1620년 신교의 자유를 찾아 영국에서 메이플라워호로 건너온 청교도들이 거친 자연과 싸우면서 이듬해 가을 결실을 맞이하여 하나님께 감사드리자는 취지로 생겨난 날로, 우리나라의 추석과 같은 의미를 지닌다. 11월 넷째주 목요일에 주로 그레이비 소스gravy sauce를 곁들인 칠면조요리를 먹는다.

크리스마스(Christmas)　그리스도의 탄생일로 예배를 보러 가거나 집안에서 오랜만에 만난 가족들과 함께 시간을 보낸다. 크리스마스 저녁에는 칠면조와 호박파이를 주로 먹고, 12월 21일부터 8일간은 유대인의 연례 축제인 하누카Hanukkah를 치르는데 유태교에서는 크리스마스 대신 이 기간을 중요시한다.

3) 대표 음식

햄버거(hamburger)　독일 요리인 햄버거 스테이크와 토마토케첩을 뿌려 먹는 음식으로 패티는 소고기를 갈아서 만든 햄버거용 고기이다.

핫도그(hot dog)　빵에 프랑크푸르트 소시지를 끼운 것으로 1900년경 뉴욕에서 처음 소개된 전형적인 미국 음식이며, 주로 야구 경기장이나 자전거 경기 때 이용하기 시작하였다.

프라이드치킨(fried chicken)　통닭구이라 하며 켄터키 지방에서 유명하다.

티본스테이크(T-bone steak)　티본스테이크는 소의 허리부위 고기를 T자형의 뼈를 중심으로 양쪽에 고기가 붙어 있는 부위를 구운 것이다.

19세기 미국의 호텔과 레스토랑에서 유래되었다고 하나 정확한 근거는 없으며, USDA에서 규정한 티본스테이크의 고기의 두께는 32 mm, 뼈의 두께는 13 mm이다.

칠면조구이(grilled turkey)　추수감사절과 성탄절 저녁의 주요리로 많이 사용된다.

프라이드치킨	햄버거
	핫도그
티본 스테이크	호박파이
칠면조구이	

호박파이(pumpkin pie)　추수감사절이나 크리스마스에 즐겨 먹는 전통적인 디저트로 가을과 겨울에 많이 먹는다. 호박은 수확과 할로윈의 상징으로 사용된다.

4) 식사예절

(1) 일상식의 식사예절

① 착석

- 의자에 앉을 때는 웨이터가 의자를 빼주면 왼쪽으로 들어가서 앉는다.
- 테이블과 몸의 간격은 주먹 2개 정도 들어갈 정도로 하고, 앉아서 맞은편과 양옆에 앉은 사람에게 가벼운 인사를 한다.

② 냅킨

- 냅킨은 반으로 접어서 접혀진 쪽이 앞으로 오도록 무릎 위에 놓는다.
- 식사를 마친 후 냅킨은 허술하게 접어서 식탁의 왼쪽에 올려놓는다.

③ 식사

- 식사를 할 때 포크와 나이프는 테이블의 가장자리에 있는 것부터 차례대로 사용하며, 다 먹은 후에는 접시의 중앙에 비스듬히 놓아둔다.
- 수프는 앞에서 바깥쪽으로 향하여 떠먹다가 조금 남으면 왼손으로 접시를 가볍게 자기 앞쪽으로 기울여 떠먹는다.
- 빵은 한입 크기로 손으로 떼어서 버터를 발라 먹는다.
- 고기요리는 후추와 소금 등으로 간을 한 후 왼쪽부터 한 점씩 썰어 가며 먹는다.
- 와인은 글라스의 밑 부분을 감싸듯이 쥐고 마신다.
- 껍질을 벗기지 않은 과일은 포크로 한쪽을 고정시켜 나이프로 껍질을 벗긴다.
- 식사 중 자리를 뜨거나 쉴 때 포크와 나이프는 팔자형으로 접시 위에 놓거나 접시의 중앙에 서로 교차시켜 놓는다.
- 식사가 끝나면 포크를 자신의 앞쪽에, 나이프는 날을 안쪽으로 하여 포크 뒤쪽에 나란히 옆으로 놓는다.

(2) 레스토랑의 식사예절

- 레스토랑에서 식사를 할 때 남성은 긴 바지와 구두를 꼭 갖춰야 하고, 여성은 핸드백을 테이블 위에 올려놓지 않는다.
- 서비스 요금이 포함된 경우에는 따로 팁을 주지 않아도 되지만 카드로 결제를 할 때는 팁란에 금액을 적는다. 팁은 지폐를 사용하며 동전을 주는 것은 실례이다.

2. 캐나다 *Canada*

- 국가명 : 캐나다
- 수도 : 오타와
- 면적 : 998만 km^2
- 언어 : 영어, 프랑스어
- 민족 : 유럽계, 프랑스계, 기타 유럽계
- 인구 : 3483만 명(2014)
- 종교 : 가톨릭교, 개신교, 기타 기독교

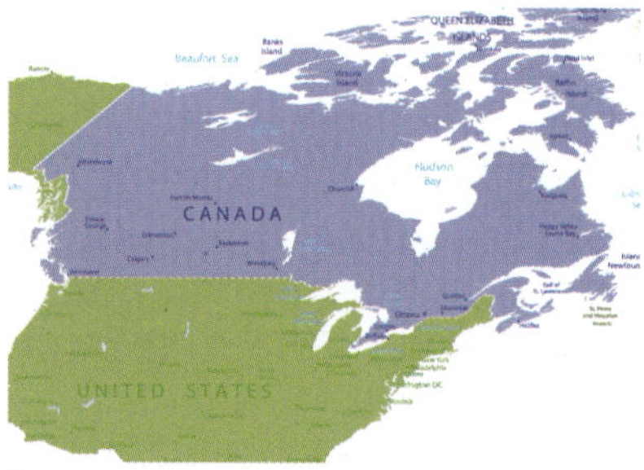

1) 식생활 배경

캐나다라는 이름은 휴런족의 언어로 '작은 마을'이라는 뜻의 '카나타Kanata'에서 유래하였다. 남쪽과 서쪽으로 미국과 세계에서 가장 긴 국경선을 사이에 두고 있다. 동쪽의 대서양부터 서쪽의 태평양까지 뻗어 있으며, 북쪽으로는 북극해에 접한다.

서쪽(브리티시컬럼비아주 등)은 온난하고, 겨울에는 비가 많이 와서 밴쿠버 지역은 '겨울 장마'라 불릴 정도이다. 동쪽(온타리오주, 퀘벡주, 매니토바주 등)은 여름에는 덥고 습하며 장마가 없으나, 겨울에는 추운 기후로 사계절이 뚜렷하고 봄과 가을은 약간 짧은 편이다. 여름철은 캐나다 여러 지역의 기온이 매우 높은 편이나, 30℃를 넘는 날에도 습도가 낮기 때문에 쾌적한 생활을 할 수 있다. 북부의 옐로나이프와 화이트호스는 겨울이 매우 춥고, 대도시라도 기온이 -20℃ 이하로 떨어지는 날도 있지만 여름에는 쾌적하다. 북부는 매우 추워 겨울이면 오후 2시만 되어도 일몰하고, 남부라도 오전 8시 이후에 일출하는 날도 있다.

영국제도로부터 온 이민자와 상인은 캐나다 남부의 온타리오의 요리에 영향을 미쳤다. 프랑스 이민자들은 캐나다 동부의 퀘벡, 남부의 온타리오와 뉴브런즈윅의 요리에 영향을 주었다. 네덜란드와 스칸디나비아 이민자들은 온타리오의 남서쪽의 요리에 영향을 주었고, 독일, 우크라이나와 폴란드의 이민자들은 캐나다의 서부 요리에 영향을 주었다. 또한, 오카나간 밸리와 쿠트니산맥 사이의 중소도시인 그래드포크에는 러시아 사회주의에 반한 러시아정교회의 한 분파인 두호보르dukhobor파에 의해 전해진 감자, 양배추, 옥수수 등을 먹는 채식주의 요리가 남아 있다. 워털루와 온타리오는 메노파mennonite 교도와 게르만족의 전통음식에 영향을 받았으며, 1800년대 후반기의 유태인 이민자들도 캐나다 음식에 많은 기여를 하였다. 몬트리올 스타일의 베이글과 훈제고기는 몬트리올에 거주하는 유대인 거주자들에 의해 개발되었다.

수산업은 캐나다 최초의 산업이며, 새우, 대구, 청어, 정어리 등이 잡힌다. 곡류, 감자 등의 농산물 중에서도 평원에서 생산되는 경질(硬質) 밀은 단백질의 함유량도 많아 질이 좋으며, 생산량의 2/3를 수출하고 있다. 또 낙농과 가축 사육도 왕성하며, 온타리오주와 브리티시 콜롬비아주에서는 온실green house 농업이 발전하는 추세에 있다.

2) 식생활 문화

(1) 일반적 특징

캐나다는 이민 문화가 많고 다문화가 존재하기 때문에 근대를 지나면서 요리법도 다양하게 발달하였다. 따라서 캐나다의 요리책에는 전 세계의 요리법을 담고 있다고 해도 과언이 아닐 정도로 다양한 음식이 있다.

캐나다 요리는 현대적 방법과 독특한 캐나다의 식재료를 아우르는 요리 방식으로서 야생 블루베리나 삼림순록, 들소, 연어, 쌀 등을 사용한다.

오늘날 많은 캐나다 사람들이 미국에는 흔치 않은 캐나다 고유의 독특한 요리를 개발하려고 노력 중이다. 하지만 보통 두 나라를 통틀어 북아메리카 요리로 취급하고 패스트푸드 문화가 깊게 자리하고 있는 것은 명백한 사실이다.

(2) 지역별 특징

캐나다 요리는 지역마다 특성이 다양하다. 대개 영국식 캐나다 요리는 미국식과 영국식 요리와 아주 흡사한 반면, 퀘벡과 프랑스어를 사용하는 지역은 프랑스 요리의 특성을 상당 부분 지니고 있다. 서쪽 지방의 요리는 독일과 우크라이나, 폴란드, 스칸디나비아식 풍습의 영향이 많이 나타난다. 두 요리 방식 모두 기본적으로 계절마다 요리가 다양하며 신선한 재료를 쓰는데 야생 가금류를 잡아서 먹고 음식을 구워서 먹는 방식도 많다.

캐나다-중국식 요리는 국가 전체에 널리 퍼져있는데 지방마다 조리법이 다르며, 스칸디나비아식 요리와 중국식 요리법이 결합된 형식도 있다. 중국식 스뫼르고스보르드는 미국과 몇몇 캐나다 지역에서 발견된 요리이기는 하지만 밴쿠버에서 기원했다고 보는 것이 정설이다. 많은 스칸디나비아인들은 삼림업에 종사했고 빈민촌에서 중국식 요리와 자신들의 요리를 함께 만들어 먹었다고 한다. 스뫼르고스보르드는 뷔페식 요리로 청어, 연어, 치즈, 감자 요리를 마음껏 즐길 수 있으며, 특히 삶은 감자, 발효크림 및 차이브가 곁들여지는 청어요리가 대표적이다.

스뫼르고스보르드(smörgåsbord)

스뫼르고스보르드는 원래 전채요리를 의미했으나 그 양과 메뉴의 풍성함으로 손색없는 뷔페요리로 인기를 얻고 있다. 이는 바이킹이 오랜 항해를 끝내고 고향에서 한상 푸짐하게 차리고 뷔페식으로 먹으면서 연유된 것으로 보인다. 한편 이곳의 요리들은 바이킹의 후예답게 사냥, 어획 등을 통해 자연에서 얻을 수 있는 재료(노루 · 야생조류 · 생선 특히 청어 · 연어 등)를 충분히 이용한 절이고 말리고 훈제한 요리이다. 이는 '스칸디나비아'의 매우 추운 기후 때문이다. 스칸디나비아 3국에서는 스뫼르고스보르드를 '스뫼르고'라고 하는 약식뷔페로 보편화시켜 보통, 빵과 버터, 치즈 그리고 청어요리 등을 낸다. 스칸디나비아 3국의 가정에 초대받으면 보통 여주인이 청어 피클, 튀긴 미트볼, 오븐에서 구운 오믈렛 등으로 이루어진 스뫼르고를 준비해 늦은 저녁 손님을 위한 밤참으로 내놓는다고 한다. 특히 삶은 감자, 발효크림 및 차이브가 곁들여지는 청어요리는 빼놓을 수 없는 코스이다. 이외에도 삶은 연어나 훈제연어, 소금에 절인 연어 등 생선요리를 다양하게 맛볼 수 있으며 장어나 새우 외에도 냉동육류, 치즈, 소시지, 훈제 사슴고기, 간파테, 달걀, 샐러드 등이 스칸디나비아 요리의 전형적 메뉴다. 스칸디나비아는 우리와 기후, 생활풍속, 전통이 전혀 달라 그 요리가 우리 입맛에 맞지는 않지만 절이고, 말리고, 훈제한 색다른 맛은 미각을 자극한다.

(3) 캐나다의 식사

① 일상식

아침식사는 보통 오전 7시에서 8시 30분 사이로, 커피, 시리얼, 토스트, 베이컨, 달걀 그리고 팬케이크를 먹는다. 점심식사는 보통 12시와 오후 1시 사이에 수프, 샐러드, 샌드위치 혹은 다양한 과일들을 먹는다. 전형적인 도시락은 샌드위치와 과일 그리고 쿠키나 머핀을 포함한다. 저녁식사는 보통 오후 5시와 6시 30분 사이에 먹으며, 하루 중에 가장 식사시간이 길고 격식을 갖추어 먹는다. 많은 사람들이 주요리 전에 수프나 샐러드를 먹고, 파이나 아이스크림 같은 디저트는 주요리가 끝나고 난 후에 먹는다.

② 명절음식

나이아가라 그레이프 & 와인 페스티발　온타리오주 세인트캐서린스와 나이아가라 지역에서 9월 20일~29일 동안 와인 양조장 방문, 와인 시음회, 다양한 콘서트, 와인 관련 세미나 등의 행사가 열린다.

캘거리 스탬피드(Calgary Stampede)　1923년부터 시작되었으며, 캐나다 캘거리에서 매년 7월에 열리는 로데오, 퍼레이드, 공연 등 다양한 행사들이 진행된다.

퀘벡 윈터 카니발(Quebec Winter Carnival)　매년 1월부터 2월에 걸쳐 캐나다의 퀘벡 시티에서 17일간의 일정으로 열리는 눈 축제이다.

3) 대표 음식

콩과 토스트(beans & toast)　빵을 잘게 자르거나 토스트해서 콩을 같이 볶아서 먹는다.

몬트리올 베이글(Montreal bagels)　모양은 뉴욕 베이글New York bagels와 비슷하지만 작고 단맛이 나며 더 치밀하다. 맥아, 달걀, 꿀을 사용하고 소금은 사용하지 않으며, 양귀비씨와 참깨를 이용한다. 손으로 만들고 나무를 사용하는 오븐에 굽는다.

플리퍼 파이(flipper pie)　머랭이 장식된 커스타드 파이로 20세기에 대중화되었다.

캐나다 베이컨(Canadian bacon)　돼지고기로 만들며, 베이컨보다는 햄의 형태이다. 육질은 기름기가 적고, 약간 단맛이 나며, 즙이 있다.

콩과 토스트	몬트리올 베이글	플리퍼 파이
캐나다 베이컨	시시 타우크	푸틴
블러디 시저	단풍잎 모양의 쿠키	단풍나무 시럽
아이스와인	콘젤만 와이너리	

시시 타우크(shish taouk)　시시shish는 레바논, 시리아, 이집트, 이라크 지역의 전통적인 케밥kebab을 말한다. 몬트리올 스타일의 시시타우크는 닭고기를 꼬치에 꿰어 만든 터키식의 패스트푸드로 올리브유, 레몬과 마늘로 마리네이드하며 상추, 토마토, 양파, 순무피클로 장식하고 타히니tahini 소스로 만들어 굽는다. 감자, 쌀밥, 타볼리tabouli, 쿠스쿠스couscous와 같이 제공한다.

푸틴(poutine)　퀘벡과 온타리오 지방에서 만들어 먹는 프랑스식 캐나다 패스트푸드로 프렌치프라이와 치즈, 육즙을 함께 넣어서 만드는 요리이다.

블러디 시저(bloody caesar)　보드카와 토마토 주스로 함께 만드는 칵테일로 컵 가장자리에 소금을 묻히고 샐러리와 라임으로 장식한다.

시저는 1969년 앨버타주 캘거리 지역의 마르코스Marco's라는 레스토랑에서 처음 만들었다고 한다.

단풍잎 모양의 쿠키(Maple-leaf-shaped sugar cookies)　단풍잎 모양의 쿠키로 메이플 시럽(단풍나무 시럽)을 사용하여 만든다.

단풍나무 시럽(maple syrup)　온타리오주와 퀘백주가 대표적인 산지이며 봄철 야생나무 진액을 채취하여 그 즙을 끓여서 만든다. 빵에 발라 먹거나 홍차에 넣어 먹는다.

아이스 와인(ice wine)　길고 추운 겨울 동안 포도를 밭에서 그대로 얼린 뒤 꽁꽁 얼어 있는 상태로 수확하여 만드는 포도주로 단맛이 강하다.

4) 식사예절

① 일반적으로 식사 전에 "gracegive thanks"라고 말하는데 생략하기도 한다.

② 만약 배가 고프면 호스트에게 말해야 하고, 처음에 제공되었던 음식이나 음료를 거절하면 호스트는 손님이 아무것도 원하지 않는다고 생각할 수도 있다.

③ 호스트는 손님이 맛있게 음식을 먹기를 원한다.

3. 멕시코 *Mexico*

- 국가명 : 멕시코합중국
- 수도 : 멕시코시티
- 면적 : 196만 km^2
- 언어: 스페인어
- 민족 : 메스티소, 아메리카 원주민, 백인
- 인구: 1억 2082만 명(2014)
- 종교 : 가톨릭교, 성공회, 개신교

1) 식생활 배경

북아메리카 남서안에 위치하며, 북쪽으로는 미국과 리오그란데강으로 국경을 이루고 있고, 동쪽으로는 멕시코만, 남쪽으로는 벨리즈와 과테말라, 서쪽으로는 태평양과 접하고 있다. 북부는 건조하고 중부는 고원지대이므로 기온이 별로 높지 않아 우리나라의 가을과 같다. 남부 및 동부의 유타칸반도는 열대성의 고온 다습한 기후이다. 사막과 선인장, 카리브해의 에메랄드빛 바다, 축제의 풍경, 솜브레로sombrero라는 모자로 상징되는 태양과 고원의 나라이다. 태평양 연안의 시에라마드레오리엔탈Sierra Madre Oriental과 시에라마드레옥시덴탈Sierra Madre Occidental의 두 산맥과 심장부인 아나와크 고원(물가 근처의 뜻)이 형성되어 있고, 이 지역에 인구의 반 이상이 집중 거주하고 있으며 생산물도 전국의 반 이상을 차지한다. 1000 m 이하의 열대우림 지역은 코코야자, 바나나, 카카오 등의 열대작물이 재배되고, 1500 m 내외 지역은 참외, 귤, 망고 등의 열대과일과 커피, 사탕수수 등이 재배되며, 2000 m 내외의 온대에서는 멕시코인의 주식인 옥수수와 용설란 등이 재배된다.

멕시코 원주민은 BC 3만 년경 시베리아에서 아메리카로 이주한 아메리칸인디오의 후손으로 생각되고 있다. 이들은 BC 6500년에 농경을 시작하여 멕시코 고추인 칠리를 재배하였으며, BC 5000년경에는 여러 종류의 옥수수와 콩을 재배하였다. 1521년 스페인의 지배가 시작되었고 로마가톨릭교가 전파되었으며, 이후 300년간 스페인의 통치를 받아서 원주민의 문화, 로마가톨릭, 스페인의 라틴문화가 혼합, 융화된 이색적이고 독특한 음식문화 형성의 기초를 이루었다. 이로 인해 보리, 쌀, 밀 등이 도입되었고 와인, 올리브와 인도의 향신료를 음식에 사용하게 되었다.

2) 식생활 문화

(1) 일반적 특징

멕시코의 음식문화는 원주민들의 음식문화, 스페인과 프랑스 점령자들에 의한 음식문화와 수도원 음식문화의 영향을 받았다. 그 후 세계 여러 나라의 이민자들에 의한 영향을 받아 발전되고 완성된 역사적, 문화적 퓨전음식이라 할 수 있다. 아메리카 원주민 문화는 옥수수 문화라고 말할 정도로 옥수수가 가장 기본적인 식량이며, 음료수의 재료로 사용되었다. 콜럼버스 이전의 초기 주요 작물은 옥수수, 다양한 종류의 고추, 콩, 호박, 고구마, 버섯, 선인장 꽃, 토마토 등이었으나 스페인의 멕시코 정복으로 보리, 쌀, 밀, 올리브, 포도, 인도의 향신료, 목우, 면양과 같은 새로운 재료들이 도입되었고 조리 방법도 다양해졌다. 또한 가톨릭의 영향으로 수도원을 중심으로 몰레mole인 소스류도 멕시코 음식에 자리잡게 되었다.

스페인으로부터 독립을 한 후에는 유럽의 영향을 많이 받았다. 그 중 프랑스의 영향으로 상류층은 옥수수 대신 빵을 주식으로 애용하였고, 볼리요bolillo라는 빵이 토르티야와 함께 멕시코의 주식이 되었다. 1939년 프랑스가 외채 문제로 멕시코를 침공하여 발발한 양국 간의 전쟁을 “빵들의 전쟁Guerra de los Pasteles”이라고 부르는데 이는 멕시코 음식문화에 끼친 프랑스의 영향을 보여주는 한 예이다.

멕시코는 추운 겨울이 없고 언제나 다양하고 풍성한 먹을거리가 제공되어, 즉석에서 만들어 식기 전에 바로 먹는 음식문화를 이루어 왔으므로 저장식품이 다양하지 못하다. 그러나 멕시코를 포함한 중남미가 서양의 음식문화를 변화시키는 데 많은 공헌을 하였다. 예를 들면 중남미가 원산지인 고추, 옥수수, 토마토, 감자, 고구마, 땅콩, 바닐라, 코코아 등이 신대륙 발견 이후 유럽으로 건너가 중요한 향신료로 사용되었고, 팝콘, 토마토케첩, 감자튀김, 초콜릿 등을 만들어 많은 사람들이 즐기게 되었다.

멕시코 요리에 빠지지 않는 것이 레몬, 고추, 고수cilantro, coriander이다. 레몬은 생수, 맥주, 테킬라와 같은 음료수에 거의 빠지지 않는다. 고추를 불에 구워 먹는 ‘트레도스toreados’ 요리가 있으며, 매우면 소금을 먹는다. 또한 수박, 망고, 파파야 등의 모든 과일을 먹을 때 소금, 레몬즙, 피킨 고춧가루를 뿌려서 먹는다.

멕시코만의 독특한 요리로는 바르바코아barbacoa와 타말tamal이 있다. 바르바코아는 용설란, 바나나 잎에 고기를 싸서 구운 바비큐이고, 타말은 옥수수 가루를 육수와 섞어서 반죽을 만들어 고기를 함께 넣고 옥수수 껍질에 싸서 찐 음식이다. 그 외 호박꽃요리, 선인장, 개미알, 감자껍질로 만든 요리, 아스테카의 왕과 귀족들만 먹을 수 있었던 귀한 요리인 옥수수 버섯 위틀라코체huitlacoche, 돼지껍질을 튀긴 치차론chicharron 같은 요리들이 있다. 후식은 다양하지 않으나 쌀, 우유 계피로 만든 아로스 콘 레체arroz con leche, 우유 단백질을 시럽에 넣은 총고스 사모라노스chongos zamoranos, 설탕에 재워서 말린 과일, 과일젤리 종류인 아테ate 등이 있으며, 싱싱한 과일을 저렴한 가격으로 즐길 수 있다. 또한 테킬라tequila, 메즈칼mezcal(용설란을 수확하여 술을 만들고 이를 증류한 후 숙성시킨 술로 용설란에 기생하는 나방 유충인 구사노로호gusano rojo가 들어 있음), 마가리타margarita(데킬라 베이스의 칵테일) 등의 독특한 멕시코 술이 있으며, 쌀과 우유로 만든 전통음료인 오르차타horchata와 각종 과일 주스를 선호한다.

(2) 지역별 특징

지역의 조건에 따라 건조한 사막성 기후, 해안 지역의 습윤성 아열대성 기후 지역과 우기를 제외하면 건조한 중부의 고원지대의 온대성 기후 지역으로 나눌 수 있다. 이러한 다양한 자연환경은 각 지역의 향토음식을 발전시켜 지역마다 음식의 특징이 뚜렷하다.

① 북부 지역

육식으로 양고기, 소고기를 직접 불에 구워서 먹고, 우유를 많이 섭취하며 밀가루 토르티야tortilla를 많이 사용하는 편이다.

② 중부 지역

양념된 채소를 삶아서 먹고 닭고기, 돼지고기와 옥수수를 많이 먹는다.

③ 중동부 지역

뿌애블라Puebla시를 중심으로 하여 '몰레'의 원산지라고 할 수 있다. 몰레는 삶은 닭고기와 20여 가지의 재료를 '메타테metate'라는 맷돌 같은 돌로 만든 기구에 갈아서 닭고기 육수로 만든 멕시코 소스이다. 재료 중에는 여러 종류의 고추와 아몬드, 잣, 땅콩, 초콜릿이 포함되며 특별한 잔치나 모임에서 볼 수 있는 요리이다. 동부 해안가는 새우, 조개, 굴, 생선이 풍부하여 해물요리가 유명하다. 그 중 생굴 칵테일인 '부엘베 알 라 비다vuelve a la vida(생명을 되돌려 주는 칵테일)', 여러 가지 해물을 레몬즙에 절여서 양파, 토마토, 고추, 고수를 곁들인 '세비체ceviche' 등이 유명하다. 유카탄반도에서는 '아치오테achiote'라는 양념이 유명한데 '꼬치니타 피빌cochinata pibil'을 만들거나 닭고기, 돼지고기를 오븐에 구울 때 사용한다. 꼬치니타 피빌은 삶은 돼지고기를 식초와 오렌지 주스, 아치오테를 섞은 소스에 재워두었다가 약간의 마늘, 오레가노oregano와 소금을 넣고 조린다.

(3) 멕시코의 식사

① 일상식

멕시코는 식민 기간 동안 식사를 기상(빵과 초콜릿 음료), 9시경(아침식사), 12시경(차와 고기), 오후 3시경(점심식사), 밤 8~9시경(저녁식사, 간단한 빵과 커피)에 하였으나, 일반적인 식사패턴은 아침식사, 알무에르소, 코미다, 저녁식사, 야식으로 이루어져 있다.

아침식사 빵, 우유, 커피 및 오렌지 주스, 달걀요리, 타말tamal(옥수수 가루로 빵처럼 쪄낸 것), 케사디야quesadillas(토르티야 사이에 치즈, 소시지, 채소 등을 넣어서 구운 요리), 고기류, 치즈, 소시지 등을 먹는다.

그림 7-1 토르티야 만드는 여인(Carl Nebel, 1836)

알무에르소(almuerzo) 아침과 점심 사이 10시 30분~11시경에 먹는 식사로 샌드위치, 케사디야 등을 간단히 먹는다.

코미다(comida) 오후 3시경에 먹는 정식 점심식사이다. 국물이 있는 요리와 국물이 없는 요리를 한 가지씩 먹는 것으로 고기 등의 메인요리와 함께 하루 중 가장 많은 음식을 섭취한다. 정식 코미다는 직장에서 먹지 않고 집에서 먹으며, 낮잠(siesta)을 자고 오후 5시경에 사무실에 돌아간다. 정식 코미다에는 애피타이저, 수프, 샐러드, 메인요리, 디저트, 음료 등이 제공된다.

저녁식사 오후 7~8시경에 먹는 식사로 빵과 커피를 먹는 것이 보통이며, 점심식사를 많이 했으면 저녁식사는 가볍게 한다.

야식 9시 이후에 먹는다.

② 명절음식

동방박사의 날(1월 6일) 귀리빵rosca de reyes을 만들어 빵에 조그만 인형을 넣어 이것을 발견하는 사람은 1년 내내 행운이 온다고 믿는다.

국기의 날(2월 5일) 옥수수, 아보카도, 빨간 피망을 주재료로 국기를 상징하는 삼색 샐러드를 만들어 먹는다.

3월 양파, 서양 미나리, 상추 등의 각종 채소들이 풍성하게 나오는 시기로 이를 이용한 요리를 즐겨 먹는다.

부활절 기간(4월) 생선요리와 해물요리가 풍성하고, 에스카베슈escabeche(생선이나 닭을 튀겨서 초절임한 것)와 바칼라오bacalao(소금에 절여 말린 대구)를 즐겨 먹는다.

노동절, 어머니의 날, 스승의 날, 푸에블라 전승 기념일(5월) 어머니의 날에는 버터로 만든 소스에 요리한 치즈로 만든 라비올리ravioli를 준비한다.

6월, 8월 핫소스를 곁들인 샐러드와 간장으로 요리한 닭고기 요리들을 즐기며, 7월에는 수박으로 만든 펀치ponche와 각종 바비큐를 즐긴다.
8월에는 칠레 엔 노가다chile en nogada를 즐겨 먹는다.

독립기념일(9월 16일) 펀치와 포솔레pozole를 먹는다. 포솔레는 돼지고기 등뼈와 고기에 옥수수 알맹이를 넣어 푹 끓이다가 고춧가루를 풀고 소금으로 간을 하여 양파, 무, 상추를 잘게 채 썰어 넣어 먹는다. 이 음식은 옛날 아스테카Azteca 문명 당시 이웃 부족과의 전쟁에서 승리하면 전승 기념으로 적군의 살을 넣어서 끓여 먹은 데서 비롯되었다고 한다. 스페인 식민시절에는 하루 종일 원주민을 노예로 부리고 나서 한 끼 식사로 물에다 옥수수를 풀어서 말아준 것이 포솔레이었다고 한다.

인종의 날(10월 12일) 베이컨, 밀가루, 각종 채소를 넣은 일종의 채소죽을 만들어 먹었다.

죽은 자의 날(Día de Muertos, 11월 1일 또는 2일) 멕시코의 전통 축제 중 하나로, 죽은 자들이 1년에 한 번 이승의 가족과 친구를 만나기 위해 찾아오는 날이다. 살아 있는 사람들은 음식과 꽃, 촛불로 죽은 자를 환영하고 해골 분장과 조형물로 축제를 연다. 또 이 전날은 죽은 아이들을 위한 날이라고 하는데 멕시코에서는 아이들이 죽으면 천사가 된다고 믿는다.

제과점에서는 해골 모양의 장식을 한 '죽은 자의 빵pan de muertos'과 해골 모양의 사탕, 과자를 판매한다.

크리스마스(12월) 사과와 복숭아즙에 요리한 멕시코식 칠면조요리를 즐긴다.

3) 대표 음식

토르티야(tortilla) 멕시코인의 주식으로 옥수수, 콩, 고기가 주로 사용된다. 옥수수를 물에 불려 으깬 다음 우유와 약간의 밀가루, 동물성 기름을 넣어서 반죽하여 동그랗게 만든 얇은 밀전병 같은 것으로 코말comal이라는 넓적한 쟁반 모양의 도자기에 구운 것이다.

멕시코의 노벨문학상 수상자인 옥타비오파스는 '먹을 수 있는 냅킨'이라고 표현하였다.

케사디야(quesadilla) 토르티야에 음식을 넣고 기름에 튀긴 것으로, 넓은 토르티야를 반으로 접어 치즈 등의 내용물을 넣고 구워낸 후 부채꼴 모양으로 3~4등분하여 먹는 것으로 약간의 기름에 지진 것이다.

토토포(totopo) 튀긴 토르티야 조각을 배 모양으로 만든 것이다.

타코(taco) 토르티야를 반으로 접어서 고기, 채소를 넣어 싸서 먹는 것으로 아랍인들의 음식문화가 전해져 변화된 것이다. 다양한 종류가 있으며, 선인장을 썰어 소금을 약간 쳐서 토르티아에 싸 먹은 것에서 유래되었다고 한다.

스페인 식민치하에서 타코는 엄격한 신분제도로 귀족계급에서는 타고를 먹지 않고 옥수수로 만든 음식을 먹는 사람을 경멸하였으며, 보수주의자는 밀가루 음식을 선호하고 자유주의자는 타코와 토속음식을 옹호하게 되었다. 20세기 초 타코는 프랑스 요리에 의해 요리책에도 오르지 못하는 수모를 겪었으나, 1910년에 시작된 멕시코 혁명으로 전국 각지에서 대표하는 타코가 출현하게 되었다. 타코용 소스는 고추를 사용하여 매운맛이 난다.

타코용 소스

- 녹색 소스(살사 베르데, salsa verde) : 청고추와 아보카도를 함께 간 소스
- 붉은 소스(살사 소스, salsa sauce) : 홍고추와 붉은 토마토에 레몬, 양파 등의 재료를 넣고 불에 오랜 시간 동안 뭉근히 익힌 것으로 가장 대표적인 소스
- 멕시칸 소스(살사 멕시카나, salsa mexicana) : 청고추, 양파, 붉은 토마토에 레몬과 실란트로를 섞은 소스이다. 멕시코 국기 색상인 초록색, 흰색, 빨간색을 내기 때문에 붙여진 이름이다.

살사 베르데

살사 소스

멕시칸 소스

나초(nacho) 토토포에 노란 치즈를 녹여 부어 먹는 것이다.

파히타(fajita) 음식을 토르티야에 싸서 먹는 것이다.

부리토(burrito) 콩과 고기를 잘 버무려 커다란 밀가루 토르티야에 네모나게 싸서 먹는 것으로 소스를 뿌려 먹는다.

몰레(mole) 고추, 초콜릿, 참깨, 땅콩, 잣, 후추, 마늘, 고수, 양파, 계피, 정향, 아니

스, 커민, 토마토, 바나나 등의 많은 재료를 갈아서 익혀 만든 소스로 칠면조나 닭고기에 소스로 얹어 먹는다.

몰레의 어원은 17세기 푸에블라 지방의 산타클라라 수녀원에서 시작되었다. 대주교님을 대접하기 위하여 어린 보조 수녀가 식품창고의 여러 재료를 맷돌에 넣고 갈기 시작했는데 음식 담당 수녀가 그것을 보고 "무엇을 하느냐?"고 묻자 어린 수녀가 "그냥 갈아요mole."라고 대답한 것에서 유래되었다고 한다. 이렇게 갈아서 만든 소스를 칠면조 고기와 같이 먹은 주교는 너무 맛있어 하였고, 그 후 멕시코 전역에 퍼져 전 국민의 사랑을 받는 음식이 되었다고 한다.

소페(sope)　토르티야에 음식을 넣고 약간의 기름에 지진 것이다.

콩(frijol)　콩을 삶아서 으깬 다음 식용유나 동물성 기름으로 볶은 요리로 매일 먹는다고 한다.

옥수수(corn)　인간의 생명을 유지시켜 주는 가장 중요한 곡식으로 우주관 속에 삶과 죽음을 연결하는 테손틀tezontle 신으로 상징된다.

고추(chilli), 토마토(tomoto)　멕시코가 원산지이며, 고추는 수백 종으로 매운 것부터 색상만 내는 고추, 크고 작은 것까지 맛과 모양이 다양하다. 토마토는 육수나 물 대신에 많이 사용한다.

마메이(mamey)　과일의 일종으로 껍질은 키위 같은 갈색이고 과육은 오렌지색으로 아보카도와 같은 큰 씨앗이 있다.

테킬라(tequila)　과달라하라주의 테킬라족에 의해 만들어졌으며 10년 이상의 용설란agave을 3년 이상 발효시켜 만든 멕시코의 국가적인 술이다.

증류주 중의 하나로 알코올 농도는 40~43% 정도 되며, 용설란의 일종인 마게이maguey의 잎을 모두 잘라 내고 구형의 포기만을 거두어들여 찐 다음 발효시켜서 증류한 소주이다. 이 술은 손등에 레몬즙과 소금을 바른 뒤에 한 모금 마신 후 혀로 소금과 레몬즙을 핥아 먹는 것이 특색이다. 이는 알코올을 중화시키는 역할을 한다. 주로 하류층인 노동자들이 즐겨 마시며, 상류층은 테킬라를 기본으로 하여 만든 마가리와 같은 칵테일을 즐긴다.

토르티야

케사디야

토토포

파히타

부리토

부리토

나초

타코

몰레 소페 콩
고추 토마토 풀케
마메이 옥수수
테킬라 용설란

폴케(pulque) 막걸리 계통의 술로 2000년 이상의 역사를 가진 가장 인기 있는 민속주이다. 용설란 꽃줄기를 분질러 큰 돌멩이로 눌러 놓고서 며칠을 기다리면 줄기와 뿌리 부분에서 뿌옇게 물든 알코올 성분의 액체가 고이게 된다. 이것을 용수로 걸러서 마신다. 폴케를 증류하면 테킬라가 된다.

4) 식사예절

① 식사 중에는 대화하지 않는다.
② 식사 도중 소리 내서 먹지 않는다.
③ 입안에 음식물이 있을 때는 말하지 않는다.
④ 여자는 남자보다 와인을 먼저 마시지 않는다.
⑤ 닭이나 칠면조 요리의 꼬리부분은 윗어른에게 먼저 드린다.
⑥ 받은 음식을 전부 비우지 않는다.
⑦ 식사 후에는 감사의 표시로 냅킨을 펴놓는다.

2 남아메리카

남아메리카 또는 남미 대륙은 파나마지협 북아메리카, 라틴아메리카라고도 한다. 6대주의 하나로 남반구에 속하며, 면적은 17,840,000 km^2이다. 서쪽에는 태평양, 북쪽과 동쪽에는 대서양이 있고, 북서쪽에는 북아메리카와 카리브해가 자리 잡고 있다. 남아메리카는 아시아, 아프리카, 북아메리카 다음 4번째로 큰 대륙이고, 브라질, 아르헨티나, 페루, 베네수엘라, 볼리비아, 수리남, 에콰도르, 우루과이, 칠레, 콜롬비아, 파라과이, 프랑스령 기아나가 있다.

1. 브라질 *Brazil*

- 국가명 : 브라질연방공화국
- 수도 : 브라질리아
- 면적 : 851만 km^2
- 언어 : 포르투갈어
- 민족 : 백인, 물라토, 흑인
- 인구 : 2억 265만 명(2014)
- 종교 : 가톨릭교, 개신교, 불교, 이슬람교

1) 식생활 배경

남아메리카 최대의 국가로서 남미대륙 중동부와 대서양 연안에 위치한다. 북부 국경에 인접한 기아나Guyana 고지와 동해안을 따라 남북으로 뻗은 산맥들을 제외하고는 대부분이 평원이며 최고봉도 해발 3000 m 정도이다.

브라질은 유럽과 아프리카, 남아메리카 인디오의 세 문화가 어우러져 있다. 이는 인디오 땅이었던 브라질이 1500년 포루투갈인에 의해 발견되었고, 그 후 포르투갈인이 대규모 사탕수수 재배를 위해 아프리카로부터 흑인들을 노예로 데려옴으로써 혼합된 문화가 이루어졌다. 식민지에서 독립 후 제정기에 걸쳐서 브라질 북동부에서는 사탕수수의 재배가 활발하였다. 사탕수수는 설탕의 원료가 될 뿐만 아니라, 바이오 에탄올로 정제하여 휘발유의 대체 연료로 사용하고 있다.

아메리카 대륙에서 가장 늦은 시기인 1888년에 노예제도가 폐지되면서 주재배 작물도 노동 집약이 덜한 사탕수수에서 커피로 옮겨 갔다. 또한, 유럽에서 대량으로 이민자를 받아들여 주로 남동부 상파울루주를 중심으로 커피 콩 재배가 진행되었다. 그 후 유럽과 이민자에 대한 대우를 둘러싸고 충돌하면서 일본 등 아시아에서 이민자를 받아들였고, 1908년에 첫 번째 일본인 이민이 이루어졌다. 커피는 노동집약적인 농업이며, 커피 생산에 있어서 무엇보다 중요한 값싼 노동력을 쉽게 얻을 수 있었고, 서리가 내리기 어려운 넓은 고지대 지역의 특성도 커피 재배의 조건이다. 그러나 커피의 과잉 생산으로 국제 가격이 폭락하면서, 커피에 대한 의존도를 낮추기 위하여, 옥수수, 콩, 사탕수수 등의 재배를 장려하였다.

목축이 번성하여 최근에는 도시 근교의 농가 소득 향상과 더불어 집약적인 축산업이 이루어지고 있으며, 특히 상파울로 등 대도시 주변의 양계업 등은 현대적인 시스템을 가지고 있다. 닭고기는 가공육을 중심으로 외국에 수출되지만, 소고기는 구제역 등의 검역 문제가 여전히 존재하고 있다.

2) 식생활 문화

(1) 일반적 특징

브라질의 음식문화는 동양, 서양, 아프리카 3대륙의 영향을 받아 "아프리카의 덴데dendê, 브라질 인디오의 만디오카mandioca, 포르투갈인의 올리브유로 이루어져 있다."라고 브라질의 민속학자인 페드로 아르칸주Pedro Arcanju는 말하였다. 이와 같이 브라질 음식문화의 기원은 브라질 원주민인 인디오들의 음식문화, 아프리카에서 온 흑인들의 음식문화, 포르투갈 및 유럽의 백인 국가들의 영향을 받았다.

① 인디오 음식문화

브라질 북부 및 북동부 지역으로 과일, 열매, 뿌리와 사냥으로 잡은 고기 먹었고, 허브를 많이 사용하고 당밀로 단맛을 내었다. 원주민의 대표 음식인 피렁pirão과 파로파farofa(만디오카를 말려서 가루로 만든 음식)가 있다.

② 흑인 음식문화

소금과 마늘을 많이 사용하였다. 소금은 더운 지역에서 일을 할 때 땀을 많이 흘려 염분을 보충하기 위해 섭취하고, 마늘은 열병으로 죽는 사람이 많아 이를 예방하기 위해서 섭취하였다. 야자수의 일종으로 아프리카에서 가져온 덴데는 기름을 짜서 음식을 튀

만디오카

파로파

길 때 사용하였으며, 쿠스쿠스cuscuz는 옥수수 가루에 소금을 넣고 쪄서 먹는 음식으로 간식으로 먹었다. 또한 페이조아다feijoada는 소시지와 콩을 푹 삶아서 먹는 음식으로 예전에는 흑인노예들이 주로 먹었다.

③ 백인 음식문화

이탈리아인에 의한 스파게티, 독일인들에 의한 버터, 치즈와 와인이 발달하였다. 해산물 대구요리mariscada de bacalhau와 달걀 감자 대구요리ovos mexidos com bacalhau e batata가 있다.

④ 여러 나라의 융합

브라질풍의 고로케인 코시냐coxinha를 비롯하여 아프리카에서 노예들의 식사였다는 페이조아다, 목동의 고기요리였던 슈하스코churrasco와 바이아Bahia 지방의 모케카moqueca[새우, 게, 생선과 양파, 토마토 등의 채소, 향신료, 코코넛 우유, 팜유(야자유)를 넣어 푹 삶은 스튜 요리], 바타파vatapa(생선과 새우, 코코넛 밀크와 덴데유로 만든 스튜), 카루루caruru(튀긴 새우를 고추와 작은 오크라로 만든 자극적인 소스와 함께 먹는 음식), 미나스Minas 지방의 투투 아 미네이라tutu à mineira(브라질 팥과 카사바가루로 만드는 일종의 된죽으로 흰쌀밥에 곁들여 먹음)와 러시아 계열의 요리인 비프 스트로가노프beef stroganoff(소고기를 얇게 썰고, 양파, 버섯을 버터로 바른 지짐판에 볶아서 수프에 넣은 다음 약간 삶은 음식)도 브라질 풍으로 융합되었다. 또한 유럽 등에서 온 이민자들과 20세기 이후 일본인을 비롯한 아시아 이민자 등 다양한 인종이 융합되어 도시를 중심으로 이탈리아와 독일 요리, 중국 요리와 일본 요리 등 다양한 나라의 요리를 맛볼 수 있다. 특히 이탈리아 요리 수준은 높게 평가받고 있다.

쿠스쿠스

달걀 감자 대구요리

(2) 지역별 특징

① 북부 지역

북부 지역은 아마조니아Amazônia라고 불리는 열대우림 지역으로 아마존강의 지류가 많이 분포하며, 토착 원주민과 포르투갈계 사람들이 섞여 있다. 대개 포르투갈인들은 생선과 채소를 주로 먹고, 고구마, 마, 카사바, 야자나무와 열대과일을 많이 사용한다. 또한 고기를 섞어서 만드는 피자는 브라질 전역에서 먹기도 한다. 이 지역에서 많이 먹는 요리로는 피카디노 데 자카레Picadinho de Jacaré라고 하는 악어고기로 만든 음식이다.

② 북동부 지역

지리적으로 북동부 지역은 좁지만 해안가를 따라 비옥한 평원이 자리하고 있다. 강우량도 많고, 인구가 밀집해 있으며 소떼가 분포하는 반건조 지대도 있다. 모든 종류의 열대 농산물이 해안 평원에서 자라고 카카오와 사탕수수가 주를 이룬다.

바이아주에는 아프리카와 원주민의 음식과 포르투갈 음식이 결합한 양상을 보인다. 지역에서 나는 재료를 주로 이용하여 요리를 만들어 먹으며, 가장 기본이 되는 재료는 쌀과 검은콩 등이다. 대표적인 요리로는 바타파vatapá(생선과 새우, 생강 및 야자즙으로 만든 스튜), 모케카, 아카라제acarajé(노예제도 때 노예들이 집에서 먹던 간식, 흰콩과 양파로 소금 간을 해서 먹는 햄버거 일종) 등이 있다.

해안 평원지대에서는 아프리카의 영향이 덜 나타나지만 해산물과 코코넛, 망고, 파인애플, 번려지 등의 열대과일을 주로 먹는다. 내륙에서는 소가 자라는 농장 지대가 있고 고기를 말린 것이나 쌀, 콩, 염소 고기, 옥수수가루를 기본으로 만든 음식을 많이 먹는다. 가장 보편적인 요리로는 카루루 도 파르Caruru do Par(해산물, 조개, 새우, 오크라, 양파, 토마토, 고수, 팜유로 만든 음식)가 있다.

③ 중서부 지역

브라질 전체에서 중부 지역으로 서쪽 지방에는 넓은 사바나 초원이 있고, 북쪽으로는 삼림이 빽빽하다. 낚시와 사냥으로 가장 잘 알려진 판타나우Pantanal지대도 포함된다. 이 지역에서는 페키pequi라고 불리는 열대과일이 재료로 많이 쓰인다. 또한 생선, 소고기, 돼지고기도 많이 넣고 콩과 옥수수를 곁들여서 요리한다.

④ 남동부 지역

브라질의 핵심적인 산업지대이며, 독특한 요리문화가 고스란히 남아 있어 브라질 요리의 전형으로 꼽힌다. 각 지역에서 옥수수, 콩, 돼지고기와 발효해서 만든 치즈를 재료로 사용하였다.

리우데자네이루Rio de Janeiro에는 아프리카에서 기원한 고기요리인 페이조아다가 있다. 상파울루São Paulo는 유럽과 중동 이민자의 영향이 두드러진다. 이민자의 대다수는 포르투갈과 이탈리아, 일본, 중동, 스페인과 기타 국가 출신이므로 모든 나라의 음식을 한눈에 볼 수 있다고 해도 과언이 아닐 것이다. 또한 피자가 가장 흔하고, 스시는 이미 이 일대의 주요 음식으로 부상해서 일식 레스토랑이 아닌 곳에서도 많이 판매하고 있다. 에스피리토 산토Espírito Santo 지방에서는 이탈리아와 독일식 풍이 두드러지고 단맛이 강하며, 가장 인기 있는 음식은 아메리카 원주민이 만들었다는 모케카이다. 그 외에 파로파Farofa(밀가루와 돼지고기, 양파, 달걀, 채소 등을 섞어서 만드는 요리), 쇼리수chouriço(소시지요리), 투투 아 미네이라가 있으며, 구운 바나나도 많이 먹는다.

⑤ 남부 지역

전체 인구 중 독일, 폴란드, 이탈리아, 포르투갈 출신의 이민자가 92%나 되기 때문에 와인과 채소, 낙농 식품과 밀을 위주로 하는 음식을 먹으며, 감자가 흔하지 않았기 때문에 토종 마를 대신 쓰게 되었다. 또 남부의 우루과이, 아르헨티나, 파라과이 등과 문화적으로 가까워서 마테차mate tea를 마시는 전통이 있으며, 독일계 이민자들이 가져온 맥주의 영향으로 맥주 브랜드도 많고, 생맥주를 선호하며, 맥주를 생산, 수출하는 국가로 알려져 있다.

(3) 브라질의 식사

브라질 사람들은 하루에 적어도 두 끼, 점심과 저녁은 아주 풍성하고 여유 있는 식사를 즐긴다. 아침을 간단하게 먹으므로 한 끼 식사시간이 보통 2시간 이상은 될 정도이다. 점심시간은 좀 이른 편으로 보통 11시부터이다. 저녁식사는 만찬일 경우 10시 정도에나 끝나며, 손님을 초대한 경우나 파티를 열 때면 7~8시간은 기본이다. 이들에게 저녁 만찬은 단순히 음식을 먹는다는 차원을 넘어서 오락과 사교의 시간이다. 얘기하고 웃고 떠들면서 먹기 때문에 먹는 것 자체만 본다면 아주 천천히 식사를 하고 거의 소화를 시켜가며 먹는 수준이다.

3) 대표 음식

아카라제(acarajé)　콩을 물에 불려 껍질을 벗긴 후 양파와 함께 간 묽은 반죽을 타원형으로 만들어 기름에 살짝 구운 다음 해산물, 새우, 콩, 양파 등을 넣어 만든다.

슈하스코(churrasco)　남부 브라질 카우보이의 전통 육류요리에서 유래되었다. 여러 종류의 육류를 각 부위마다 분리하여 꼬챙이에 끼워 구워낸 것이다.

피카디노 데 자카레(Picadinho de Jacaré)　악어 고기로 만든 요리이다.

번려지(pomme canella)　리치의 종류이다.

페키(pequi)　열대과일로 생으로 먹지 않고 요리하여 먹는다.

페이조아다(feijoada)　'Feijo'는 '콩'이고 'ada'는 '섞어서 찌다'라는 뜻의 포르투갈어이다. 검은콩과 여러 종류의 고기, 소시지, 베이컨이나 기호에 따라 돼지의 코, 귀, 혓바닥 등을 이용하여 만든 것이다.

과라나(guarana)　아마존에서 나는 과라나나무에서 나는 과일로, 음료를 만든다.

커피(coffe)　브라질에서는 아라비카Arabica 종이 많이 재배되며, 산토스Santose, 미나스Minas, 리오Rio 등으로 나눈다.

원두의 종류

- 산토스 : 상파울루 산토스에서 생산되는 최상의 커피이다. 원두는 조금 작고 빨간 줄무늬가 있으며, 신맛과 부드러운 향기를 지닌다.
- 미나스 : 미나스 제라이스(Minas Gerais)에서 생산된다.
- 리오 : 리우데자네이루 지방에서 생산되며, 흙냄새가 느껴진다.

<table>
<tr><td rowspan="2" colspan="2">아카라제</td><td>슈하스코</td></tr>
<tr><td>페키</td></tr>
<tr><td>과라나</td><td>페이조아다</td><td rowspan="2">카이피리냐</td></tr>
<tr><td>엠파다</td><td>커피</td></tr>
</table>

엠파다(empada) 밀가루로 파이 반죽을 만들어 토마토, 야자수열매, 양파, 파슬리, 올리브 등을 넣고 구워서 만든다.

카이피리냐(caipirinha) 식사 전에 마시는 전통적인 칵테일이다.

카샤사(cachaças) 사탕수수에서 즙을 추출하여 발효시켜 만든 술이다.

4) 식사예절

음식을 담은 그릇은 오른손으로 잡고, 빈 그릇은 왼손으로 잡는데 이는 오른손이 축복을 주고, 왼손은 저주를 준다고 생각하였기 때문이다. 그리고 식사 후에는 감사의 표시로 냅킨을 펼쳐 놓는다.

닭이나 칠면조음식은 꼬리 부분을 가장 웃어른에게 드리는 것이 예의이고, 국수류는 입을 그릇 가까이 대지 않고 포크로 돌돌 말아서 먹는다.

2. 아르헨티나 *Argentina*

- 국가명 : 아르헨티나공화국
- 수도 : 부에노스아이레스
- 면적 : 276만 km^2
- 언어 : 스페인어
- 민족 : 백인
- 인구 : 4302만 명(2014)
- 종교 : 가톨릭교, 개신교

1) 식생활 배경

'아르헨티나'는 라틴어로 '은(銀)'이란 뜻의 말에서 유래되었다. 전 국토의 61%가 비옥한 경작 가능지인 평원으로 구성되어 있어 목축업에 큰 비중을 두는 나라이다.

남아메리카 대륙의 최남단에 위치하며, 남아메리카에서 2번째로 큰 나라이다. 북쪽은 볼리비아, 동북쪽은 우루과이, 브라질, 파라과이, 서쪽은 칠레에 접하고, 동남쪽은 대서양에 잇닿아 있다.

아르헨티나는 고원지대와 사막을 포함하여 열대우림에서부터 한랭지대까지 지구상에 있는 모든 기후지역을 갖고 있다. 기후는 국토가 남북으로 뻗고 넓기 때문에 지역차가 크지만, 대체로 온화하다. 북부와 동북부는 아열대성으로 우계(10~3월)와 건계(4~9월)로 나뉘며, 여름이 길고 덥고, 겨울철은 짧고 온화하다. 수도인 부에노스아이레스를 중심으로 하는 중앙부는 온대 기후에 속하며, 강수량은 여름철에 많으나 대체로 연중 고른 편이다.

아르헨티나는 16세기에 스페인이 정복하여 들어오면서 목축이 시작되었다. 소, 양, 돼지 등의 가축을 처음에는 가우초gaucho(아르헨티나의 카우보이)들이 사냥을 하였다. 이들은 단지 가죽과 수지(獸脂, 짐승의 기름)를 이용하기 위하여 사냥을 하였다. 그러다가 18세기에 는 에스탄시아estansia(아르헨티나, 칠레, 페루, 우루과이 등의 라틴아메리카에서 대지주가 소유하는 목장이나 농장) 제도가 생겨났고, 18세기 말에는 가축을 보다 효율적으로 이용하기 위해서 염장 기술이 발달하였다. 19세기 말에는 철조망을 이용하여 농업을 발달시킬 수 있었으며, 육우용 우수 품종을 확보하기 위해서 가축의 교배를 행하였다. 또한 냉장산업의 도입은 축산의 종합적인 활용과 유럽시장에 아르헨티나의 육류품 진출을 가능하게 하였다.

2) 식생활 문화

(1) 일반적 특징

아르헨티나는 소, 양, 돼지를 방목하여 사육하고, 돼지고기는 값이 비싼 반면, 양고기는 가격이 저렴하다. 전통적으로 육식을 많이 섭취하였고, 수산자원이 풍부하여도 생선요리는 별로 즐기지 않는다. 또한 육식 이외에 분식을 자주 먹어 스파게티, 마카로니, 라비올리 등의 이탈리아 음식이 많다. 이는 전체 인구의 40%가 이탈리아계 이민자들의 후손이 차지하기 때문이다.

주요 농산물은 밀, 옥수수, 아마, 면화, 목초류, 고구마 등이고, 아르헨티나의 곡물은 북반구의 단경기端境期(철이 바뀌어 묵은 것 대신 햇것이 나오는 때)에 출하되는 이점을 가지고 있다. 주요 수출 품목은 콩, 육류, 밀 등으로 미국, 영국, 네덜란드, 이탈리아, 러시아, 브라질 등에 수출한다.

(2) 지역별 특징

지리적 특성에 따라 중부 팜파스Pampas, 남부 파타고니아Patagonia, 중서부 쿠요Cuyo, 북서 나오Nao·북부 그란차코Gran Chaco와 북동부의 메소포타미아 Mesopotamia 지역으로 구분한다.

중부 팜파스 지역은 부에노스아이레스의 서쪽과 북쪽에 펼쳐진 대평원으로, 비옥한 토양을 바탕으로 한 농업의 중심지이며, 제조업이 발달하여 아르헨티나의 경제 중심지이다. 또한 해안지역보다 건조하고 바람이 많으며 여름 기온은 최고 38℃까지 상승한다.

남부 파타고니아 지역은 리오네그로강에서 마젤란해협에 이르는 스텝steppe 초원 지역으로 목양지로서 유명하며, 석유 등 자원지대로서 중요하다. 바람이 많고 건조하며 온대기후 지역이나, 티에라델푸에고주는 바다의 영향으로 서늘하고 다습하다.

중서부 쿠요 지역은 안데스산맥 동쪽에 위치하며, 멘도사주와 산후안주에서는 안데스산맥의 고산지대에서 녹아내리는 물로 과실 재배와 와인 생산이 활발하다. 기후는 건조하며 북쪽으로 갈수록 더운 편이다.

북서 나오 지역은 고원지대로 광물자원이 풍부하며, 특히 칠레, 볼리비아와 접경한 살타주, 카타마르카주 지역은 리튬Lithium 매장량이 풍부하다. 열대 지역으로 고온 다습하다.

북부 그란차코 지역은 북부의 아열대평원 지역으로 주로 목화를 재배하고, 가축을 방목한다. 열대지역으로 계절에 따라 건조하거나 다습하다.

북동부의 메소포타미아 지역은 파라나강과 우루과이강 사이에 위치하며, 목축과 식물 재배에 적합한 평야지역이고, 아열대 지역으로 아열대우림과 이구아수폭포가 있다.

(3) 아르헨티나의 식사

① 일상식

아침식사는 보통 주스, 빵과 햄, 우유 또는 커피 한잔 정도로 먹고, 점심과 저녁식사는 반드시 육류와 레드 와인을 곁들인다. 식당에 가면 아무 때나 식사를 할 수 있는 것이 아니라 식사시간이 정해져 있어 점심은 정오에서 오후 3시 사이, 저녁은 밤 8시 이후에야 식당 문을 연다. 주말에는 밤 11시~12시쯤 되어야 만원이 된다.

아르헨티나의 식사 순서

아르헨티나의 점심·저녁 식사 순서는 3단계로 나누어져 있다.

① 엔트라다(entrada)
   전채요리인 찬 음식, 햄과 소내장요리가 나오고 격식 있는 식사에서는 생선요리가 나온다. 이때 비노 블랑코(vino blanco, 화이트 와인)를 마신다.
② 플라토 푸르테(plato fuerte)
   주요리로 소고기 스테이크가 나오는 비페 데 로모(bife de lomo)와 비페 데 초리조(bife de chorizo), 채소 샐러드인 엔살라다(ensalada)와 레드 와인인 비노 틴토(vino tinto)를 마신다.
③ 포스트레(postre)
   후식인 플란(flan), 각종 아이스크림, 신선한 과일, 커피, 커피 대신 테(té, 홍차)나 리코르(licor, 코냑)를 마신다.

② 명절음식

아르헨티나에는 축제나 행사가 드물며 대부분의 공휴일은 가톨릭의 종교 의례와 관련이 있다.

왕의 날(1월 6일)　베들레헴에서 아기 예수에게 세 동방 박사의 방문을 기념하기 위한 기독교 축제이다. 전통에 따르면 그들은 금, 유향과 몰약myrrh을 선물로 가지고 왔으므로 아이들에게 이것을 선물하기도 한다. 아이들은 전날 밤에 침대로 자러 가기 전 창턱에 신발을 놓고, 문 앞에 왕을 위한 쿠키와 낙타를 위한 물을 놓고 잔다. 이것은 왕이 밤에 방문할 때 대접하고 신발에는 작은 선물을 넣어준다고 믿기 때문이다.

3) 대표 음식

아사도 콘 쿠에로(asado con cuero)　껍질째 구운 소고기로 케브라초quebracho나 알가로보algarrobo 나무의 장작불에 간접적으로 구운 것이다.

푸체로(puchero)　라플라타강 지역의 전통음식으로 각종 채소와 고기를 넣어 삶은 국이나 수프 종류이다.

모르시야(morcilla)　건포도와 호두 등을 넣어 양념한 순대 종류이다.

<table>
<tr><td colspan="2" rowspan="2">아사도 콘 쿠에로</td><td>푸체로</td></tr>
<tr><td>모르시야</td></tr>
<tr><td>엠파나다</td><td>둘세 데 레체</td><td>판초</td></tr>
<tr><td>예르바 마테</td><td colspan="2" rowspan="2">플란</td></tr>
<tr><td>와인</td></tr>
</table>

엠파나다(empanadas)　반달 모양으로 구워 낸 파이 종류이다.

판초(pancho)　기다란 핫도그 빵에 뜨거운 물에 삶은 소시지를 넣어 먹는다.

둘세 데 레체(dulce de leche)　우유와 설탕을 넣고 끓여서 만든 후식이다.

예르바 마테(yerba mate)　마테라는 말은 원주민들이 마시기 위해 사용한 마티스 matis, 조그만 박에서 유래된 것이다. 마테차는 차에 약간의 설탕과 뜨거운 물을 넣고 은이나 골풀로 만든 빨대를 통해 마시는 차이다.

와인(wine)　살타주, 라리오하주, 산후안주, 멘도사주의 와인이 유명하다.

플란(flan)　달걀노른자, 우유, 설탕으로 만든 단맛이 나는 후식이다.

3. 페루 *Peru*

- 국가명 : 페루공화국
- 수도 : 리마
- 면적 : 128만 km^2
- 언어 : 스페인어
- 민족 : 아메리카 원주민, 메스티소, 백인
- 인구 : 3014만 명(2014)
- 종교 : 가톨릭교

1) 식생활 배경

페루는 남아메리카 서부에 있는 공화국으로 에콰도르, 콜롬비아, 브라질, 볼리비아, 칠레와 접하고 있으며, 서쪽은 태평양 해안과 맞닿아 있다.

페루 영토는 과거 노르테 치코Norte Chico 문명과 잉카Incas 제국의 땅이었다. 에스파냐 제국이 16세기에 이 땅을 정복하여 남아메리카 식민지 대부분을 관할하는 페루 부왕령을 설치하였다. 1821년에 독립한 페루는 정치적 불안과 금융 위기 그리고 안정과 경제 성장을 오가는 흥망성쇠를 겪었다.

퀴노아

키위차

마카

페루는 태평양 해안의 건조한 평야에서 안데스산맥, 아마존분지의 열대우림에 이르기까지 기후가 다양하며, 전 국토의 대부분이 3000 m가 넘는 고산지역으로 작물 재배와 목축에도 한계가 있어 소나 양을 기를 수 없고, 작물도 감자 등 고산 식물이 주요 식량이다. 주된 산업은 농업, 어업, 광업, 섬유 등의 공산품 제조업이다.

페루의 음식문화는 높은 산, 해변, 건조, 열대우림의 지형적 영향 외에 인디오와 스페인 문화가 혼합된 독특한 형태를 유지하고 있으며, 스페인, 중국, 이탈리아, 서아프리카와 일본의 이민자들의 영향을 받았다. 이민자들이 사용하던 재료가 부족하여 페루에서 이용할 수 있는 재료로 음식을 만들어서 원래의 전통음식이 변형되었다. 페루 음식에서 사용된 전통적인 재료는 옥수수, 감자와 칠리이다. 여기에 쌀, 밀, 고기가 혼합되어 스페인 요리를 만들었다. 제2차 세계대전 때까지인 식민지 기간에는 스페인 음식의 영향을 많이 받았고, 원주민이나 인디언의 식생활은 무시당하였다. 그러다가 1970년대 접어들면서 페루의 전통적인 식품에 대한 관심을 가지게 되었으며, 퀴노아quinoa, 키위차kiwicha와 마카maca는 영양적으로 우수하여 1985년 나사에서 우주항공사를 위한 식량으로 사용되었다.

2) 식생활 문화

(1) 일반적 특징

페루의 주민은 주로 채식을 하지만 좁고 긴 해안선을 따라 물고기가 풍부하여 사냥도 하였다. 잉카족은 주로 옥수수, 감자, 호박, 콩, 고구마, 땅콩, 토마토, 아보카도 등을 먹었다. 옥수수는 페루 저지대의 주식으로 말린 낟알을 갈아 죽으로 끓여서 먹었다. 고지대의 인디오 케추아족의 주식은 추뇨chuño라는 감자로 낮과 밤의 큰 기온차를 이용해 만든 건조식품이며, 주민들의 중요한 식량이 되었다.

페루 음식은 아메리카 원주민의 음식과 에스파냐의 요리가 혼합된 것에 아프리카, 아랍, 이탈리아, 중국, 일본의 영향을 강하게 받았다. 특히, 라비올리, 라사냐, 스파게티, 피자와 같은 이탈리아 음식이 대중적인 음식이다.

또한 다양한 기후로 인해 여러 가지 재료가 사용되므로 요리법도 다양하다. 아로즈arroz는 밥을 의미하고, 파파Papa는 감자, 폴로pollo는 닭고기, 마리스코marisco는 해산물, 중간 중간에 들어가는 꼰con은 '~와 함께'라는 뜻이다.

3) 대표 음식

세비체(ceviche) 흰살생선과 해산물을 레몬, 라임, 양파, 칠리에 마리네이드marinade하여 먹는 회요리이다.

카우사(cansa) 으깬 감자를 한판 두툼하게 깔고 그 위에 채소를 푸짐하게 얹은 다음 다시 으깬 감자를 올린 음식으로 애피타이저로 먹는다.

안티쿠초스(anticuchos) 고기를 마리네이드하여 꼬치에 꿰어 구운 요리이다.

파차망카(pachamanca) 육류, 감자, 콩 등을 삼베나 천에 넣고 뜨거운 돌에서 구운 요리로 조리시간이 오래 걸리며, 생일 등 축하 때 먹는 전통음식이다.

타말레(tamales) 옥수수 가루를 잘 반죽하여 바나나 잎에 싸서 찐 것이다.

파파레예나(papa rellena) 삶아서 으깬 감자 속에 고기, 달걀, 올리브 등을 넣고 다시 감자 모양으로 만들어 달걀옷을 입혀 기름에 튀긴 것이다.

<table>
<tr><td colspan="2" rowspan="2">세비체</td><td>카우사</td></tr>
<tr><td>안티쿠초스</td></tr>
<tr><td>파차망카</td><td>타말레</td><td rowspan="2">피스코 사워</td></tr>
<tr><td>파파레예나</td><td>추페 데 카마로네스</td></tr>
</table>

피스코 사워(pisco sour) 포도를 원료로 한 증류주 피스코pisco에 레몬주스, 약간의 설탕, 머랭을 혼합하여 만든 칵테일이다.

추페 데 카마로네스(chupe de camarones) 페루 제2의 도시인 아레키파Arequipa의 전통음식으로서 커다란 새우, 우유와 밥을 넣고 끓인 국밥 종류의 음식이다.

4) 식사예절

① 식사 또는 음료를 마실 경우에는 소리를 내지 않는다.
② 식사 중 말을 해야 할 경우는 입안 음식을 모두 삼킨 후 말을 꺼내는 것이 기본이다.
③ 타인이 보는 앞에서 이쑤시개를 사용하는 것은 좋지 않은 매너로 인식된다.

08 오세아니아와 아프리카의 식문화

오세아니아

1. 오스트레일리아
2. 뉴질랜드

아프리카

1. 이집트
2. 남아프리카공화국

CHAPTER 08 오세아니아와 아프리카의 식문화

1 오세아니아

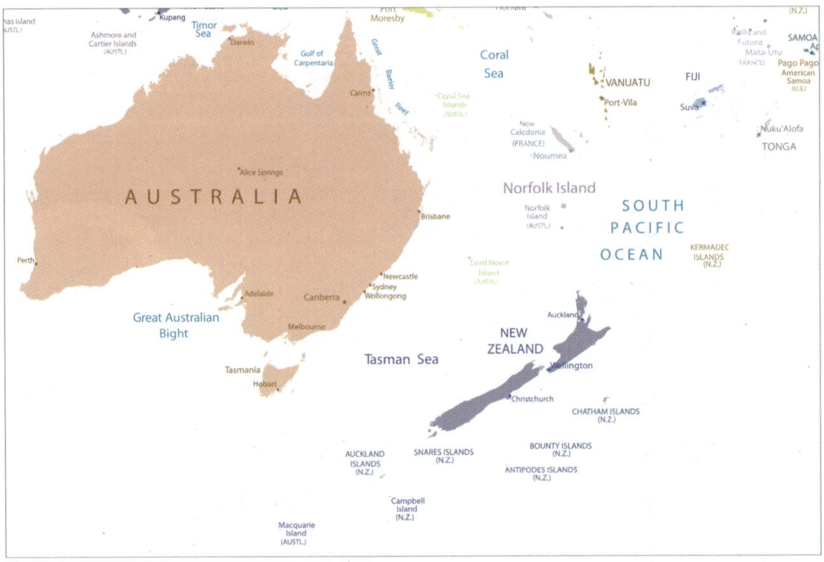

오세아니아는 육대주의 하나로 오스트레일리아와 뉴질랜드, 멜라네시아, 미크로네시아, 폴리네시아를 포함하는 태평양의 섬을 말한다. 오스트레일리아와 뉴질랜드는 영국 사람들이 이주하면서 영국을 중심으로 한 유럽문화의 영향을 많이 받았다. 기후와 환경은 큰 변동이 없는 날씨로 일교차도 크지 않아서 사람이 살기에 아주 좋다. 계절은 북반구에 위치한 우리나라와는 정반대이다. 이 지역은 풍성한 자연과 먹거리가 풍부하다. 식재료로는 해산물, 과일, 육류, 치즈 등이 매우 풍부하여 이를 이용한 음식이 발달하였다.

1. 오스트레일리아 *Australia*

• 국가명 : 오스트레일리아 연방
• 수도 : 캔버라
• 면적 : 774만 km²
• 언어 : 영어
• 민족 : 백인, 아시아인
• 인구 : 2250만 명(2014)
• 종교 : 개신교, 가톨릭교, 기타 기독교

1) 식생활 배경

오스트레일리아는 지구상에서 가장 편평한 대륙으로 세계에서 가장 큰 섬인 동시에 가장 작은 대륙이다. 남극과 가까우며 저지대 국가이고, 동쪽은 태평양, 서쪽은 인도양으로 둘러싸인 해양국가이다.

대체로 건조한 기후이지만 지역에 따라 다양하여 북부 지역은 열대성 기후로 일년 내내 여름 날씨이다. 시드니, 캔버라 등의 남부 지역은 온대성 기후로 사계절이 뚜렷하다. 온대 지역의 사계절은 남반구에 위치하고 있어 북반구에 위치한 우리나라와는 정반대이다. 즉 봄은 9~11월, 여름은 12~2월, 가을은 3~5월, 겨울은 6~8월이다.

영국이 유배지로 선택하여 1788년에 죄수 1,500명이 이주하였다. 1793년 자유이민이 시작되었고 1851년 '골드러시'를 발단으로 중국, 미국에서도 이주자가 크게 증가하였다. 1901년에 연방제가 실시되었고, 1926년에 영국이 종주권을 인정하면서 사실상 독립하였다.

2) 식생활 문화

(1) 일반적 특징

식민 초기에는 영국계가 대부분으로 영국식 음식을 주로 먹었으나, 그 후에 여러 나라에서 이주해 오면서 음식에 많은 변화가 생겼다. 다양한 이민자들로부터 소개된 각 나라 음식은 고유의 맛을 지키면서 오스트레일리아인의 기호에 알맞게 변형시킨 음식으로 발전되어 세계 각 나라의 다양한 음식을 맛 볼 수 있다.

목축업이 발달하여 질 좋은 소고기, 양고기, 닭고기를 대량생산하며, 캥거루, 타조인 에뮤, 악어, 물소고기 등의 육류를 즐기고 전통적인 방식으로 불에 구운 것을 좋아한다. 바비큐는 소고기, 소시지, 토마토 등을 크고 두껍게 구워서 양파를 볶아 함께 먹고, 소금과 후추만으로 양념을 한다.

새우, 바닷가재, 굴, 도미, 연어 등 신선한 해산물이 많아 시드니의 생굴요리, 서부 지역의 바닷가재요리, 도미요리 등이 유명하다.

또한 우유와 유제품을 많이 이용하며, 특히 치즈는 순수한 것으로 알려져 있다. 우유뿐만 아니라 양젖으로도 치즈를 만들며 주로 체더치즈와 테이스터치즈를 많이 먹는다. 과일은 오렌지, 키위, 바나나, 망고 등 열대과일과 잼, 주스의 과일가공품을 많이 이용한다.

(2) 오스트레일리아의 식사

아침식사는 간단하게 베지마이를 바른 토스트와 차나 커피, 시리얼을 먹는다. 점심식사는 햄버거나 피시 앤 칩스, 또는 샌드위치, 따뜻한 음식을 주로 먹으며, 테이크 어웨이 take-away점을 이용한다. 저녁식사는 가장 중요한 식사로 정식요리를 가족과 함께 즐기고, 외식으로도 많이 즐긴다.

3) 대표 음식

베지마이트(vegemite) 소금, 채소즙과 이스트 추출물로 만든 크림 타입의 빵이다. 짭짤한 맛을 내며 냄새가 특이하고, 흑갈색을 띠어 초콜릿 소스처럼 보인다.

베지마이트는 채소를 의미하는 베지vege와 친구를 의미하는 마이트mite가 합쳐져 붙여진 명칭으로 영국식 베지마이트인 마마이트marmite도 있다.

파블로바(pavlova) 달걀흰자와 설탕을 섞은 구운 머랭에 신선한 과일과 휘핑크림을 얹은 것이다.

래밍턴(lamington) 코코넛가루를 입힌 정육면체의 초콜릿 스펀지케이크로 커피와 곁들여 먹는다.

피시 앤 칩스(fish & chips) 밀가루를 입혀 튀긴 흰살생선에 길게 썬 감자튀김을 곁들인 음식이다. 공원이나 해변에서 즐기는 대표적 영국 요리이다.

<table>
<tr><td>베지마이트</td><td>파블로바</td><td>래밍턴</td></tr>
<tr><td>피시 앤 칩스</td><td colspan="2" rowspan="2">오지바비</td></tr>
<tr><td>캥거루고기</td></tr>
<tr><td>미트파이</td><td>부시터커</td><td>댐퍼</td></tr>
</table>

오지바비(Aussie barbie) 호주식 바비큐로 '바비'라고도 하며 바비에는 소고기, 닭고기, 양고기 등과 소시지, 생선, 새우, 문어 등 다양한 재료를 추가해 먹는다. 여름에 가족, 친구와 함께 야외 바비큐 파티 때에 즐겨 먹는 요리이다.

미트파이(meat pie) 진한 버터향이 나는 파이 껍질 속에 닭고기 또는 소고기 간 것을 듬뿍 넣어 만들며, 완두콩이나 그레비소스를 뿌려서 먹는다.

원래 영국 음식인데 호주 사람들이 더 즐겨 먹으면서 매우 인기 있는 음식이 되었다. 간식이나 커피를 곁들여 식사를 대신하기도 한다.

악어 크림파이(crocodile cream pie) 호주에서 개발된 악어요리로서 닭고기 맛과 비슷하며 담백하다.

홈부시헨 닭구이의 일종으로 닭고기에 파프리카, 향채 등으로 만든 허브 양념에 2일간 재워두었다가 구워 낸다.

캥거루고기(Kangaroo meat) 전통적인 원주민 음식으로 1993년부터 식품으로 승인하여 소비되고 있다. 고기는 특유의 냄새가 나며 약간 질기지만 지방이 매우 적고, 콜레스테롤 함량도 적어서 체중조절용으로 이용이 늘고 있다. 스테이크나 꼬리 스튜를 만들어 먹거나 햄버거 패티, 라사냐 등의 재료로 이용된다.

부시터커(bush tucker) 호주 원주민이 5만 년 동안 먹어온 음식으로 '미개한 원주민의 음식'이란 의미이다. 부시터커는 바비큐나 로스트한 캥거루고기의 색다른 맛을 느낄 수 있다. 부시터커의 재료에는 여러 가지 과일, 씨앗, 너트류, 야콘 등의 근채류, 캥거루고기, 악어고기 등의 육류, 생선류, 도마뱀 등의 파충류가 있다.

댐퍼(damper) 소다를 넣은 밀가루를 그릇에 담아 불 꺼진 모닥불에 대고 부풀린 빵이다.

4) 식사예절

(1) 일반적인 식사예절

① 식사를 준비해 준 사람에게 감사해야 한다.
② 수프를 그릇째 들고 마시지 않는다.

③ 국수를 소리 내어 먹지 않는다.

④ 식사 중에는 흡연을 하지 않는다.

⑤ 음식물 찌꺼기는 식탁 위에 놓지 말고 접시 가장자리에 둔다.

(2) 레스토랑의 식사예절

① 예약 시 복장 규제 여부를 확인한다.

② 종업원의 안내 시 입구에서 기다린다.

③ 빵은 반드시 손으로 조금씩 떼어 먹는다.

④ 종업원에게 10%의 팁을 주는 것이 예의이다.

2. 뉴질랜드 *New Zealand*

- 국가명 : 뉴질랜드
- 수도 : 웰링턴
- 면적 : 26만 km^2
- 언어 : 영어, 마오리어
- 민족 : 유럽인, 아시아인, 마오리족
- 인구 : 432만 명(2012)
- 종교 : 개신교, 가톨릭교

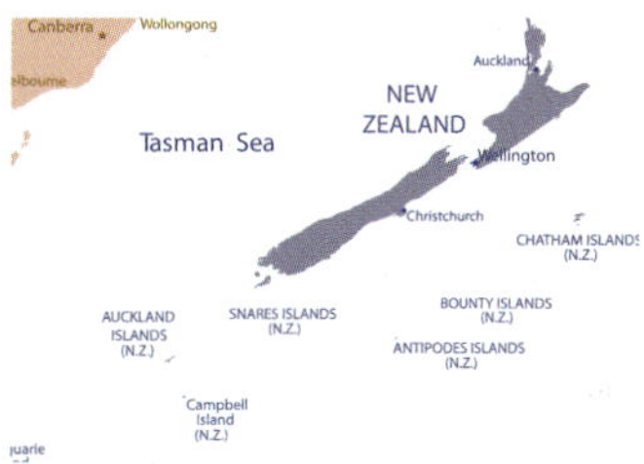

1) 식생활 배경

뉴질랜드는 오스트레일리아 대륙의 태즈먼해를 사이에 두고 남과 북의 두 개의 섬으로 이루어져 있다. 기후는 기온의 연교차가 적은 온화한 기후로 1년 중 1~2월이 가장 덥고, 7~8월이 가장 추워서 우라나라와 사계절이 반대이다. 연평균 기온은 북섬의 오크랜드가 15℃, 남섬의 인버카길이 10℃로서 지역차는 적다. 주산업은 농업과 목축업이며, 주로 소와 양을 기업적으로 사육하는 목축업이 발달했으며, 밀의 생산량이 많다.

뉴질랜드에는 마오리족이 600~1000년 전에 폴리네시아로부터 이주하여 정착하였으며, 유럽인이 18세기 말에 이주하기 전까지는 석기시대 문화만 발달하였다.

1840년 이후부터 영국의 식민 지배를 받았고, 1907년 식민지에서 영국의 자치국이 되었으며, 1947년 독립하였다.

남태평양 원주민인 마오리문화와 영국을 중심으로 한 유럽문화가 공존하지만, 유럽식 문화와 가치관이 중심을 이루고 있어 최근에는 마오리 문화를 유지시키려는 노력을 하고 있다.

음식문화는 마오리족의 음식문화와 유럽의 음식문화가 혼합된 형태를 보이고 있다.

2) 식생활 문화

(1) 일반적 특징

뉴질랜드는 목축업의 발달로 소고기, 양고기, 사슴고기 등 우수한 품질의 육류요리가 발달하였다. 특히 새끼양요리, 트림포크trim-pork(돼지고기를 이용한 요리), 사슴요리가 대표적인 음식이다. 낙농업의 발달로 낙농제품도 풍부하다.

또한 섬나라로 왕새우, 굴, 조개, 연어 등의 해산물을 이용한 요리를 비교적 싸게 맛볼 수 있다. 특히 랍스터의 일종인 대형 왕새우인 크레이피시crayfish가 유명하다.

또한 뉴질랜드 고구마인 쿠마라kumara 등의 채소와 아보카도, 키위, 살구, 보이스베리 등 과일이 풍부하다. 키위는 뉴질랜드에서 가장 유명한 과일이며, 이러한 채소와 과일을 이용한 다양한 후식과 파블로바 등이 발달하였다.

(2) 뉴질랜드의 술

오스트레일리아처럼 뉴질랜드도 레스토랑에서 술을 판매하려면 레스토랑의 간판에 허가표시가 있는 허가증이 있어야 한다. 뉴질랜드에서는 와인과 맥주를 많이 마시고, 일요일에는 법적으로 주류 판매를 금하고 있어서 리큐어숍liquor shop이나 바틀숍에서만 살 수 있다.

① 와인

뉴질랜드는 세계적으로 인정받은 샤더네이, 쇼비뇽블랑 등의 화이트 와인 생산량이 많으며 품질도 좋다. 포도는 3~4월경에 수확하며, 이스트케이프, 포비티베이, 호크스베이, 말보로, 와이카토, 오클랜드가 주요 재배 지역이다. 뉴질랜드에서는 해마다 최대의 와인 생산지인 말보로 등지에서 최대의 와인 제전으로 '말보로 와인' 축제가 열리는

데 많은 관광객이 참가한다.

② 맥주

맥주는 지방마다 지역 상표가 있어서 그 지역의 맥주를 즐기는데, 가장 대중적으로는 일명 스타이니로 스타인라거steinlager이며, 키위라거kiwilager, 라이온 레드lion red도 즐겨 마신다.

(3) 뉴질랜드의 식사

아침은 가볍게 오트밀이나 콘프레이크로 하고 점심도 파이나 샌드위치로 간단히 먹는다. 저녁식사는 반드시 수프로 시작해서, 주요리로 소고기나 양고기를 사용한 육류요리를 먹고, 디저트와 홍차를 마시는 정식으로 풍성한 식사를 한다.

3) 대표 음식

항이(hangi)요리　마오리족의 전통음식으로 돼지고기, 소고기, 닭고기, 민물고기, 호박, 감자 등의 다양한 재료를 사용하며 향신료는 사용하지 않는다. 온천 지역인 로토루아에 가면 쉽게 먹을 수 있다. 뜨겁게 달군 돌로 익히는 일종의 돌찜구이로, 땅속에 구멍을 파고 뜨겁게 달군 돌을 넣은 뒤 식품을 나뭇잎으로 싸서 돌 위에 얹고 흙으로 덮는다.

호키포키(hokey-pokey)　아이스크림으로 안에 작은 캐러멜이 들어 있다.

토헤로아 수프(toheroa soup)　조개인 토헤로아의 살을 으깨어 크림으로 양념하여 만든 수프이다.

2 아프리카

아프리카Africa는 아시아 다음으로 면적이 넓고 인구가 많은 대륙이다. 61개 영토에 10억 명(2009년)이 살고 있으며, 세계 인구의 14.8%에 해당한다. 가난한 생활을 하고 있어서 미국 등 선진국에서 지원해주지만, 굶는 사람이 많다.

아프리카 대륙으로 적도가 지나가며, 온갖 기후대가 나타난다. 또 북부 온대에서 남부 온대가 걸쳐 있는 유일한 대륙이기도 하다.

주요 식량은 옥수수, 조, 카사바, 얌, 땅콩 등으로, 육류보다는 생선이나 콩이 주요 단백질의 급원 식품이며, 각 지역마다 식습관에 차이가 있다.

기후는 열대에서 고산지의 아북극에 이른다.

아프리카는 세계에서 야생 동물의 수와 종류, 영역, 분포 밀도에서 가장 높은 곳으로 보이며, 큰 육식 동물(사자, 하이에나, 치타 등)과 초식 동물(물소, 사슴, 코끼리, 낙타, 기린 등)이 인간이 소유하지 않은 평원에 자유로이 살고 있다. 또한 아프리카는 온갖 밀림 생물(뱀, 영장류)이나 수생 생물(악어, 양서류)들의 서식지이다.

1. 이집트 *Egypt*

- 국가명 : 이집트 아랍공화국
- 수도 : 카이로
- 면적 : 100만 km^2
- 언어 : 아랍어
- 민족 : 아랍인
- 인구 : 8689만 명(2014)
- 종교 : 이슬람교, 콥트교회

1) 식생활 배경

아프리카의 북동쪽에 자리 잡고 있는 나라로, 시나이반도를 통해 서아시아와 이어져 있다. 북쪽에는 지중해, 동쪽에는 홍해가 있으며, 가자지구와 이스라엘, 수단, 리비아와 접하고 있다.

세계에서 38번째로 넓은 나라이지만, 건조한 기후 때문에 인구 대다수가 좁은 나일강 계곡과 삼각주에 집중되어 있고, 이곳이 이집트에서 유일하게 농사를 지을 수 있는 땅이다.

이집트는 아프리카와 아시아 두 대륙 사이에 있어 지정학적으로 중요한 위치를 점하고 있다. 아시아와 아프리카 사이에는 수에즈 지협이 있으며, 이곳 수에즈 운하를 통해 홍해를 사이로 지중해와 인도양을 연결한다.

평균 기온은 여름에는 27℃에서 32℃ 사이이며, 홍해 해안에는 43℃까지 올라가기도 한다. 겨울에도 평균 기온은 13℃에서 21℃ 사이로 연중 내내 수확을 할 수 있다.

이집트는 고대 이집트 문명과 그 산물인 가자의 피라미드와 대 스핑크스 등 세계적인 문화유산으로 유명하다.

2) 식생활 문화

(1) 일반적 특징

이집트의 주식은 빵(에이시 : 밀가루로 만드는 인도의 난과 비슷한 음식)이며, 종교적인 이유로 인해 돼지고기는 사용하지 않고 양고기와 닭고기를 주로 먹는다. 콩요리가 발달하였으며 잠두broad bean가 널리 애용되고, 과일이나 채소 및 신선한 양념을 주로 사용한다.

향신료를 넣은 샐러드가 발달하여 빵이나 고기요리를 먹을 때 허브향이 나는 샐러드 요리를 즐겨 먹는다. 토마토 등의 채소에 향신료가 듬뿍 들어간 드레싱을 끼얹는 것이 일반적인 샐러드로, 채소를 절여 샌드위치 사이에 끼워 먹는 토르시와 요구르트를 샐러드에 넣어 담백한 맛을 내는 자바디 등이 있다.

(2) 지역별 특징

홍해와 지중해를 동쪽과 북쪽에 접하고 있어 생선요리가 발달하였다. 보리새우커리 요리는 대중화된 요리 중 하나이고 주로 굽거나 튀기는 조리법을 이용한다. 나일강의 담수어를 기름을 발라 굽거나 튀긴 다음 레몬즙을 짜서 에이시에 싸 먹는 생선요리도 있다.

(2) 이집트의 식사

아침식사　콩(콩껫묵), 달걀, 절임, 치즈, 잼으로 간단하게 먹는다.

점심식사　오후 2~3시에 먹는데, 하루 중 주식사로 형식을 갖추어 정식으로 식사를 한다. 식사 후에는 낮잠을 즐긴다.

다과회　영국식 다과회로 오후 5~6시경에 한다.

저녁식사　오후 9시경에 가볍게 먹는다.

만찬　9시 이후에 한다.

3) 대표 음식

팔라페(falafel)　병아리콩(이집트콩), 양파, 파슬리, 마늘 등을 갈아 작은 경단 모양으로 반죽하여 크로켓처럼 튀겨낸 것이다. 에이시 빵과 샐러드를 곁들여 먹는다.

풀(ful) 콩으로 만든 스튜에 토마토와 향료를 넣어 맛을 낸다.

쿠샤리(kushari) 쌀 위에 마카로니, 볶은 양파, 마늘, 콩, 향신료 등을 얹어 밥을 지어 매운 고추 소스와 식초를 곁들여 먹는다.

쿠프테(kufte) 다진 양고기에 밀가루, 향신료를 섞고 튀긴 다음 토마토소스를 넣어 끓인 것으로 밥과 함께 먹는 요리이다.

에이시(eish) 이집트인의 주식인 빵으로 온갖 음식을 싸서 먹는다.

타으미야(taamia) 콩에다 채소를 섞고 양념하여 잘 튀겨서 만든 음식으로 에이시에 넣어 먹는다.

팔라페	풀
쿠샤리	쿠프테

4) 식사예절

① 식사 전 손을 닦는 것이 기본 예의이다. 격식을 차리는 식탁에서는 식전에 손 씻는 물그릇이 나오기도 하는데 형식적으로라도 오른손 손가락을 살짝 담갔다가 빼는 것이 예의이다.

② 둥근 빵이 개인접시 대용으로 쓰이고 있어 일단 음식을 가져다 이 빵 위에 놓아 두었다가 먹는다.

③ 무릎 위에는 냅킨을 놓고, 음식을 먹기 전에 "비스밀라(알라의 이름으로)"라고 하고 식사를 시작해야 한다.

④ 서로에게 "타퐟달please"하고 권하면서 식사를 시작하며, 칼이나 포크는 사용하지 않고 엄지와 오른손 두 손가락을 사용하여 식사를 한다.

⑤ 여주인의 요리 솜씨를 칭찬하고 요리법을 물어보는 것이 예의 바른 태도이다.

⑥ 식사가 끝나면 박하차나 커피를 마시고, 다시 한 번 요리에 대해 칭찬하고 감사를 표한다.

2. 남아프리카공화국 *Republic of South Africa*

- 국가명 : 남아프리카공화국
- 수도 : 프리토리아(행정), 블룸폰테인(사법), 케이프타운(입법)
- 면적 : 122만 km^2
- 언어 : 아프리칸스어, 영어 및 반투어군 소속 9개 언어
- 민족 : 아랍인
- 인구 : 4837만 명(2014)
- 종교 : 이슬람교(93%), 기독교(7%)

1) 식생활 배경

남아프리카공화국은 아프리카 대륙의 최남단에 위치하고 있으며, 국토의 대부분이 고원으로 되어 있다.

내륙 지방은 반건조 기후이지만, 지역별로 차이가 크다. 남반구에 위치하고 있으므로 4계절이 우리나라와는 반대이며, 습한 지역보다는 건조한 지역이 많다. 남서부는 겨울에 비가 많은 지중해성 기후, 북동부는 아열대성 기후이다.

농목업이 발달하여 남부 고원지대에서는 옥수수가 많이 생산되고, 서부 지역에서는 밀이 많이 생산된다. 또한 지중해성 기후 지대에서는 밀과 함께 포도, 오렌지, 설탕 등이 생산된다. 한편 내륙의 건조한 초원 지대에서는 양을 많이 길러 양모를 수출한다.

오랜 식민지의 영향으로 아프리카의 음식은 다른 나라의 음식문화를 아프리카 고유의 음식과 잘 조화시켜 새로운 음식문화를 형성하였다.

2) 식생활 문화

(1) 일반적 특징

남아프리카공화국에서는 콩, 호박, 땅콩, 멜론, 밀리(옥수수), 사냥으로 잡은 동물이나 포르투갈식 매운 새요리(페리페리 치킨), 새우, 게, 메뚜기, 개미, 남아공 별미 요리인 애벌레 등의 풍부한 식재료로 요리한다.

이슬람교의 영향으로 아랍문화가 곳곳에 배어 있으며, 이슬람 음식도 많다.

남아공 요리는 남아공의 다양한 문화를 반영하며 발전하고 있다. 팝 요리pap(남아공의 주식으로, 곱게 간 옥수숫가루를 끓여 만든 음식)는 포이키코스potjiekos(삼발로 된 무쇠 솥에 만든 음식)와 함께 남아공 음식문화의 중요한 부분을 차지하며, 야외에서 석쇠 위에 고기를 구워 먹는 남아공식 꼬치구이 요리인 브라이 등과 함께 가장 대중적인 요리로 손꼽힌다. 또 개척시대부터 전해 내려오는 음식으로 절여서 말린 남아공식 육포인 빌통은 즐겨 먹는 간식이다.

(2) 지역별 특징

네덜란드인들이 케이프에 정착하면서 인도나 말레이인들을 가정 요리사로 채용하였다. 이들의 영향을 많이 받게 된 케이프 지역 음식은 남아공 음식에 색다른 맛을 더하며 새로운 조리법과 향료를 소개하였다. 이 지역 요리는 지나치게 자극적이지 않으면서 향이 근사하며 매콤한 맛이 특징이다. 심황과 커민, 생강류의 열매, 아니스 열매와 계피 등의 이국적 재료를 사용한다.

(3) 남아공의 식사

축제음식 5월 중 웨스턴 케이프주 스와르트버그 지역에서 프린스 알버트 음식 와인 축제가 이틀간 진행된다. 이 지역 특산물로 알려진 와인과 올리브 외에도 볼거리가 풍성하다.

3) 대표 음식

빌통(biltong) 우리나라의 육포와 비슷하며 소고기나 타조, 사슴 등을 절여서 말린 고기이다.

보보티(bobotie) 케이프타운 지역의 전통 만찬에서의 주요 메뉴로, 밥 위에 다진 고기나 건조과일을 얹고 달걀을 덮어서 익힌 요리이다. 말레이시아 카레와 과일을 끓여 인도산 처트니 양념을 섞어 만든다.

브레디(bredie) 채소와 양고기를 토마토 등의 채소와 함께 푹 삶아 끓인 아프리카의 전통요리이다.

브라이(braai) 양고기에 소스를 뿌려 바비큐 식으로 구은 것으로 백인 전통음식이다. 새끼 돼지 통갈비도 맛있다.

부르보스(boerewors) 거리에서 구워 파는 굵은 소시지로 남아공 바비큐요리 중 가장 인기 있는 메뉴이다. 치즈가 들어간 것은 러시안Russian이라고 한다.

몽키 글랜드 스테이크(monkey gland steak) 스테이크에 매콤 달콤한 소스를 곁들인 요리이다.

포이키코스(potjiekos) 개척시대 요리로 세 발 달린 솥에 껄쭉하게 익힌 스튜이다. 각종 고기와 채소, 어패류 등을 번갈아 넣고 소금, 후추, 커리 등으로 양념한 후 와인을 붓고 뭉근하게 끓인다.

카펫배거(carpetbagger) 속에 훈제굴이나 치즈 등을 끼워 넣은 스테이크로 볼륨감이 상당하다.

라인피시(linefish) 기다란 생선을 가리키는 말로 그날 잡은 생선, 신선한 생선이란 뜻

빌통
보보티
부르보스
브라이
브라이
포이키코스
루이보스티

도 담겨져 있다.

스모크 스누크(smoked snoek) 남아공 전통요리이다. 맛이 풍부한 검정 통삼치를 잘게 썰고 양념이나 채소를 넣어 익힌 뒤 스위트포테이토와 밥을 함께 내는데, 잼을 곁들이기도 한다. 이 스누크 훈제를 패스트푸드식으로 만든 것을 스누크 팻snoek pat라고 하며, 흔히 전채로 빵(토스트)과 함께 나온다.

피클드 피시(pickled fish) 튀긴 생선을 카레 맛이 나는 시큼한 즙에 담근 요리로 전채나 채소와 함께 샐러드로 만든 것이다.

루이보스티(rooibos tea) 루이보스티는 고원지대에서만 자생하는 콩과식물의 침엽수 잎을 햇볕에 건조시켜 정제한 것이다. 특산품으로 단맛이 나며, 카페인이 없고 각종 미네랄을 함유한 항산화 작용이 있는 건강음료이다. 일반적으로 남아공에서는 루이보스에 우유와 설탕을 넣어 밀크티로 마신다.

과일주 과일로 담근 마눌라marula를 비롯하여 케이프 벨벳cape velvet, 반 데르흄van der hum 같은 독한 술과 소주도 있다.

4) 식사예절

① 음식을 먹고 있을 때는 포크와 나이프를 그릇에 놓는다.
② 음식을 입에 넣고 이야기하는 것은 실례이다.
③ 식사시간보다 음료 마시는 시간이 더 길 경우가 많다.
④ 악수하는 것은 좋지만 왼손 사용은 절대 엄금이다.
⑤ 음주 시에는 혼자 따라 마시는 것이 기본이다.

09 건강한 식문화

1. UNESCO 지정 음식문화
2. 장수식과 건강식
3. 다양한 식생활 지침

CHAPTER 09

건강한 식문화

세계보건기구WHO에서는 건강이란 단순히 질병이 없거나 허약하지 않은 상태만을 의미하는 것이 아니라, 육체적, 정신적, 사회적으로 완전히 양호한 상태라고 정의하였다. 고령화와 서구화된 식생활 등 환경적 요인으로 암, 심혈관질환, 당뇨병 등 성인병이 증가하여, 건강한 삶과 식생활 간의 관계가 더욱 밀접해지고 있다.

1. UNESCO 지정 음식문화(인류무형유산 등재)

1) 프랑스의 미식문화

프랑스의 미식문화The gastronomic meal of the French는 2010년에 등재되었다. 출산, 결혼, 생일, 기념일, 동창회 같은 개인이나 집단의 중요한 순간을 기념하기 위한 사회적 관습으로서, 어우러짐, 맛의 기쁨, 그리고 사람과 자연 생산물의 조화를 강조하고 있다. 이러한 식사습관에서는 끊임없이 발전하는 레시피 가운데서 어떤 음식을 선택하는 것도 대단히 중요한 요소이며, 잘 어우러질 수 있는 지역농산물을 구입하는 것부터 그에 어울리는 와인, 그리고 테이블 세팅 및 식사 중에 따라야 하는 행동까지를 포함한다. 식재료와 음식은 지역에 따라 다양하나, 프랑스 요리의 주요한 부분을 차지하는 치즈(프로마주)와 와인은 원산지 표시제도인 AOCAppellation d'Origine contrôlée 제도를 통해 관리한다.

미식가들은 프랑스의 전통을 깊이 이해하고 보존하고 있으며, 이 식습관이 젊은 세대에게도 전승되도록 노력하고 있다. 프랑스의 식문화는 가족이나 친구뿐 아니라 사회적인 결속을 더 단단히 하는 역할을 하고 있다.

2) 지중해식 식단

그리스, 스페인, 이탈리아, 모로코 등 지중해연안 국가의 식단으로 2010년에 등재되었다. 지중해식 식단The Mediterranean diet은 지중해의 풍경에서부터 식사 테이블까지 모두 포함하는 의미를 지니며, 농작물의 수확과 생선을 잡고, 보관하고, 음식을 준비하는 모든 것을 포함한 일련의 기술, 지식, 실천과 전통을 말한다. 지중해식 식단은 주로 올리브 오일, 견과류, 시리얼, 과일과 채소, 생선, 유제품, 양념과 향신료와 더불어 와인을 곁들여 만든다. 그러나 지중해식 식단은 단순히 식품이나 음식이 아니라 식사의 패턴, 그리고 문화를 포함한다. 즉 공동의 식사를 통해서 사회적 교류를 촉진시키며, 많은 양의 지식, 노래, 격언, 이야기와 전설들을 만들어 내고 있다. 여성들이 식사 의례의 지식이나 전통적인 몸동작들 뿐 아니라 전문적인 기술을 전승하는 데 핵심적인 역할을 하고 있다.

지중해식 식사가 혈중 콜레스테롤과 혈압을 낮추는 효과가 있을 뿐 아니라, 심뇌혈관 질환의 예방에 매우 효과적이라는 대규모 임상연구결과가 많이 보고됨에 따라 과학적 근거가 가장 확실한 건강 식단이라 할 수 있다.

3) 멕시코 전통요리

멕시코 전통요리Traditional Mexican cuisine는 2010년에 등재되었다. 농업, 의례, 예로부터 전해오는 솜씨, 요리법, 선조들의 관습 등을 포함하는 종합적인 문화 모델이다. 작물의 재배와 수확에서부터 요리하고 먹는 것까지 공동의 참여로 이루어진다. 옥수수, 콩, 칠리 등이 전통적 방식(윤작 및 인공섬 재배)에 의해 재배되고 음식의 영양가를 높이는 독특한 조리 방식으로 요리된다. 멕시코 요리는 일상적인 식사뿐만 아니라 제사와 밀접하게 관련되어 있다. 여성 요리사와 다른 실무자들이 공동으로 곡물 재배에 참여하며, 전통요리는 미초아칸Michoacan주와 멕시코 전역에서 발견된다. 그들의 지식과 기술은 지역 사회의 정체성을 표현하며, 사회적 유대 관계 강화 및 공동체의 정체성 구축에 기여한다. 미초아칸 사람들은 지속 가능한 발전의 수단으로 전통요리의 중요성을 강조하고 있다.

4) 케시켁 전통의식

케시켁 전통의식Ceremonial Keşkek tradition은 2011년에 등재되었다. 결혼식과 할례의식, 종교 휴일에 준비되는 터키의 전통의식 요리이다. 여성과 남성이 협력하여 '케시켁'이라 불리는 밀, 견과류, 고기를 섞어 커다란 가마솥에 12시간 요리하여 손님들에게 제공한다. 밀의 선택과정, 축복, 밀을 위한 기도 및 운반, 준비와 요리과정 등과 같이 이 요리와 관련된 많은 문화적 표현들은 일상생활에서 흔히 볼 수 있는 표현들이 되었다. 이 전통은 여흥과 연극, 음악 공연을 포함한다.

2. 장수식과 건강식

장수식長壽食 또는 매크로바이오틱macrobiotic은 건강을 위한 식사요법을 말한다. 매크로macro, 커다란와 '바이오틱'biotic, 생명이란 고대 그리스어에서 유래된 말로 어원은 고대 그리스의 히포크라테스 때까지 거슬러 올라간다. 그는 질병과 식생활, 환경의 관계를 중요하게 생각하여 건강하게 장수하는 사람을 'macrobios'라고 하였다.

미국의 시사주간지 『타임』은 2012년에 '10대 건강식품'을 소개해 다시 한 번 음식과 수명 연장에 대해 사람들의 관심을 모았다. 이들이 소개한 식품은 '아몬드, 블루베리, 브로콜리, 단호박, 밤콩, 케일, 귀리, 오렌지, 연어, 플레인 요구르트'이다. "비타민과 미네랄 등 각종 자연 화합물이 듬뿍 든 음식이야말로 최고의 질병 치료제일 뿐 아니라 장수의 지름길"이라 소개하며 10가지 몸에 좋은 식품을 적극 섭취할 것을 권장하였다. 아몬드, 블루베리, 브로콜리, 단호박, 케일, 오렌지는 몸의 활성산소를 막아 주는 항산화물질이 풍부한 식품으로 노화를 예방하는 효과가 있다. 밤콩, 귀리는 단백질이 풍부하고 식이섬유가 많아 체중조절에 도움이 되며, 연어의 오메가-3지방산은 심뇌혈관 질환의 예방에 좋다. 플레인 요구르트는 소화기관의 움직임을 활성화시켜 주고 칼슘과 단백질이 풍부하다.

국내 백세인을 대상으로 한 연구에서도 장수 식단은 밥과 김치, 국, 나물, 생선을 기본으로 하는 한국인의 전형적 식단으로 나타났다. 다만 백세인은 너무 짜거나 맵지 않게 음식을 즐겁게 먹었다.

3. 다양한 식생활 지침

식품의 선택 및 섭취는 개인의 식욕과 공복감뿐만 아니라, 심리상태, 종교, 가족형태, 경제상태, 정치, 식품생산, 거주지역 등과 같은 요인 간의 상호작용에 따라 영향을 받는다. 그러나 원칙적으로 바람직한 식생활을 하려면 균형, 다양성, 절제의 3원칙이 서로 연관성을 가지고 유지되어야 한다. 국민의 건강한 식생활 유지를 위하여 국가에서 특유의 식습관과 건강문제를 감안하여 제정한 지침을 식사지침이라고 하며, 일반적으로 연령별 생애주기에 맞추어 제정되어 있다.

1) 한국인을 위한 식생활 지침

- 채소, 과일, 우유 제품을 매일 먹자.

- 지방이 많은 고기나 튀긴 음식을 적게 먹자.
- 짠 음식을 피하고 싱겁게 먹자.
- 활동량을 늘리고 건강 체중을 유지하자.
- 술을 마실 때는 그 양을 제한하자.
- 세끼 식사를 규칙적으로 즐겁게 하자.
- 음식은 먹을 만큼 준비하고 위생적으로 관리하자.
- 밥을 주식으로 하는 우리 식생활을 즐기자.

식품구성자전거

식품군은 균형잡힌 식생활을 위하여 날마다 섭취해야 할 식품들을 주된 영양소 조성에 따라 몇 종류로 구분한 식품 분류이다. 각 나라마다 고유한 식생활을 고려하여 4~7개의 식품군으로 나누며, 우리나라에서는 ① 곡류, ② 고기·생선·계란·콩류, ③ 채소류, ④ 과일류, ⑤ 우유·유제품류, ⑥ 유지·당류 등의 6가지로 분류하였다. 식사구성안은 일반인에게 영양적으로 만족할 만한 식사를 제공할 수 있도록 식품군별 대표 식품과 섭취 횟수를 이용하여 식사의 기본 구성 개념 설명한 것이다. 식사구성안의 영양적 목표는 한국인 영양섭취기준과 한국인을 위한 식생활 지침을 기본으로 하여 설정되었다. 식품구성자전거는 식사구성안에서 제시한 식품군과 일상적인 식생활에서 각 식품군이 차지하는 중요도를 일반인이 쉽게 이해할 수 있도록 그림으로 표현한 것이다. 운동을 권장하기 위해 자전거 이미지를 사용하였고, 자전거 바퀴 모양을 이용하여 6개의 식품

그림 9-1 한국 식품구성자전거

군에 권장섭취 패턴의 섭취량과 섭취 횟수에 비례하여 면적을 배분하고, 물잔 이미지를 삽입하여 수분의 중요성을 상징하였다. 식품군의 상징색은 미국 피라미드의 식품군 색과 동일하게 하여 국제적인 영양교육의 통일성에 기여하여 제작되었다.

2) 일본

- 식사를 즐기자.
- 하루의 식사리듬에서 건강한 생활리듬을 유지하자.
- 주식, 주채, 부채를 기본으로 식사의 균형을 맞추자.
- 밥 등 곡류를 매끼마다 섭취하자.
- 채소, 과일, 우유, 유제품, 콩, 생선 등을 골고루 섭취하자.
- 소금과 지방을 적게 섭취하자.
- 적정 체중을 알고 매일의 활동에 알맞은 식사량을 섭취하자.
- 식문화에 맞추어 지역 생산물을 구매하자.
- 가끔은 새로운 요리를 만들어 먹자.
- 조리나 보존을 잘하여 낭비나 폐기를 적게 하자.
- 자신의 식생활을 되돌아보자.

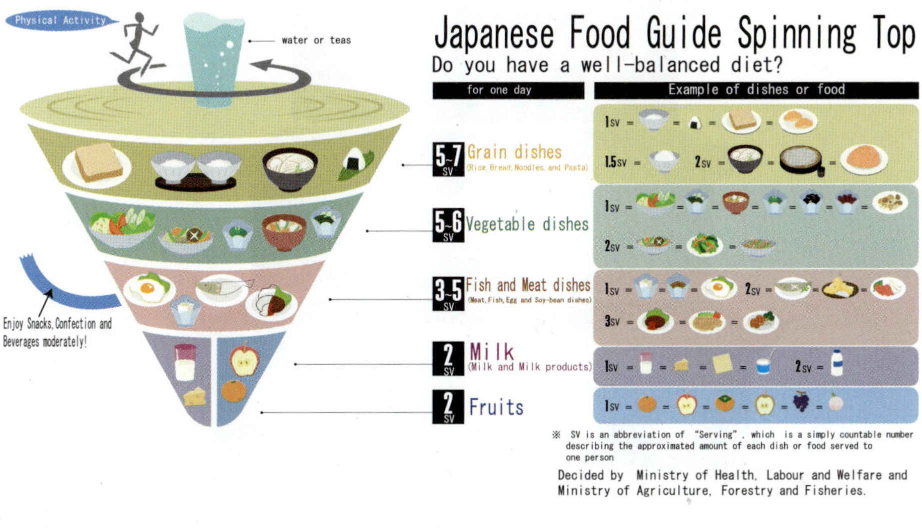

그림 9-2 일본 식품팽이

3) 중국

- 곡류를 주식으로 하고 다양한 식품을 섭취하자.
- 충분한 양의 채소, 과일과 감자류를 섭취하자.
- 우유 및 유제품, 콩 및 콩 제품을 매일 섭취하자.
- 적절한 양의 어류, 가금류, 알류 그리고 기름기가 적은 육류를 섭취하자.
- 조리 중 기름의 사용을 줄이고 염분 섭취를 줄이자.
- 건강한 체중 유지를 위해 섭취량과 운동량의 균형을 이루자.
- 하루 세끼를 적당히 나누어 섭취하고 간식은 적당량 섭취하자.
- 충분한 양의 물을 적당량 섭취하고 음료는 합리적으로 선택하자.
- 술을 마실 때는 그 양을 제한하자.
- 비위생적이고 상한 음식을 먹지 말자.

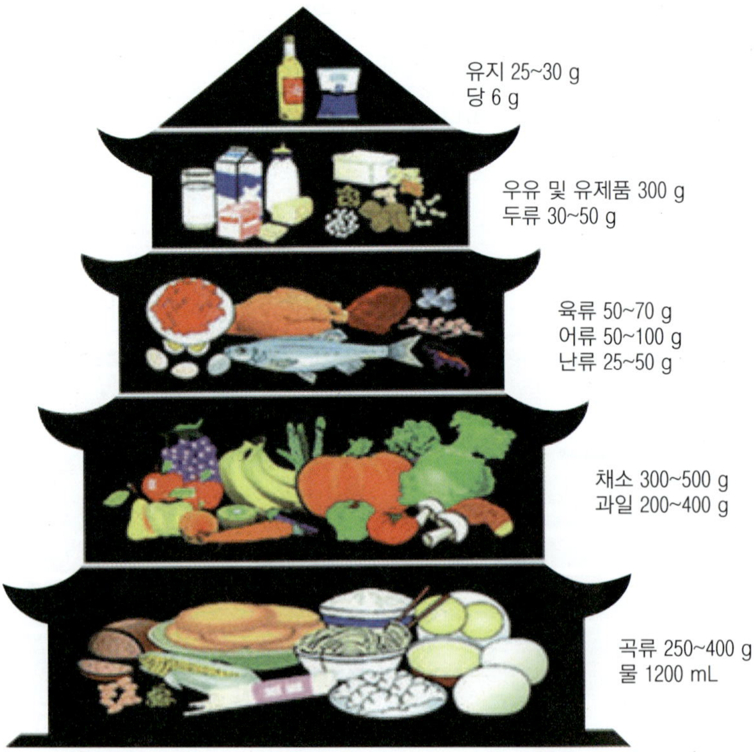

그림 9-3 중국 식품구성탑

4) 미국

- 열량 섭취 조절과 운동으로 건강 체중 목표에 도달하고 유지하자.
- 염분, 포화지방산, 콜레스테롤, 트랜스지방산, 단순당의 섭취를 줄이고, 술은 적당량만 마시자.
- 과일, 채소, 전곡류, 어패류, 저지방 유제품의 섭취를 늘리자.
- 건강한 식습관을 유지하고 식품안전에 유의하자.

그림 9-4 미국 식품피라미드

"Five-A-Day" 캠페인

1991년부터 미국 국립암연구소와 암협회를 중심으로 암 예방을 위해서 5가지 색상의 채소와 과일을 매일 5회 이상 섭취하자는 운동이다. 과일과 채소에는 비타민과 무기질뿐 아니라 파이토케미컬(phytochemical)이 함유되어 있고, 과일과 채소의 특유의 색과 향을 결정짓고 만성질환의 예방에 효과가 있다고 알려졌다. 이 캠페인을 통해 개인의 건강을 증진시키고, 암 및 기타 만성질환의 위험을 줄일 수 있다고 기대한다(www.fruitsandveggiesmatter.gov/index.html).

- 노란색 식품(귤, 단호박 등) : 카로틴 함유
- 녹색 식품(시금치, 브로콜리, 오이, 셀러리, 양상추, 케일, 파슬리, 미나리 등) : 엽록소
- 보라색(혹은 검정색) 식품(보라색 당근, 보라색 양배추 등) : 안토사이아닌
- 흰색 식품(양배추, 양파, 마늘 등) : 안토크산틴, 아이소플라본
- 붉은색 식품(토마토, 적피망, 레드비트 등) : 라이코펜, 안토사이아닌

5) 영국

- 전곡을 위주로 한 탄수화물 식품을 많이 먹자.
- 채소와 과일을 매일 5회 이상 섭취하자.
- 육류, 생선, 달걀, 두류 등 단백질 식품을 적당히 섭취하자.
- 저지방 유제품을 적당히 섭취하자.
- 포화지방, 설탕, 소금의 섭취를 줄이자.

그림 9-5 영국 식품 플레이트(plate)

6) 캐나다

- 매일 진녹색과 주황색의 채소를 각 한 개 이상 섭취하자.
- 지방, 당분, 염분이 첨가되지 않은 채소, 과일, 곡류를 섭취하자.
- 주스 대신 과일과 채소를 더 섭취하자.

• 곡류의 반 이상은 전곡류로 섭취하자.

• 저지방 유제품을 섭취하자.

• 두류와 견과류 등 육류 대체식품을 선택하고 생선은 주 2회 이상 섭취하자.

• 활동적인 생활을 하자.

• 식품성분표를 읽자.

• 지방을 제한하자.

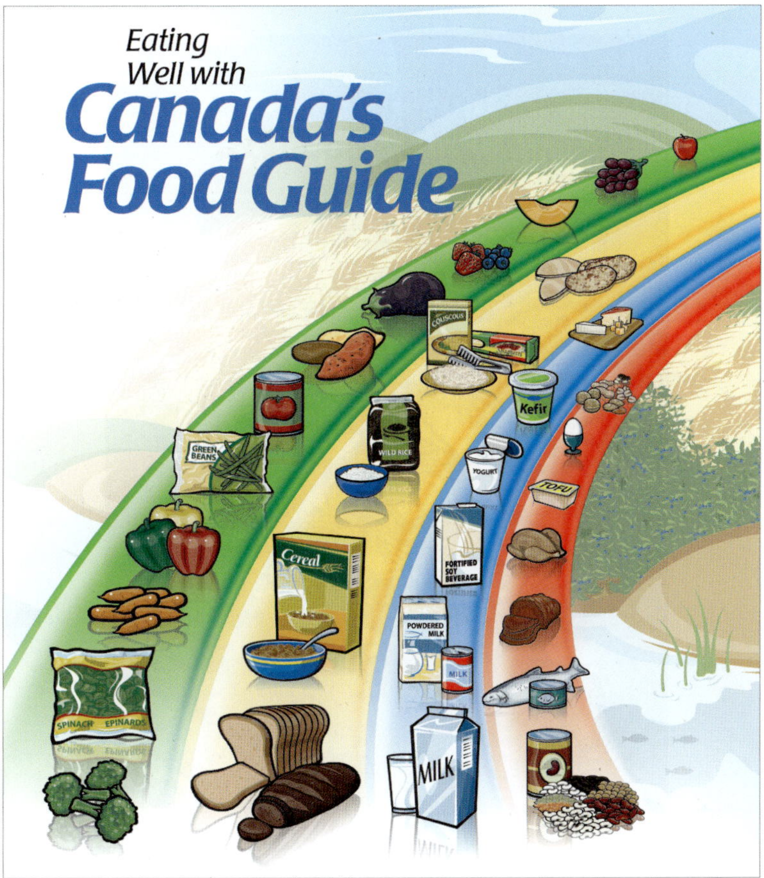

그림 9-6 캐나다 식품 무지개

7) 오스트레일리아

- 건강한 체중을 유지하기 위하여 적당량의 식품을 섭취하고 활동적으로 생활하자.
- 5가지 군의 식품을 골고루 섭취하자.
- 소금, 설탕, 포화지방의 섭취를 제한하고 술은 적당량 섭취하자.
- 모유 수유를 권장하자.
- 식품을 위생적으로 취급하며 올바른 방법으로 조리하고 저장하자.

그림 9-7 오스트레일리아 식품가이드

8) 지중해

- 운동을 하자.
- 과일, 채소, 전곡류, 견과류를 위주로 한 식물성 식품을 섭취하자.
- 버터 대신 올리브유나 카놀라유 등을 사용하자.
- 소금 대신 허브와 향신료를 사용하자.
- 소고기 등 육류 섭취를 한 달에 3~4회 이하로 제한하자.
- 생선과 가금류를 일주일에 두 번 이상 섭취하자.
- 레드 와인을 적당히 섭취하자.

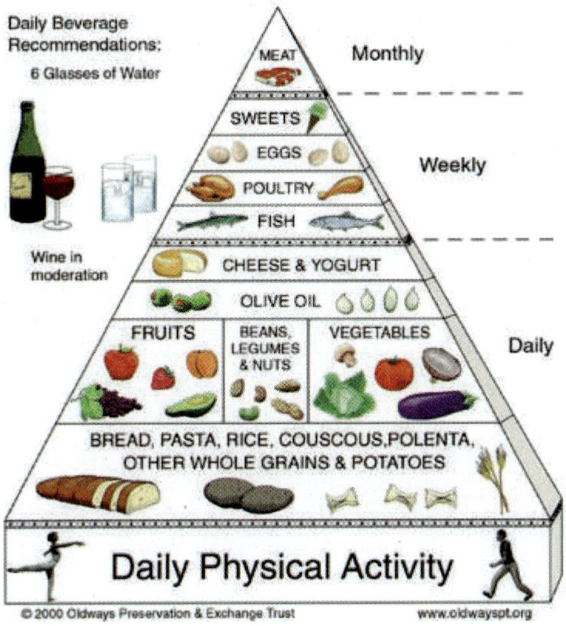

그림 9-8 지중해 식품 피라미드

10 미래의 식문화

1. 미래의 식문화 트렌드
2. 식량위기 문제
3. 예측 가능한 미래식품과 트렌드

CHAPTER 10

미래의 식문화

1. 미래의 식문화 트렌드

1) 사이버밀(cyber meal) 활성화

맞벌이 부부와 독신자의 증가로 간편한 식사 해결이 중요한 관심거리가 되었고, 보다 고급화된 식생활 욕구도 높아지고 있다. 사이버밀cyber meal은 이러한 시대적 요구에 맞추어 등장한 것으로 인터넷을 이용해 가정에서 조리를 위한 식재료나 반조리된 음식 또는 조리된 음식을 주문해서 배달받거나, 온라인상에서 음식점을 예약하고, 특성화된 요구사항 및 세부적인 푸드서비스가 이루어지는 시스템이다.

사이버밀의 가장 큰 매력은 비교적 저렴하게 서비스를 제공받을 수 있어서 경쟁적으로 활동하고 있는 비슷한 인터넷 업체 사이트들을 면밀히 비교, 검토하여 본인이 원하는 서비스와 정보를 제공받을 수 있는 최상의 사이트를 잘 선택하여 활용할 수 있다는 점이다. 또한 사이버밀 사이트는 건강음식 정보 및 이미지 사진, 메뉴와 레시피, 요리 동영상, Q&A 전문정보, 링크서비스 등 다양한 부가서비스를 제공하므로 이를 효율적으로 활용함으로써 식생활 만족도를 크게 향상시켜 나갈 수 있는 장점적인 요소들을 가지고 있다.

사이버 공간에서 이루어지는 식생활 운용은 향후 더욱 확대될 것으로 예상되며, 이러한 가상공간에서 진행되는 새로운 음식문화가 건전하게 발전해 나갈 수 있도록 다양한 체계가 뒷받침되어야 할 것이다.

그림 10-1 온라인 주문 음식

2) 건강식품 발달

민간요법 및 대체의학에 대한 관심 증가와 함께 식품 유효성분에 대한 과학자료가 뒷받침되면서 건강지향 식품산업이 활기를 띠고 있다. 미래의 소비자들은 미디어매체뿐 아니라 인터넷을 통하여 영양지식이나 식생활정보를 더 많이 접하게 되며 아울러 건강식품에 대한 관심은 더욱 확대일로에 놓여질 것으로 예상된다.

당뇨병, 고혈압, 비만 등 직접적인 식이성 관련 질병과 함께 암, 노화, 치매 등의 광범위한 질병의 예방과 치료를 위하여 소비자들은 건강기능성 식품을 찾게 되며 비타민, 항산화제재, 기능강화제 등 보충제의 수요가 계속 증가할 것으로 보인다.

기능성 식품이나 생리활성물질의 활용은 성인들을 위한 건강식품만이 아니고 유아용 식품, 패스트푸드나 다이어트 식품에까지도 사용이 확대되고 있다.

또한 고기, 우유 및 달걀 등의 식품도 동물을 기르는 과정에서 사료의 성분을 조절하여 건강기능성 성분이 포함되도록 하는 제품이 이미 활발하게 이루어져 생산됨에 따라, 건강식품개발은 끊임없이 발전할 것으로 전망되고 있다.

3) 미용식품 발달

과학과 의료의 발달로 인간의 평균수명은 점점 증가하고 있으나, 건강수명은 이에 미치지 못하고 있다. 사람의 수명이 증가함에 따라 노화로 인한 신체의 여러 가지 기능이 저하되고, 인체중량 대비 7%를 차지하는 피부에도 많은 문제가 발생하게 된다. 그러나 아름답고 건강하게 살고 싶어하는 인간의 욕망은 기능성 미용식품beauty food 시장 수요를 지속적으로 증가시킬 것으로 예상하고 있다.

건강한 피부 유지를 위해서는 화장품과 같은 유효성분을 인체 외부에서 공급해야 할 뿐 아니라, 인체에도 도움이 되는 유효성분을 공급하여야 한다는 'inner beauty' 개념이 등장하여, 피부재생에 도움을 주고 노화를 방지하는 미용식품의 개념이 발전하고 있다.

미용식품은 초기의 항산화 비타민 및 미량영양소를 이용한 피부 외관, 모발, 손톱의 영양상태를 개선하는 데서 벗어나 최근에는 피부 주름, 항노화, 자외선에 대한 광보호 등과 같이 특화된 기능에 관심이 집중되고 있다.

과일, 채소, 견과류, 현미 등 일반식품의 건강 기능성 식품 소재가 밝혀지고 있으며, 세계적인 또 하나의 추세로는 천연 허브 추출물이 화학제품보다 선호되는 등 당분간 관련분야에 대한 관심이 지속될 것으로 보인다.

4) 노인식품 발달

향후 20년 내에 지구상의 60세 이상 인구가 10억 이상이 될 것이라고 하며, 우리나라도 2022년에는 65세 이상 노인인구가 전 인구의 25%에 달할 것으로 예측하고 있다.

노인들의 감각 인지능력, 식품 선호도 및 식품 소비실태를 잘 파악하는 것은 노인들의 건강 유지와, 식품 생산자와 유통 및 외식산업 종사자들에게도 모두 중요한 정보자료가 된다.

노인의 경우 미뢰 인지능력이 대다수 상실되고 4가지 기본 맛에 대한 감도도 매우 떨어지게 된다. 특히 약을 많이 복용하는 경우에는 더 심하며, 냄새 감지능력 역시 많이 저하되는 것으로 알려져 있다. 그러나 "고추나 겨자의 매운맛, 탄산가스의 상큼한 감각 등을 느끼는 삼차신경계는 맛과 후각 기관보다는 덜 손상된다."라는 연구보고가 있다.

노년기에는 식습관도 달라져 식품 섭취량이 줄어들고 식사 속도가 느리며, 간식을 적

그림 10-2 노인식품의 수요 증가

게 섭취하는 경향을 이해하고, 노인들이 선호하는 텍스처를 알아보는 것도 중요하다.

미래의 노인들은 건강식품에 대한 관심도가 매우 높아져 더 맛이 좋고 영양밀도가 높은 식품에 대한 수요가 한층 더 증가할 것으로 예상된다.

5) 패스트푸드에서 슬로푸드로

슬로푸드 운동은 일종의 문화운동이라고 할 수 있는데 음식을 통해 삶의 질을 개선하고, 현재 가지고 있는 음식문화의 전통을 계속 이어가며, 전통적인 방식으로 만들어지는 세계 각국의 음식들을 발굴하고 알리는 데 목적을 두고 시작되었다. 이 운동은 이탈리아 와인의 대명사인 키안티Chianti로 유명한 도시 그레베 인 키안티Greve in Chianti의 시장 파올로 사투르니니Paolo Saturnini에 의해서 처음 시작되었으며, 각 나라의 전통음식을 지키자는 취지에서 발의했다고 한다.

어린아이부터 어른에 이르기까지 자연에서 얻을 수 있는 음식의 원재료 생산과정을 체험하고, 시간과 노력을 들여서 음식을 제대로 만들어 즐길 수 있게 하는 것이 이 운동의 핵심이다.

로하스(Lifestyles of Health and Sustainability, LOHAS) 운동

중장년층을 위시로 삶의 여유와 즐거움을 찾고자 하는 시도가 이루어지면서 슬로라이프(slow life)나 심플라이프(simple life), 귀농, 전원생활로의 회귀, 정신적·영적 요소의 중시, 웰빙 추구 등의 사회적 현상들이 등장하며 일부 매니아층이 생겨나고 있다. 이와 같은 흐름 속에서 자연스럽게 등장한 로하스는 기존의 대체적인(alternative)인 사회현상과 비슷하면서도 차별화된 특성, 현대적인 감각, 유연성(flexibility) 등의 성격을 띠고 많은 사람들이 공감하고 실천하기에 적합한 개념으로 보편화되고 있다.

로하스란 한마디로 자신의 건강뿐 아니라, 지구환경의 건강, 즉 개인적, 사회적 지속가능성을 동시에 고려하는 생활방식을 말한다. 지속가능성은 "미래 세대의 필요를 손상시키지 않으면서 현 세대의 욕구를 충족시키는 것"이라고 정의된다. 즉 나와 내 가족의 건강과 행복뿐 아니라, 내 옆의 이웃과 지역민, 더 나아가 지구 전체의 건강과 행복한 존속을 염두에 둔 삶의 방식이다.

로하스라는 용어가 비교적 단시간에 전 세계적으로 확산되면서 많은 이들의 마음을 사로잡은 데에는 분명 그 이유가 있다. 국내에서도 웰빙 열풍이 강하게 불었으며, 또다시 로하스로 옮겨가고 있다. 더 이상 환경보전만을 강조하는 것도, 근시안적인 개인 건강만을 중시하는 것도 별로 설득력이 없어 보인다. 로하스라는 개념이 마케팅 용어의 차원을 넘어서 많은 사람들의 공감을 얻으며 주요 트렌드로 정착되어 가는 것은, 개인적 건강(ego)과 지구적 건강(eco)을 동시에 추구하고자 하는 조화로움과 유연성, 그리고 세련된 품격이 느껴지기 때문일 것이다.

표 10-1 로하스의 범위

지속가능한 경제 (sustainable economy)	• 에코하우스 : 건축소재와 기술 • 자연에너지 및 에너지 절약 : 태양열, 바이오매스 등 • 지역재생 및 활성화, 마을 만들기, 생태도시 • 에코금융 : 사회책임투자 • 에코카, 카쉐어링 • 환경 경영 등
건강한 라이프스타일 (healthy lifestyle)	• 유기농 식품, 자연식품 • 건강한 식생활 : 매크로바이오틱 • 건강보조제, 영양보조제 • 스파 • 천연성분을 이용한 개인 치유(personal care)
대체의료 (alternative healthcare)	• 침구(鍼灸), 한방 • 아로마테라피 • 동종요법(homeopathy) • 통합의료 • 자연건강 서비스와 심신의학 치료법
자기계발 (personal development)	• 요가, 피트니스, 명상, 좌선 등 • 자기계발 프로그램 • 체험 및 교육
생태적 라이프스타일 (ecological lifestyle)	• 환경친화적 생활잡화, 인테리어, 사무용품, 가구 등 • 에코투어리즘 • 유기농 및 재생 섬유제품, 의류 • 에코 이벤트 등

인스턴트 식품이나 간편한 통조림 같은 편한 것만을 추구하는 현대인들이 점점 무공해 자연건강식을 찾고 있는 것처럼 일상생활 속에서 서서히 이루어지고 있는 슬로푸드 운동은 그 상징으로 사용하고 있는 달팽이 무늬를 통하여 유기농의 친환경적 의미를 표현하고 있으며, 운동의 확산을 위하여 공식적인 홈페이지(www.slowfood.com)도 운영하고 있다.

6) 유전자 특성에 적합한 맞춤형 식품의 발달

생명과학이 비약적인 발전을 거듭하면서 현재 진행 중인 인간 게놈genom 프로젝트가 성공적으로 수행되어 유전자지도가 완성되면 인간의 생명이 상당히 연장될 것으로 예측하고 있다.

인간 유전자에 대한 다양한 연구가 이루어지면서 영양소와 식품이 유전자 발현gene expression에 영향을 미친다는 많은 사례가 보고되고 있다. 이들 영양물질이나 식품성분들은 개개인의 유전적 특성에 따라 다른 효과를 나타낼 수 있으며, 개개인의 식사요법을 실시할 때도 개인의 생리적 특성이 반영되어 이에 적절한 맞춤형 식품을 먹어야 할 시대가 곧 열리게 될 것으로 예견하고 있다.

로커보어(Locavore) 운동

매년 '올해의 단어(word of the year)'를 선정해 발표하는 옥스퍼드 사전은 2007년 'Locavore'라는 신조어를 등재하였다. 우리에게는 생소한 Locavore는 Local(지역)과 vore(라틴어의 먹다)를 합성한 단어로 '지역 먹거리 주의자'를 일컫는다.

우리가 먹는 식품이 식탁에 오르기까지는 평균 2,500 km의 이동거리를 통해 운반된다. 이렇게 국제화된 식품공급은 환경, 건강 및 사회문제를 야기시키고 있다. 우리가 소비하는 대부분의 식품들은 장기간 배에 실려 대양을 건너온 후 집산지에서부터 시장이나 마트 진열대까지 운반된 것들이다.

과일 매장의 포도, 바나나, 오렌지 등은 외국에서 수입된 것들이며, 정육점엔 호주산과 미국산 소고기가 진열되어 있다. 국제화된 식재료로 만들어진 음식이 준비된 식탁에서 가족들은 세계화로 인한 새로운 맛을 보기에 이르렀다.

그런데 이들 음식 재료가 식탁으로 오르기까지 얼마나 많은 화석연료를 사용했는지 생각해 볼 필요가 있다. 재배 시에 사용되는 비료, 제초제 그리고 포장과 운송 등 단계마다 화석연료가 사용되고 있고, 이 때문에 지구는 점차 뜨거워지고 있으며, 각 지역에서 재배되던 각종 채소, 과일 및 육류는 서서히 자취를 감추게 되었다. 특히 각 지역의 고유 음식과 식재료에는 그 지방에 살았던 사람들의 역사가 그대로 살아 있으므로 지역 음식이 사라진다면 그 문화 또한 사라질 위험이 있다고 예견하고, 이런 위험을 벗어나기 위한 노력이 바로 로컬푸드를 되찾는 일이라고 제시하고 있다.

그림 10-3 로커보어 관련 텃밭 식재료

그림 10-4 미국 샌프란시스코를 중심으로 한 100마일(160 km) 반경 지역

그림 10-5 로컬푸드

그림 10-6 파머스 마켓

'푸드 마일리지(Food Mileage)'란?

농산물이 생산지에서 소비자의 식탁에 이르기까지 소요된 거리를 말한다. 이는 식품이 환경에 미치는 영향을 측정한 환경지표다. 2007년 기준 1인당 1톤의 먹을거리에 대한 푸드 마일리지는 우리는 5,121 km로 일본과 비슷하지만 영국의 2배, 프랑스의 6배로 선진국과 비교해 매우 크다. 그만큼 수입에 의존하고 있다는 뜻이다. 이처럼 식품의 이동거리가 멀면 생산이력에 대한 신뢰도가 떨어지고 신선도가 저하된다. 또한 장거리 수송에 따른 석유 소비가 늘어나 지구온난화의 원인이 된다. 반대로 식품의 이동거리가 짧을수록 건강하고 더 맛 좋은 식품을 먹게 된다. 일본의 '지산지소(地産地消)'와 비슷하다. 지역에서 생산한 농산물을 지역에서 소비하자는 뜻이다. 또한 미국 소비자들은 수입농산물의 생산과정을 신뢰하지 못하고 유기농 제품보다 운송 거리가 짧은 지역 농산물이 더 신선하고 안전하다고 믿고 있는 것으로 나타났다. 이러한 인식 때문에 로커보어가 급증하고 있다. 이들은 자기가 살고 있는 지역에서 재배된 토종식품만 소비한다.

'로컬푸드'란 '지역 먹거리를 지역에서 소비해 에너지 낭비를 줄이고 지역 농업의 활성화를 도모하자'는 운동이다. 또한 제철에 나온 식품은 맛과 영양이 좋아 건강에 이롭고, 생산자는 에너지를 절약할 수 있다. 그리고 소비자는 농산물의 생산과정을 수시로 확인할 수 있고, 생산자와의 인간적인 교감을 나눌 수 있다는 장점이 있다. 로컬푸드의 실천방법을 제시하면 첫째, 도시민들은 주말농장, 옥상이나 베란다 텃밭 등을 통해 농산물을 직접 조달할 수 있다. 또한 공기 정화기능이 있고, 원예치료나 아이에게는 환경학습의 장이 된다. 둘째, 단체 급식의 식재료 조달을 지역농민과 계약을 하고 로컬푸드로 대체한다. 더 나아가 마을 단위로 자매결연해 지속적인 관계를 발전시킨다면 건강은 물론이고 가끔 일손도 도우며 농촌에서 재충전의 기회를 가질 수 있을 것이다. 셋째, 생산자단체에서 매주 여는 직거래 장터나 파머스 마켓 등을 통해 지역농산물을 소비하는 기회를 자주 갖는 것이다.

자료 : 중앙일보, 2011. 3. 5(김성완 농협 안성교육원 교수)

2. 식량위기 문제

1) 세계 각국의 식량위기 현황

지난 30~40년간 세계 곡물시장은 비교적 안정적이라는 평가를 받으며 1970년대 녹색혁명을 거쳐 1980년대부터 1990년대는 과잉생산 기조현상을 보일 정도의 호황을 누려왔다. 그러나 2000년대 이후에는 다시 생산량이 소비량보다 감소하면서 곡물 부족시대로 전환되기 시작하고 있다.

식량 공급 부족의 주요 원인으로는 다음과 같다.

① 세계 인구의 1/3 이상을 차지하는 중국과 인도 등 개발도상국가의 동물성 식품 소비 증가로 육류 생산을 위한 사료 곡물의 수요 증가

② 석유 가격 상승, 온실가스 감축 의무 등으로 미국, EU 등에서 바이오 연료 생산이 늘어나면서 바이오 연료용 곡물 수요 증가

③ 기후 변화와 도시화, 사막화 등으로 인한 농지의 지속적 감소에 따른 곡물 생산 감소현상 등

이러한 식량 수요량의 증가와 곡물 생산량의 감소는 국제 곡물 가격 급등으로 이어지고 있다. 또한 식량 수출국들은 곡물 수출 제한을 정책화하는 현상이 확산되고 있어서 중국, 러시아, 우크라이나, 아르헨티나 등과 같은 주요 식량 수출국들은 자국 내의 재고 유지와 가격 안정을 위해 수출 제한 조치 또는 수출세 부과로, 곡물의 수출을 규제하는 현상이 발생되고 있다.

반면에 식량 수입국인 이집트, 인도네시아, 아이티 등 60여 개 국가에서는 곡물 부족으로 국가적 위기에 직면하여 식량 가격 급등에 대한 저항 시위가 일어나고 있다. 더불어 곡물가격 상승이 식품가격 상승으로 이어지는 애그플레이션agflation 현상이 생겨나, 식품 소비가 높은 비중을 차지하는 저소득층과 저소득개발국가에 큰 타격을 주는 현상이 발생되고 있다.

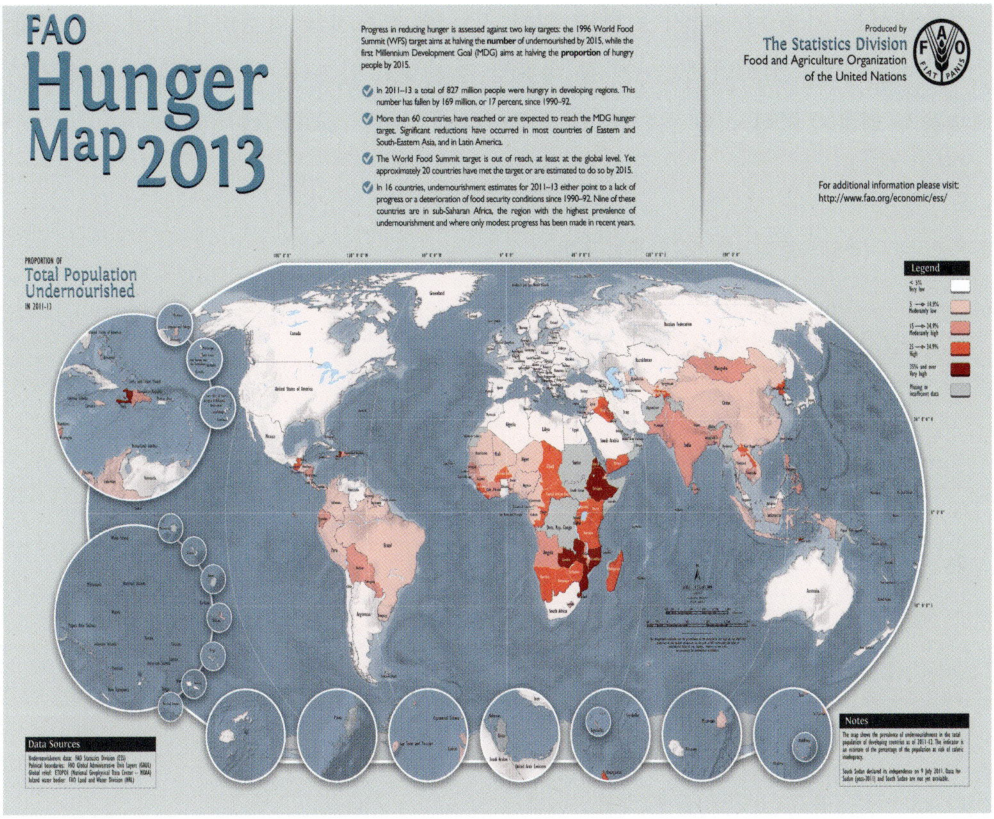

그림 10-7 세계 굶주림 지도(2013)

아프리카 중부지역 대부분의 국가들과 아프가니스탄, 몽골과 북한에서 영양실조 인구 비율이 높게 나타나고 있다.

자료 : FAO

2) 우리나라 식량현황

우리나라의 경우 소득증가와 더불어 육류 소비가 증가하면서 사료용 곡물 수입도 증가하여 곡물 자급율이 1970년 80.5%에서 1980년 56.0%로 하락하였다. 1990년에는 43.1%로 떨어지고 그 후 2011년에 이르러 22.6%로 매우 심각한 상황으로 빠져들고 있으며, 사료용 곡물을 제외한 식량 자급률은 2011년 현재 44.5%를 기록하고 있다.

특히 2011년 쌀 생산량 감소로 쌀 자급률이 83.0%로 하락하면서 곡물 및 식량 자급률이 큰 폭으로 하락하여 우리나라의 곡물 자급률은 OECD 34개국 중 28위로 매우 낮아서 식량안보가 불안한 상황이다.

정부에서는 이를 극복하기 위하여 식량 자급률 목표치를 설정하여 곡물 자급률을 2015년에는 30%, 2020년에는 32%를 목표로 추진하고 있으나, 이에 따른 구속력 있는 제도를 마련하지 않아 식량 자급률 향상이 위협받고 있는 실정이다.

표 10-2 우리나라의 곡물 자급률(사료용 곡물 포함)

(단위 : %)

양곡년도	전체	쌀	밀	옥수수	콩
1970	80.5	93.1	15.4	18.9	86.1
1980	56.0	95.1	4.8	5.9	35.1
1990	43.1	108.3	0.05	1.9	20.1
2000	29.7	102.9	0.1	0.9	6.4
2005	29.4	102.0	0.2	0.9	9.7
2010	27.6	104.6	0.9	0.9	10.1
2011(P)	22.6	83.0	1.1	0.8	6.4

주 : 양곡년도는 전년 11.1~당년 10.31

자료 : 농림수산식품부, 「농림수산식품 주요통계」, 2012

표 10-3 우리나라의 식량 자급률(사료용 곡물 제외)

(단위 : %)

양곡년도	전체	쌀	밀	옥수수	콩
1970	86.2	93.1	15.9	82.9	92.3
1980	69.6	95.1	4.8	27.1	64.3
1990	70.3	108.3	0.05	8.2	64.9
2000	55.6	102.9	0.1	3.7	28.2
2005	53.4	102.0	0.4	3.0	30.9
2010	54.0	104.6	1.7	3.8	32.4
2011(P)	44.5	83.0	2.2	3.3	22.5

자료 : 농림수산식품부, 「농림수산식품 주요 통계」, 2012

3) 식량위기를 극복하기 위한 대책

① 낮은 곡물 자급률 중 최소한 쌀만은 100% 자급이 가능하도록 정책적 노력이 필요하다.

② 대통령 및 정부 직속 국가식량안보기구 등을 설치 및 운영하여 식량 자급을 범국가적인 차원의 국정 과제로 시행할 필요가 있다.

③ 사료용 곡물 대체자원 발굴에 정책적 노력이 필요하다.

④ 쌀 이외 옥수수, 밀, 콩 등과 같은 곡물에 대해서도 공공비축제도 마련을 병행해야 한다.

⑤ 쌀소비 확대운동, 쌀가루 혼합 밀가루 사용 권장 등 저렴하게 쌀가루를 공급할 수 있는 유통체계 구축 등을 통해 수입밀을 대체하는 노력이 필요하다.

⑥ 안정적인 해외곡물 도입을 위한 기반 확보 관련 전문가 양성 및 시스템 구축이 필요하다.

⑦ 해외농업개발을 통한 해외식량기지 확보 기반을 마련해야 한다.

3. 예측 가능한 미래식품과 트렌드

우리 인류가 먹고 살아온 먹거리 자원은 시대에 따라 수많은 변화를 거듭하며 오늘에 이르고 있음을 알 수 있다. 과거 고대 그리스에서는 와인에 담근 빵을 아침으로 먹었고, 고대 로마에서는 가룸garum이라는 햇볕에 장시간 발효시킨 생선내장을 즐겨 먹었던 것으로 알려져 있으며, 잉글랜드의 왕 헨리 8세(재위 1509~1547)의 연회에는 공작, 왜가리, 돌고래와 갈매기가 식탁에 올랐었던 것으로 알려져 있다. 그러나 과거에 즐겨 먹었던 음식들이 점차 메뉴에서 사라지고 지구상의 인구 증가, 식품가격 상승 및 환경문제들이 제기되는 시점에 이르면서, UN과 세계 각 나라들이 고심하는 미래식량난에 대해서 다각도로 해결방안이 모색되고 있다.

머지않은 미래에 육류 가격이 우리 식생활에 엄청난 영향을 주게 될 것이라는 주장이 대두되고 있다. 이에 미래학자 모건 게이Morgan Gaye는 "서양의 여러 나라에서 과거에는 값싸고 풍부하게 남아도는 육류를 먹고 성장한 사람들이 이제는 가격이 치솟는 육류를 사치품으로 인식하기 시작하면서 육류를 대신할 식품을 찾게 될 것"이라고 예견하고 있다. 그러한 시기에 당면하게 되면, 과연 무엇이 육류를 대신할 수 있을 것인가에 대해서 미래학자와 연구자들은 다음의 몇 가지를 제시하고 있다.

1) 곤충

곤충이나 아직 알려지지 않은 외부 기생충이 우리의 주요한 식품재료가 될 것이라는 것이다. 네델란드의 경우 곤충을 식품급원화하는 연구에 주력하고 있으며, 최근 백만유로(약 14억 원)를 투자하여 곤충농장 관련 정부법안을 준비하고 있다고 한다.

곤충은 이미 세계 여러 지역에서 정규식으로 먹고 있어 나비 애벌레와 메뚜기는 아프리카 지역에서, 벌은 일본에서 즐겨 먹으며, 귀뚜라미는 태국에서 식용되고 있는 식재료이다.

그렇지만 이러한 곤충이 구미가 까다로운 유럽인들과 북미인들의 입맛에 다가갈 수 있도록 하기 위해서는 그 이미지와 식용화 부문에서 철저한 탐구작업이 선행되어야만 한다. 아울러 모건 게이는 세상에 있는 곤충에서 멀어질 즈음에는 외부 기생충 같은 것을 찾게 될 것이라고 예견하고 있다.

그림 10-8 식용곤충의 예

표 10-4 곤충의 영양가

(단위 : 100 g당)

식품급원	단백질(g)	칼슘(mg)	철(mg)
애벌레	28.2	n/a	35.5
메뚜기	20.6	35.2	5
딱정벌레	17.2	30.9	7.7
소고기 다짐육	27.4	n/a	3.5

자료 : 몬타나주립대학교

2) 실험실에서 만드는 고기

얼마 전 독일 과학자들이 시험관in-vitro 고기를 만들어 내는 데 성공하여 이를 재배된 고기cultured-meat라고 부르고 있다. 이들은 소에서 빼낸 줄기세포를 이용해 겉모양이 오징어와 유사한 근육조직을 만들었으며, 곧이어 세계 최초의 '시험관 버거'를 만들어 내겠다고 하였다.

영국 카디프대학의 닐 스티븐스Neil Stephens 박사에 의하면 실험실에서 만들어진 고기에 대한 최초의 과학논문은 NASA기금으로 개발되었으며, 우주공간에서 먹을 수 있는 우주인의 음식으로 개발되었다고 한다.

이후 과학자들은 좀 더 효율적이고 환경친화적인 방법으로 연구를 가속화하여, 옥스퍼드대학교의 최근 연구에서는 실험실에서 키워낸 고기가 도축장 고기에 비해 온실가스 배출양, 에너지 및 물 사용량을 현격히 감소시킬 수 있음을 알아냈으며, 아울러 지

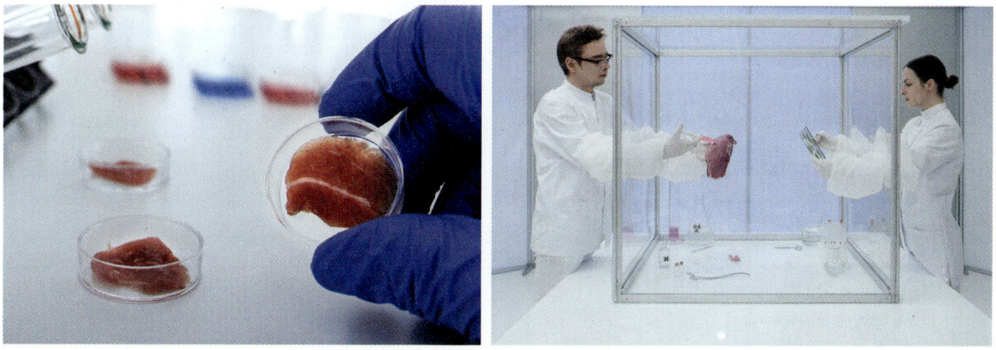

그림 10-9 실험실에서 만드는 고기

방함량을 감소하고 영양을 추가하는 고기의 주문생산이 가능하다고 발표한 바 있다.

하지만 연구결과에서 실험실에서 만든 고기가 진짜 고기와 구별되지 않게 만들려는 작업이 진행되고 있지만, 이러한 실험실 고기에 대해 비판적인 사람들에 의해 고기 외관에 대한 논쟁은 계속 벌어지게 될 것이라고 예견하고 있다.

3) 바닷속 조류

바닷속 조류의 종류는 만 가지 이상이며, 전 세계적으로 145가지 정도만 식용되고 있다. 먹이사슬의 아랫부분에 해당되지만, 앞으로의 식량 부족현상을 비롯한 지구상에서 일어나고 있는 많은 식량 관련 복잡한 문제들을 풀어낼 수도 있는 자원이다.

바닷속 조류는 사람과 동물의 먹이가 되며 해양에서 자랄 수 있어 조류농장을 조성하면 세계 최대의 작물산업으로 육성할 수도 있으므로 지속가능한 미래 식품산업으로서 비중을 두고 가능성을 예견하는 학자들이 있다. 실제로 아시아에서는 일본을 비롯한 한국에서 대규모 바다농장을 개발하여 오래전부터 주요한 식품재료로 사용해 오고 있으며, 최근에는 조류에서 화석연료 소비를 줄일 수 있는 바이오 연료 생산에 대한 연구도 이루어지고 있다.

최근 영국에서도 그 맛과 향이 다양한 630여 개 조류 중 35가지 정도를 음식에 이용하고 있으며 근해 조류에 대한 관심이 확대되고 있다. 이들 조류는 성장속도가 빨라 지구상에서 가장 빠르게 성장하는 식물로 꼽히면서 이러한 바닷속 조류농장을 활성화하는 계획을 세우고 있다. 이와 함께 최근 영국 내 조류의 소비도 두드러지게 증가되고 있

그림 10-10 바닷속 조류

는 현상을 보이고 있다.

셰필드할람Sheffield Hallam 대학팀에서는 이들 해조류 입자가 강한 향을 가지고 있기는 하나 베이커리와 소시지, 치즈 같은 가공식품들의 소금 대체제로 쓰일 수 있으며, 이로써 고혈압, 동맥경화증 및 조기사망률을 감소시킬 수 있다는 연구결과를 제시하였다.

또한 이들 조류는 다양한 생리활성과 기능성을 가지고 있지만, 그 성질들이 최근에야 알려지기 시작하였으며, 아직 실질적인 활용이 이루어지지 않고 있는 상황에서 향후 큰 기대를 걸 수 있는 분야이다.

최근 10대 글로벌 식품 관련 트렌드

1. 천연(natural)의 새로운 트렌드는 'pure'로 변화하고 있다.
2. 'Green(지속가능성)'이 과제로 주어지고 있다.
3. 'Location(원산지)'가 강조되고 있다.
4. 프리미엄 제품이 증가되고 있다.
5. 노령층을 위한 제품들이 떠오르고 있다.
   - 노령인구를 위한 식품의 주요 키워드
     - 쉽게 열 수 있어야 한다.
     - 소화흡수가 용이하다.
     - 신맛이 적다.
     - 뼈의 건강을 도모한다.
     - 특별하며 균형 있게 조성된 영양이 필요하다.
     - 건강증진에 도움이 되어야 한다.
     - 읽기 쉽게 표기해야 한다.
     - 가벼운 용기에 담아야 한다.
6. 노화방지 식품이 증가하고 있다.
7. 과학적 근거가 제시된 제품들이 증가되고 있다.
8. 건강을 우선한 규제들이 이슈화되고 있다.
9. 우리 사회의 미디어를 통한 틈새시장이 새롭게 나타나고 있다.
   - 인터넷, 스마트폰 등의 소셜 미디어
10. 단백질 제품 소재들이 각광받고 있다.

소득 증가와 영양적인 중요성으로 단백질에 대한 관심과 수요가 꾸준히 증가하고 있다.

동물의 복지를 중요시한 육가공품부터 콩류 및 밀 등의 식물성 원료를 이용한 식물성 단백질 소재들이 개발되고 있다. 다양한 형태의 인조육뿐 아니라 동물성 육제품에 비해 탄소배출량 저감화 및 지속가능성 트렌드에 적합하다고 홍보되고 있다.

자료 : 식품저널, 2013. 6

미래의 식생활 관련 연구 : '소리에 영향받는 맛' 연구

식품의 냄새와 외양이 식생활에 미치는 영향에 대해서는 많은 자료와 연구가 있지만, 소리가 맛에 미치는 연구는 그다지 알려져 있지 않다. 최근 영국의 연구진이 소리의 톤이 맛을 더 달게 느낄 수 있도록 하거나 쓰게 만들 수 있음을 발견하였다.

이 연구에 참여한 러셀 존스(Russell Jones)는 "세상의 어떠한 경험도 단일 감각의 경험에 의하지 않는다."라고 하며 '음식의 모양과 냄새에 기울이는 관심 이상으로 관련된 소리 또한 매우 중요하다'는 결과를 발표하였다. 맛에 대한 연구를 주관한 옥스퍼드대학교의 찰스 스펜스(Charles Spence) 교수는 음식의 맛은 배경음악의 소리가 가진 특성 변화에 따라 조절될 수 있음을 밝혀냈는데, 아직 두뇌 속 기전에 대해서는 연구단계에 있으나 이들 상호 간 관련 작용에 대해 높은 관심이 모아지고 있다.

소리와 음식에 대한 실험은 헤스턴 블러멘털(Heston Blumenthal)이란 요리사가 오리고기를 재료로 만든 음식에 바다의 소리라는 해변 사운드가 연주되는 iPod를 함께 서빙하여 음식맛을 더욱 신선하고 맛있게 느낄 수 있도록 한 시도에서도 찾아볼 수 있다.

또한 음악을 사용하여 미리 맛의 차이를 알려주지 않고도 건강한 성분과 그렇지 않은 성분을 구분하여 먹을 수도 있는데, 이 연구에 의하면 우리가 의식적으로 음식의 설탕을 줄일 수도 있지만, 금관악기의 낮은 음악은 맛을 더욱 쓰게 느끼도록 하는 반면에, 피아노 소리나 종소리의 높은 톤의 음악은 음식을 더 달콤하게 느낄 수 있도록 해주어 설탕 섭취량을 줄일 수 있다는 것이다.

건강과 함께 식생활에서의 만족도를 추구하는 이러한 연구는 끊임없이 지속되며 발전해 나갈 것으로 예상된다.

자료 : Bittersweet study, UK

지구촌 식량난, 곤충이 잡는다

2050년에는 세계 인구가 90억 명이 된다고 한다. 그 많은 사람이 뭘 먹고 살까. 유엔식량농업기구(FAO)가 내놓은 대안은 곤충이다. FAO는 지난 13일 미래 식량위기를 극복할 첨병으로 곤충을 꼽았다. 그런데 문제가 있다. 먹거리로 삼기에 곤충은 너무 징그럽게 생겼기 때문이다. 안동대 생명자원과학과 정철의 교수는 2012년 11월 한국토양동물학회지에 「인류 식량으로서의 곤충 자원에 관한 연구」라는 보고서를 실었다. 곤충도 알고 보면 훌륭한 먹거리라는 내용이 담겨 있다. 정 교수는 곤충이 간직하고 있는 풍부한 영양분에 주목하였다.

곤충은 기르는 과정도 친환경적이다. 곤충 양식은 소, 돼지 등 가축을 사육하는 것보다 환경에 해로운 이산화탄소나 암모니아 가스의 배출량이 훨씬 적다. 병해충을 막기 위해 약품을 사용할 필요도 없다. 정 교수는 "곤충은 인간과 전혀 다른 면역체계를 갖고 있어 돼지독감이나 조류인플루엔자처럼 인간에게 옮기는 전염병도 거의 없다."라고 설명하였다. 보고서의 식용 곤충 예찬은 여기서 멈추지 않는다. 곤충 양식에는 사료도 적게 든다고 강조하였다. 곤충은 소, 돼지와 달리 냉혈동물이어서 체온 유지에 에너지를 소모할 필요가 없기 때문이다. 같은 양의 단백질을 생산하는 데 드는 사료비는 귀뚜라미가 소의 12분의 1 수준이다. 새로운 농가 일거리를 창출해 소득 향상에 기여하는 것은 덤이다. 곤충은 어둡고 밀폐된 공간에서도 잘 살기 때문에 농민들이 공간 활용을 하기에도 좋다.

실제로 곤충은 아프리카, 중남미, 아시아 개발도상국에서 식용으로 많이 사용되고 있다. 중국에는 전갈, 귀뚜라미 튀김이 있고 미국에는 곤충 사탕이 있다. 일본에서는 곤충 초밥이 팔린다. 먹을 게 없어 곤충을 먹는 것은 아니다. 태국에서는 오히려 귀뚜라미가 특식으로 취급되고 있다. 아프리카 사람들은 애벌레와 메뚜기를 선호하고 일본은 말벌이 인기다. 메뚜기, 여치, 귀뚜라미, 굼벵이, 딱정벌레, 날개 달린 흰개미, 여왕 흰개미, 벌, 매미 등 먹거리로 사용되는 곤충 종류도 다양하다. 세계적으로 1,900여 종이 식용으로 쓰이고 있으며, 이 중 1,500여 종은 113개국 300여 개 민족에게 주식 또는 부식으로 대접받는다. 사람들은 딱정벌레(31%)를 가장 많이 먹고, 이어 애벌레(18%), 벌, 개미(14%), 메뚜기(13%), 귀뚜라미(13%) 순이다.

그러나 곤충을 대체식품으로 이용하기에는 여러 문제를 넘어서야 한다. 크기가 워낙 작다 보니 영양소를 충분히 섭취하려면 한꺼번에 많은 양을 먹어야 하는데, 단순 채집으로는 필요한 양을 공급하는 게 쉽지 않다. 현재 기술력으로는 곤충의 대량 교배나 사육도 어렵다. 부산물이 많은 것도 문제다. 날개와 다리는 먹기 곤란한데 조리 과정에서 이를 일일이 제거하는 것도 골치다. 가장 큰 문제는 다른 데 있다. 곤충을 먹는 데 대한 사람들의 혐오감이 너무 크다. 국내에서 식용 곤충은 아직 환영받지 못한다. 먹거리로 이용되는 곤충은 '번데기(누에나방 고치)'가 거의 유일하다. 특히 서구에서는 식용 곤충 기피 현상이 심하다. 선천적으로 곤충 공포증이 있는 사람도 있다. 곤충을 먹으면 알레르기 때문에 위경련, 설사, 소화불량, 구토 등의 증세를 보이기도 한다.

전문가들은 곤충이 먹거리로 자리 잡으려면 안전성을 알리는 게 관건이라고 설명한다. 농촌진흥청 국립농업과학원은 현재 장수풍뎅이, 갈색거저리, 흰점박이꽃무지의 식용화를 위해 안전성 연구를 진행 중이다. 이미 단기적·유전적으로는 인체에 해롭지 않다는 결과를 얻어냈다. 국립농업과학원 윤은영 연구사는 "내년쯤 연구가 마무리되면 곤충을 식품으로 판매할 수 있도록 식품의약품안전처에 등록할 계획"이라고 하였다.

정 교수는 기능성 식품으로 활용할 가치가 많은 곤충을 숙취해소나 다이어트 식품 등으로 개발해 소비자들이 자연스럽게 찾도록 하는 방안을 제시하였다. 레스토랑 메뉴에 곤충류를 포함시키고 곤충을 이용한 요리법을 개발해야 한다고도 하였다. 애벌레가 최고급 요리로 대접받는 남부 아프리카처럼 곤충음식의 지위를 높여야 한다는 것이다. 어려서부터 곤충의 겉모습에 대한 거부감을 줄이는 노력이 필요하다는 의견도 있다. 정 교수는 "최근 설문 결과 초등학생들은 곤충 호감도가 높지만 중학생부터 그 비율이 확연히 줄어든다."라며 "수목원·식물원과 연계한 전시회 등을 통해 곤충 거부감을 줄이는 방안이 필요하다."라고 하였다.

곤충의 식품화 가능성은 무궁무진하다. 농림축산식품부는 2009년 1570억 원 수준이던 국내 곤충시장 규모가 2015년엔 2980억 원대까지 증가할 것으로 내다봤다. 해외에서도 관련 연구가 활발하다. 네덜란드 정부는 2010년 와게닝겐대학의 곤충 식품화 연구에 100만 유로를 지원하였다. 이 연구는 올해 마무리된다. 연구 책임자 마셀 디키 교수는 "2020년에는 슈퍼마켓에서 벌레를 사게 될 것"이라고 전망하였다.

자료 : 국민일보 10면, 2013. 5. 25

참고문헌

국내 문헌

강인희, 한국식생활사, 삼영사, 1993

구난숙, 세계 속의 음식문화, 교문사, 2010

구난숙 · 권순자 · 이경애 · 이선영, 세계 속의 음식문화, 교문사, 2008

구성자 · 김희선, 새롭게 쓴 세계의 음식문화, 교문사, 2010

김광호 · 정지영 · 신동주 · 정은자 · 박규동 · 정은실, 식생활과 문화, 광문각, 2000

김기숙 · 한경선, 교양을 위한 음식과 식생활 문화, 대한교과서, 1997

김숙희 · 강병남, 세계의 식생활과 음식문화, 대왕사, 2013

김승일, 인간을 지배한 음식 21가지, 예문, 1997

김영섭, 식량위기와 쌀 자급의 의의, CEO Focus, 제192호, 농협경제연구소, 2008

김윤태, 지구촌 음식문화, 대왕사, 2006

김혜영 · 박화연 · 고성희 · 노광석, 한국음식 조리 및 스타일링, 성신여자대학교 출판부, 2009

김혜영 · 조영, 식생활과 문화, 한국방송통신대학교 출판부, 2007

김화년 · 박환일 · 신창목 · 이은미 · 이종규 · 정호성, 글로벌 식량 공급불안, 한국경제를 위협하는가?, CEO Information, 제770호, 삼성경제연구소, 2010

김화년 · 정호성 · 박환일 · 채승병 · 김경훈, 반복되는 국제 곡물가격 파동–애그플레이션 · 피그플레이션, 유가상승, CEO Information, 제864호, 삼성경제연구소, 2012

농림수산식품부, 농림수산식품 주요통계, 2012

농업진흥청, 한국의 전통 향토음식, 교문사, 2008

농촌진흥청 국립농업과학원, 한식과 건강, 교문사, 2010

동아시아식생활학회연구회, 세계의 음식문화, 광문각, 1999

문수재 · 손경희, 식생활과 문화, 신광출판사, 2000

박금순 · 정외숙 · 한재숙 · 박어진, 세계의 음식문화, 도서출판 효일, 1997

박금순 · 한재숙 · 정외숙 · 박어진 · 박인경 · 신영자 · 이선주 · 김향희 · 안상희, 세계의 음식문화, 도서출판 효일, 2004

박명윤 · 이건순 · 박선주, 파워푸드 슈퍼푸드, 푸른행복, 2010

성명환 · 한석호 · 승준호 · 신승희, 국제 곡물가격 상승과 장단기 대응방안, KREI 농정포커스, 제33호, 한국농촌경제연구원, 2012

손경희 옮김 · Ray Tannahill 저, 음식의 역사, 우물이 있는 집, 2006

손정우 · 신승미 · 오미영 · 김영숙 · 김동희, 한국음식, 파워북, 2010

원융희, 세계의 음식문화, 자작나무, 1999

원융희, 세계의 음식이야기, 백산출판사, 2003

유한나 · 계수경 · 김효연 · 김진숙, 함께 떠나는 세계의 식문화, 백산출판사, 2009

이대섭, 국제곡물시장 분석과 수입방식 개선방안, 한국농촌경제연구원, 2009

이명훈 · 이종하 · 이충열, 식량위기: 어떻게 정의할 것인가?, 농촌경제연구원, 35(3): 61-86, 2012

이성우 · 전희정 · 김상보 · 허채옥 · 나영아 옮김 · Katie Stewart 저, 식과 요리의 세계사, 동명사, 1991

이성우, 식생활과 문화, 수학사, 2004

이성우, 한국 식생활의 역사, 수학사, 2006

이성우, 한국식품문화사, 교문사, 1984

이성우, 한국식품사회사, 교문사, 1984

이성우, 한국요리문화사, 교문사, 1985

이애란, 북한식객, 웅진리빙하우스, 2012

이양지, 참 쉬운 건강밥상, 디자인하우스, 2010

이정환 · 김한호 · 이승정 · 정혜선 · 조영득 · 우가영, 국가곡물조달시스템을 이용한 주요 곡물 비축방안, GS&J 인스티튜트, 2012

정현숙 · 조연숙, 세계 식생활문화 이해, 양서원, 2012

이지호 · 박금순, 한국음식론, 광문각, 2006

임영상 · 최영수 · 노명환, 음식으로 본 서양문화, 1997

정혜경 · 오세영 · 김미혜 · 안효진, 식생활문화, 교문사, 2013

정혜경, 천년한식견문록, 생각의 나무, 2010

조양원, 한식세계화를 위한 조선시대민간음식고문헌 심포지엄, 2013

조후종, 세시풍속과 우리음식, 한림출판사, 2002

주민아 옮김 · Paul Freedman 저, 미각의 역사, 21세기북스, 2009

주영하, 음식 인문학, 휴머니스트, 2011

주영하, 음식전쟁 문화전쟁, 사계절, 2000

최지현, 식량자급률 목표설정의 방향과 과제, 식량자급률 토론회, 2004

한국영양학회, 한국인의 영양섭취기준, 2010

황성혁, 옥수수, 식량일까? 사료일까? 연료일까?, 나라경제, 23(10): 12-13, 2010

황성혁 · 전찬익, 글로벌 식량위기와 대비책 · 농협의 역할, 농협경제연구소 NHERI 리포트, 제208호, 2012

황혜성 · 한복선 · 한복진 · 정라나, 3대가 쓴 한국의 전통음식, 교문사, 2010

국외 문헌

Civitello, Linda, *Cuisine and culture : a history of food and people*, John Willey, 2007

Dietary Guidelines for Americans, www.bookstore.gpo.gov, U.S. Government Printing Office, Stop IDCC, Washington, DC, 2010

Ellen Rodger, *Argentina the culture*, Crabtree, 2001

Mcwilliams Margaret, *Food around the world : a Culture perspective*, Pearson/Prentice Hall, 2007

Kittler, Pamela Goyan, *Food and Culture*, Thomson/Wadsworth, 2004

Kittler, P.G, Sucher K.P, *Food and culture in America, A nutrition handbook*, West/Wadsworth, 1998

USDA, Foreign Agricultural Service

USDA, World Agricultural Supply and Demand Estimates, WASDE-512, 2010

웹 사이트

http://cafe.naver.com/vietnamsee

http://travel.tourism.vn:808

http://www.vietnamesefood.com.vn/kcfinder/upload/images/vietnamese%20family%20meal%208.jpg

https://en.wikipedia.org/
https://en.wikipedia.org/wiki/Thai_cuisine
https://www.ebs.co.kr/tv/show
https://www.tripadvisor.com/.../Chiang-Mai:Thailand:Traditional
https://www.vietnamonline.com/overview/food-culture.html
https://www.youtube.com/watch?v=2rSTD6h4CEc
www.article.joins.com/news/article
www.cyworld.com/lsh 5755
www.dietnet.or.kr
www.foodnara.go.kr/foodnara
www.hc-sc.gc.ca/fn-an/index-eng.php
www.ko.wikipedia.org
www.travelsense.asia/vietnamese-dining-etiquette/
www.unakfinder.com

사진 출처

※ 사진 자료의 표기는 CCL(Creative Commons License)과 GFDL(GNU Free Documentation License) 조건에 따랐습니다.

예시

(CC-BY-SA-2.0)
(GFDL)

BY : 저작자표시

SA : 동일조건변경허락(https://creativecommons.org/compatiblelicenses)

CC-BY-SA-2.0 : CC 저작자표시-동일조건변경허락 2.0 일반 라이선스
(http://creativecommons.org/licenses/by-sa/2.0)

GFDL : GNU 자유문서사용허가서(http://www.gnu.org/copyleft/fdl.html)

3장

		라이선스		
p.71	비빔밥	(CC-BY-2.0)	저작자 자료	Korea.net / Korean Culture and Information Service (Jeon Han) http://commons.wikimedia.org/wiki/File:WKB_Tour_28logo_(8111593238).jpg
p.74	옹기	(CC-BY-SA-2.0)	저작자 자료	by Julie (originally posted to Flickr as kimchi pots) http://commons.wikimedia.org/wiki/File:Korea-Andong-Hahoe_Folk_Village-09.jpg
p.75	고추	(CC-BY-SA-3.0/GFDL)	저작자 자료	by Siriusplot http://commons.wikimedia.org/wiki/File%3AKorea_Tradition_with_Pepper.jpg
p.76	그림 3-3	(CC-BY-SA-2.5)	저작자 자료	by OpenCage (자작, http://opencage.info/pics/large_4856.asp) http://commons.wikimedia.org/wiki/File%3AMakgeolri.jpg
p.81	그림 3-5	(CC-BY-SA-2.0)	저작자 자료	Korea.net / Korean Culture and Information Service http://commons.wikimedia.org/wiki/File:KOCIS_Dongchimi_(4814811048). jpg?uselang=ko
p.85	설렁탕	(CC-BY-SA-2.0)	저작자 자료	by Matt @ PEK from Taipei, Taiwan (Seolleongtang 설렁탕 Uploaded by russavia) http://commons.wikimedia.org/wiki/File%3ASeolleongtang_%EC%84%A4%EB%A0%81% ED%83%95_(5617999897).jpg
	불고기	(CC-BY-2.0)	저작자 자료	by jetalone(http://flickr.com/photos/jetalone/753026183/) http://commons.wikimedia.org/wiki/File%3AKorean_barbeque-Bulgogi-12.jpg

쪽	항목	라이선스	저작자	자료
p.96	팔보채	(CC-BY-SA-3.0)	by Lombroso	http://commons.wikimedia.org/wiki/File%3AHapposai%2C_at_Gyoza-no-Ohsho_(2012.08.18).jpg
	하자대 오삼	CC-BY-SA-2.0)	by Kent Wang(www.flickr.com)	http://commons.wikimedia.org/wiki/File%3ASea_cucumber_dish_2.jpg
	불도장	(CC-BY-SA-2.5)	by Photo taken by SunSuke(さんすけ)	http://commons.wikimedia.org/wiki/File%3ABuddha_soup2.jpg
p.97	나담	(CC-BY-SA-3.0)	by Taylor Weidman/The Vanishing Cultures Project	http://commons.wikimedia.org/wiki/File%3AMongolia_Naadam_16.JPG
	차강사르	(CC-BY-SA-3.0/GFDL)	by Mongolian Wikipedia user Chinneeb	http://commons.wikimedia.org/wiki/File%3ATsagaan_sar.jpg

5장

쪽	항목	라이선스	저작자	자료
p.153	라키	(CC-BY-SA-3.0)	By Ollios	http://commons.wikimedia.org/wiki/File%3AToasting.JPG
p.158	촐런트	(CC-BY-SA-3.0)	By Gilabrand	http://commons.wikimedia.org/wiki/File%3AChol_001.jpg

6장

쪽	항목	라이선스	저작자	자료
p.226	파스타	(CC-BY-SA-3.0/GFDL)	By Luigi Chiesa(자작)	http://commons.wikimedia.org/wiki/File%3AFusilli_pasta.jpg

7장

쪽	항목	라이선스	저작자	자료
p.247	마이너레터스	(CC-BY-SA-3.0/GFDL)	by Walter Siegmund	http://commons.wikimedia.org/wiki/File%3AClaytonia_perfoliata_2705.JPG
	프라이브레드	(CC-BY-SA-3.0/GFDL)	by John Pozniak	http://commons.wikimedia.org/wiki/File:Frybread.jpg?uselang=ko

p.267 폴케	(CC-BY-SA-3.0)	저작자 by AlejandroLinaresGarcia 자료 http://commons.wikimedia.org/wiki/File%3APulquebottle.JPG
p.283 키위차	(CC-BY-SA-3.0)	저작자 By Tubifex (자작) [GFDL (http://www.gnu.org/copyleft/fdl.html) 자료 http://commons.wikimedia.org/wiki/File%3A3836_-_Amaranthus_caudatus_(Zieramaranth).JPG
p.285 카우사	(CC-BY-2.0)	저작자 by spersper (http://www.flickr.com/photos/spersper/9363743080/) 자료 http://commons.wikimedia.org/wiki/File%3ACausa_Rellena.jpg
피스코 사워	(CC-BY-SA-3.0/GFDL)	저작자 by Dtarazona (자작) 자료 http://commons.wikimedia.org/wiki/File%3APisco_Sour_0912b_(Peru).JPG
추페 데 카마론에스	(CC-BY-2.0)	저작자 by Greg Ma (originally posted to Flickr as Chupe de Camarones) 자료 http://commons.wikimedia.org/wiki/File%3AChupe_de_Camarones.jpg

10장

p.336 종소리	(CC-BY-2.0)	저작자 by Lenore Edman (Flickr) 자료 http://commons.wikimedia.org/wiki/File%3AUnintended_use.jpg

찾아보기

저자 소개

허채옥
한양대학교 식품영양학과
한양대학교 식품영양학과 박사
현재 한양여자대학교 식품영양과 교수

원선임
한양대학교 식품영양학과
한양대학교 식품영양학과 박사
현재 청운대학교 식품영양학과 교수

권순형
한양대학교 식품영양학과
한양대학교 식품영양학과 박사
현재 한양여자대학교 식품영양과 교수

박용순
한양대학교 식품영양학과
워싱턴주립대학교 영양학과 박사
현재 한양대학교 식품영양학과 부교수

안빈
한양대학교 식품영양학과
한양대학교 식품영양학과 박사
현재 여주대학교 푸드코디네이션과 교수

김상연
한양대학교 식품영양학과
한양대학교 식품영양학과 박사
현재 한양여자대학교 식품영양과 교수

최영진
한양대학교 식품영양학과
한양대학교 식품영양학과 박사
현재 관동대학교 가정교육과 교수

이은경
한양대학교 식품영양학과
한양대학교 식품영양학과 박사
현재 한국관광대학교 호텔조리과 교수

김은미
한양대학교 식품영양학과
한양대학교 식품영양학과 박사
현재 김포대학교 호텔조리과 교수

김은영
한양대학교 식품영양학과
한양대학교 식품영양학과 박사
현재 한양여자대학교 식품영양과 겸임교수

오은주
한양대학교 식품영양학과
한양대학교 식품영양학과 박사
현재 한양여자대학교 식품영양과 겸임교수

[개정판]
세계 식생활 문화

2022년 8월 20일 개정판 4쇄 발행
2017년 8월 16일 개정판 1쇄 발행
2014년 8월 30일 초 판 1쇄 발행

지은이 허채옥 · 권순형 · 안 빈 · 최영진 · 김은미 · 오은주
원선임 · 박용순 · 김상연 · 이은경 · 김은영

발행인 이 영 호
발행처 **수 학 사**
10881 경기도 파주시 회동길 56 기한재 1층
출판등록 1953년 7월 23일 제2020-000143호
전화번호 031) 946-4642(代) 팩스 031) 944-1457
http://www.soohaksa.co.kr
디자인 북큐브

정가 24,000원

ISBN 978-89-7140-714-1 93590